Maroulas Geheimnis Reihe: 21

Die Deutsche Nationalbibliothek – CIP-Einheitsaufnahme.
Die Deutsche Nationalbibliothek verzeichnet dieses Buch in der Deutschen Nationalbibliografie; detaillierte bibliografische Daten sind im Internet über http://dnb.d-nb.de abrufbar.

Erste Auflage 2014

www.groessenwahn-verlag.de

ISBN: 978-3-942223-76-8
eISBN: 978-3-942223-77-5

Peter Pachel

Maroulas Geheimnis

Kommissarin Katharina Waldmann
ermittelt auf Paros

IMPRESSUM

Maroulas Geheimnis

Reihe: **21**

Autor
Peter Pachel

Seitengestaltung
Größenwahn Verlag Frankfurt am Main

Schriften
Constantia und *Lucida Calligraphy*

Covergestaltung
Dorothea Behnke

Coverbild
Brigitte Münch

Lektorat
Thomas Pregel

Druck und Bindung
Print Group Sp. z. o. o. Szczecin (Stettin)

Größenwahn Verlag Frankfurt am Main
Mai 2014

ISBN: 978-3-942223-76-8
eISBN: 978-3-942223-77-5

INHALTSGEHEIMNISSE

*Für alle Langzeit-Griechenland-Begeisterten
und alle, die es werden wollen.*

ATHEN
MÄRZ 1973

EINE GEBURT

Sie hatte sich bewusst für eine Hausentbindung entschieden, damit die Geburt schnell und ohne großes Aufsehen über die Bühne ging. Die Adresse lag am Stadtrand von Athen in einer schäbigen Seitenstraße, wie es unzählige in Athen gab. Sie hatte keine Fragen gestellt, sie wollte es einfach über sich ergehen lassen und dann vergessen. Es war heiß in dem stickigen Entbindungszimmer. Die anwesende Hebamme war mürrisch, aber sie strahlte eine gewisse Art von Vertrauen aus. Wie oft hatte sie wohl schon in die verzweifelten Augen der Mütter geschaut, die keinen anderen Ausweg mehr sahen? Es wurde nicht viel gesprochen, ihre Stimme wirkte jedoch beruhigend, und das half ihr in der verzweifelten Situation. Alle notwendigen Papiere hatte sie bei der Ankunft unterschrieben, sie würde ihr Kind erst gar nicht zu Gesicht bekommen. Der Gedanke daran ließ sie schier verrückt werden, aber sie hatte die Situation in ihrem Kopf hundertfach durchgespielt. Es gab keinen anderen Ausweg, und jetzt war es eh zu spät. Sie hatte nie damit gerechnet, dass ihr zukünftiger Gatte ihr diesen Fehltritt verzeihen würde – das war der Preis dafür.

Es war eine verdammt harte Zeit für sie, denn auch als weite Kleidung ihre Schwangerschaft nicht mehr verbergen konnte, war sie von Paros nach Athen gegangen, wo sie keiner kannte. Einsam und verlassen hatte sie sich in den letzten Wochen oft gefühlt, aber das musste sie jetzt durchstehen, und mit ihren 33 Jahren war sie noch nicht zu alt für weitere Kinder. Sie war eine Persönlichkeit auf Paros, und da hätte dieses Kind einfach nicht hinein gepasst. Das war der Deal, den sie mit ihrem zukünftigen Mann geschlossen hatte, und nur sie beide teilten dieses Geheimnis. Zunächst war sie ihrem Mann zutiefst dankbar für seine Großzügigkeit, jetzt spürte sie ihre innere Zerrissenheit.

Die Hitze in dem kleinen Entbindungszimmer war kaum auszuhalten, und es roch so stark nach Desinfektionsmitteln, dass ihr fast übel wurde. Die starken Schmerzen der sich ankündigenden Geburt verstärkten diesen Eindruck noch, und sie wäre fast ohnmächtig geworden, als es endlich soweit war.

Direkt nach der Geburt flehte sie die Hebamme an, wenigstens für einen Moment ihr Kind spüren zu dürfen, aber stattdessen gab man ihr ein starkes Beruhigungsmittel. Dann nahm sie nur noch wie aus der Ferne die Schreie des Neugeborenen wahr, die sich für immer in ihr Gedächtnis einbrennen sollten.

PAROS, MAI 2011
MAROULAS GEHEIMNIS

STEPHAN
KÖLN

Stephan lag bereits wach in seinem Bett, als gegen 03:00 Uhr morgens der Wecker schrillte, und er brauchte nicht lange, um aufzustehen. Es hatte die ganze Nacht geregnet, und die Sehnsucht nach Sonne war riesengroß. Aber davon sollte er ja genug bekommen in den nächsten drei Wochen, da war er sich ziemlich sicher, er wurde bei all seinen Griechenlandreisen noch nie enttäuscht. Er hatte unruhig geschlafen, und die Vorfreude auf Urlaub hatte ihn immer wieder wach werden lassen. Daran hatte sich in all den Jahren nichts geändert, so wie sich auch nichts an den Unannehmlichkeiten der Anreise auf seine geliebte Insel geändert hatte. Es war schon mühsam, nach Paros zu gelangen, der kleinen griechischen Insel inmitten der südlichen Kykladen, der er schon so lange verfallen war. Aber irgendwie gehörte diese lange Anreise auch dazu, das trennte schon die Spreu vom Weizen, was die Besucher betraf. Denn längst nicht jeder war bereit, diese Mühen auf sich zu nehmen. Dabei war es doch gerade das, was er an diesem Land so liebte, und das ihn seit dreißig Jahren immer wiederkehren ließ. Griechenland bedeutet für ihn, drei Wochen den deutschen Perfektionismus vergessen, alle Fünfe mal gerade sein zu lassen, sich der Muße des griechischen Alltags hinzugeben und sich von dem goldenen Licht der Ägäis verwöhnen zu lassen. Langeweile war dabei auch nach so langer Zeit nie aufgekommen, dazu kannte er einfach viel zu viele Leute, Griechen und die kleine Touristen-Familie, die sich jedes Jahr aufs Neue aus aller Herren Länder dort einfand und für einige Wochen eine eingeschworenen Gemeinschaft bildete.

Gut gelaunt packte er die letzten Sachen zusammen und schaltete seine Nespresso-Maschine ein, um sich noch schnell einen Kaffee zu machen und etwas in Schwung zu kommen. Während er Wasser in den Vorratsbehälter goss, dachte er schon mit Freude an einen richtig guten griechischen »Kafé Metrio« oder einen »Frappé«, den man in Griechenland zu jeder Tages- und Nachtzeit genießt.

Ein Blick in den Spiegel zeigte seine momentane Verfassung: Er sah blass und abgespannt aus und brauchte dringend Erholung. Der Job fraß ihn zunehmend auf, und es war keine Besserung in Sicht. Mit seinen 50 Jahren wurde er zwar häufig jünger eingeschätzt und sah auch immer noch recht sportlich aus, aber der äußere Schein trog. Die sich immer schneller drehende Welt und der zunehmende Druck im Betrieb hatten ihm sichtlich zugesetzt. Er war immer dünnhäutiger und verletzlicher geworden und spürte, dass ihm das zunehmende Alter zu schaffen machte. Stephan hatte immer gedacht, ab 50 könnte er weniger arbeiten, aber genau das Gegenteil war der Fall. Seitdem der Betrieb zu einem globalen Unternehmen umgebaut wurde, gab es keine Regeln mehr. Immer mehr wurde er zum Spielball irgendwelcher Aktionspläne, auf die er kaum noch Einfluss hatte. Gerne erinnerte er sich noch an die Zeit, als er für ein gesundes Familienunternehmen tätig war, aber in den Zeiten einer globalisierten Welt, hätte dieser wohl kaum eine Überlebenschance gehabt.

Das alles war auf Paros bislang noch nicht angekommen. Dort lief das gesamt Leben noch in ruhigeren, überschaubaren Bahnen, auch wenn erste Zeichen der Krise nicht zu übersehen waren. Entspannung pur, das war sein Plan, ohne zu diesem Zeitpunkt auch nur ein leiseste Ahnung davon zu haben, was ihn auf Paros erwarten würde.

Mit einer Tasse kräftigen Ristretto schaltete er ein letztes Mal sein Notebook ein, um seine E-Mails zu checken. Er hoffte, dass sich Alexandros, der Sohn seiner griechischen Vermieter, mittlerweile gemeldet hatte, um ihm mitzuteilen, dass er ihn in Parikia, der quirligen Inselhauptstadt, abholen würde. Doch vergebens, in seinem Posteingang war keine Info von ihm. Was ihn auch gewundert hätte, bestimmt hatte er es wieder einmal vergessen, schließlich war es ja schon wieder eine ganze Weile her, das er seine Ankunftszeit durchgegeben hatte. Es wurde langsam Zeit, die deutsche Gründlichkeit abzulegen und sich auf die griechische Gelassenheit einzustimmen, dachte er. Doch er wusste, dass es wie jedes Jahr ein paar Tage dauern würde, bis ihm das gelang. Über sich selbst schmunzelnd, wollte er gerade sein Notebook wieder runter fahren, als ihm eine Nachricht von Hannah ins Auge fiel:

»Hallo Stephan, ich bin in einer furchtbaren Verfassung, es ist was Schreckliches passiert! Bitte melde dich sofort, wenn du angekommen bist. Gute Reise, Hannah.«

Stephan stutzte einen Moment, griff hinter sich an die Stuhllehne, und stolperte fast, als er sich hinsetzen wollte. Diese Mail traf ihn vollkommen unvorbereitet in seiner fröhlichen Aufbruchsstimmung. Er begriff nicht, was Hannah damit meinte? Warum hatte sie nicht mehr dazu geschrieben? Mehrfach las er den kurz gehaltenen Text, in der Hoffnung, doch noch etwas heraus zu interpretieren. Ob sie vielleicht einen Unfall hatte, kam ihm spontan in den Sinn. Das passierte auf den sandigen und oft nassen Küstenstraßen immer wieder, besonders wenn Touristen mit überhöhter Geschwindigkeit über die Insel rasten. Oder hatte man ihr einen ihrer Klunker gestohlen, die sie abends so gerne zur Schau trug? Unmut machte sich in ihm breit, er wollte doch seinen Urlaub nicht direkt mit irgendwelchen Horrormeldungen beginnen. Er schüttelte seinen Kopf, so als wolle er das gerade Gelesene abschütteln, sich nicht weiter damit belasten. Doch es fiel ihm schwer, denn obwohl er wusste, dass Hannah leicht zu Übertreibungen neigte, besonders wenn sie ein Glas Wein zu viel hatte, musste hier schon etwas Ernsthaftes vorgefallen sein. Automatisch griff er zu seinem Handy, er wollte telefonieren, wollte jetzt wissen, was passiert war, und erst während er Hannahs Nummer suchte, fiel ihm ein, wie spät es war. Kurz vor vier zeigte seine Uhr, und sein Taxi musste jeden Moment kommen, jetzt war keine gute Zeit zum Telefonieren. Die Vorfreude auf den ersten gemeinsamen Abend im Familiennest trübte sich ein. Was würde ihn wohl im *Aliportas* erwarten? Dieser magischen Lokalität in der Nähe des Busbahnhofs von Naoussa, dem idyllischen Ort im Norden der Insel Paros. Das Cafe hatte sich seit vielen Jahren zum ständigen Treffpunkt der ›Familie‹ entwickelt und würde auch in diesem Jahr wieder zum Dreh- und Angelpunkt der nächsten drei Wochen werden.

Dort war immer etwas los, kam man an, verabredete sich während des Urlaubs, und dort reiste man mit viel Gezeter wieder ab, so als würde es ein nächstes Mal nicht mehr geben. Das *Aliportas* war die Kommunikationszentrale jener Familie, die sich zwischen Anfang Mai bis Mitte Juni regelmäßig in Naoussa versammelte, um hier für ein paar Wochen Ferien zu machen. Sie hatten sich alle in das ehemalige Fischerdorf verliebt und kamen mindestens einmal im Jahr hier her. Ein bunt zusammen gewürfelter Haufen von Individualisten, von denen viele mindestens 20 Jahre Paros-Erfahrung aufwiesen. Widerholungstäter oder wie sie so schön zu sagen pflegten: »Infected by the Paroan Virus«, und obwohl man sich eigentlich gar nicht richtig kannte, wurde man in jedem Jahr mit neuen Facetten der einzelnen Familienmitglieder überrascht. Meistens dauerte es ein paar Tage, bis sich bei den Neuankömmlingen eine Art Wohlfühlklima einstellte, aber wenn sich erst einmal die grauen, abgearbeiteten Gesichter langsam erhellt hatten und der Teint sich in ein leichtes braun verwandelte, dann wurde die Zunge locker und so manches Geheimnis von der Seele geredet.

Die meisten Familienmitglieder wohnten privat, und das in ganz Naoussa verstreut, daher wurde das *Aliportas* irgendwann zum Familiennest auserkoren, und seitdem traf man sich zu jeder Tages- und Nachtzeit, sei es zum Frühstück, zum Kaffee nach dem Strand oder zum ersten Ouzo am Abend.

So verbrachte jedes Mitglied etliche Stunden während seiner Urlaube an diesem entspannten Ort, und wie oft hatten sie schon darüber gelacht, das *Aliportas* zum Therapiezentrum erklären zu lassen. Jannis, den quirligen Kellner des Cafés, hatten sie dann zu ihrem Therapeuten ernannt, denn er war stets damit beschäftigt, die richtigen Leute zusammen zu bringen und sie alle mit reichlich Wein zu versorgen. Nur so war sichergestellt, dass auch ein sonst schweigsames Mitglied zum unterhaltsamen Plauderer wurde.

Grübelnd, was da wohl in Naoussa passiert sein könnte, wurde Stephan vom Klingeln des Taxifahrers unterbrochen. Das Taxi, welches ihn zum Flughafen Köln-Bonn bringen sollte, hatte er für 04:00 Uhr bestellt. Er war auf der Germanwings-Maschine um 06:05 nach Athen gebucht, der einzige Direktflug von Köln nach Athen, und das war abgesehen von der frühen Flugzeit das bequemste und ersparte eine Zwischenlandung in

München oder Frankfurt. Stephan lebte seit über 20 Jahren in Köln und mochte die Leichtigkeit dieser Stadt. Die Mentalität der Menschen hier entsprach seinem Naturell, und die Stadt hatte weit mehr zu bieten als nur Kölsch und Karneval.

Schnell raffte er seinen Koffer, schaltete die Kaffeemaschine aus, und eilte zum Taxi herunter. Hannahs Mail ließ ihn nicht mehr los, und er hielt es kaum noch aus, endlich mehr zu erfahren. Es sollten drei spannende Wochen auf Paros werden.

MAROULA APOSTOLOPOULOU
NAOUSSA, PAROS

Maroula Apostolopoulou lag schweißnass in ihrem alten Bett und wälzte sich schwerfällig hin und her. Sie hatte wieder eine dieser schlaflosen Nächte, obwohl sie mittlerweile das Morphin regelmäßig nahm. Das wirkte zwar gegen die Schmerzen, ließ aber keinen erholsamen Schlaf mehr zu. Dazu kam die unerträgliche Hitze, die auch durch den langsam rotierenden Deckenventilator kaum gelindert wurde. Ihr schulterlanges Haar klebte an ihrer Kopfhaut, und sie konnte sich in diesem Zustand kaum ertragen.

Dabei brauchte sie so dringend Schlaf, um Energie für den nächsten Tag zu tanken, denn ihr gingen all die Dinge durch den Kopf, die es noch zu erledigen galt, um endlich reinen Tisch zu machen. Sie war realistisch genug und wusste, dass es Zeit wurde, das hatte ihr Dr. Spanopoulos bei ihrer letzten Untersuchung eindeutig zu verstehen gegeben. Morgen wollte sie eine lange aufgeschobene wichtige Entscheidung treffen. Direkt morgen früh würde sie Ihren langjährigen Freund und Anwalt Manolis anrufen, um alles in die Wege zu leiten. Lange hatte sie mit sich gerungen, es immer wieder verdrängt, aber der fortschreitende Verfall Ihres Körpers ließ keinen weiteren Aufschub mehr zu. Sie wollte diese Entscheidung bei noch klarem Verstand umsetzen.

Vor acht Monaten hatte man bei ihr Lungenkrebs im Endstadium diagnostiziert, und es gab bereits Metastasen in der Leber. Maroula selbst war über diese Nachricht weit weniger geschockt als ihr gesamtes Umfeld, sie war eine starke Frau und machte sich nichts vor. Sie war nun 71 und hatte ihr Leben lang geraucht. Selbst nach der Diagnose mochte sie auf ihre so geliebte Zigarettenmarke Karelia nicht verzichten. Wer sollte ihr jetzt noch irgendwelche Vorschriften machen, das war ihre alleinige Entscheidung. Wenn nur diese Schmerzen nicht wären, aber dafür hatte sie Dr. Spanopoulos ja mit dem Morphin versorgt.

Maroula Apostolopoulou war eine mächtige Frau auf Paros, ihrer Familie gehörten seit Generationen einige Filet-Grundstücke auf der Insel, die man ihr seit Jahren abzukaufen versuchte. Aber das war mit Maroula nicht zu machen, sie war auf das Geld nicht angewiesen, und es war für sie unvorstellbar, dass man auf einem ihrer geliebten Grundstücke irgendwelche Hotelbauten hochzöge. Dazu war Maroula viel zu stolz, und ihr Umfeld schätzte sie besonders wegen ihrer Gradlinigkeit. Wie konnte sie es nur schaffen, dass auch nach ihrem Tod diese wunderschönen Fleckchen Erde so erhalten blieben, wie sie seit Jahrtausenden existierten?

Sie hatte einen Plan, den es nun endlich umzusetzen galt.

Dieser Plan war schon lange in ihrem Kopf gereift, und dabei ging es nicht nur um die Erhaltung ihres Grund und Bodens. Nein, sie wollte damit auch eine Schuld begleichen, die sie seit vielen Jahren mit sich herum trug.

GEORGIOS APOSTOLOPOULOS
MYKONOS

Anfang Mai ticken die Uhren auf Mykonos noch relativ langsam, bevor dann ab Juni die Insel buchstäblich überrollt wird. Wie die Heuschrecken fallen Touristen aus aller Welt auf diese bezaubernde Insel ein und verwandeln sie in einen einzigen Partyzirkus. Das vorwiegend schwule internationale Publikum trägt dann alle Labels dieser Welt zur Schau, und die Kosmetikbranche könnte sich keinen besseren Platz zu Werbezwecken wünschen. Besonders an den schwulen Stränden *Super Paradise* und *Elia* gilt vor allem Sehen und Gesehenwerden. Mann trägt die neuesten Badeshorts der Saison, und für alle Körperpartien liegt die richtige Sonnencreme bereit. Auf engstem Raum wird geflirtet, was das Zeug hält, denn es gilt hier, den nächsten Lover für den kommenden Abend aufzureißen. Dabei spielt natürlich das Outfit eine wichtige Rolle.

Georgios Apostolopoulos war süchtig nach diesem Spektakel, und wusste genau wie er sich zu präsentieren hatte. Er war sich seiner Ausstrahlung voll bewusst, mit seinem schwarzen Haar und dem markanten Gesicht. Mit seinen dunklen tiefliegenden Augen wusste er, dass er besonders bei den Nordeuropäern immer gut punkten konnte. Es war jedes Mal aufs Neue wieder aufregend für ihn und ein Ausbruch aus seiner verzweifelten Lage, eine Flucht aus der Realität. Von Parikia bis nach Mykonos dauerte es nur 40 Minuten mit der Schnellfähre, und schon war man in einer anderen Welt. So hatte er es schon oft gemacht, wenn er verzweifelt war, wenn er dringend Koks und eine geile Nacht brauchte. Und das brauchte er jetzt unbedingt, er fühlte sich wieder einmal einsam und vollkommen unverstanden.

Die zunehmende Kälte seiner Mutter hatte ihm am Anfang schwer zu schaffen gemacht, war sie doch für ihn immer eine wichtige Bezugsperson gewesen. Das war sein verstorbener Vater nie, umso schmerzlicher stellte sich die Situation am Anfang für ihn dar. Georgios war ein sehr sensibler Mensch, und er hatte schon lange bemerkt, dass sich ihr Verhältnis verändert hatte. Es war ein schleichender Prozess, mit dem sich seine Mutter von ihm verabschiedete, und obwohl nie darüber gesprochen wurde, kannte Georgios die Antwort längst.

Sie akzeptierte seine Art zu leben nicht und konnte sich einfach nicht damit abfinden, dass er Männer liebte. So hatte sie ihn einfach fallen lassen, ihn aus ihrem Leben gestrichen, nur weil sie nicht über ihren Schatten springen konnte. Er war zutiefst verletzt darüber, und in seiner Verzweiflung ertränkte er oft seine traurige Seele mit zu viel Alkohol. Wie ein angeschossenes Tier verkroch er sich dann stundenlang in seinem Zimmer, und häufig schlug sein Kummer dann auch schon mal in Hass um. Als die Spannungen schließlich immer größer wurden, hatte sie ihm nahegelegt auszuziehen und ihm am Anfang sogar finanzielle Unterstützung angeboten. Doch als sie ihm nach kurzer Zeit endgültig den Geldhahn zudrehte, war das ein zusätzliches Ärgernis für ihn. Bis zu diesem Zeitpunkt konnte er sich noch mit den monatlichen Überweisungen einen recht aufwendigen Lebensstil leisten, aber damit war dann schlagartig Schluss. Seitdem lebte er von der Hand in den Mund. Sein mehr schlecht als recht laufendes kleines Geschäft mit griechischen Töpferwaren ließ ihn zwar überleben, aber es reichte bei weitem nicht aus.

Als ihm die Krebserkrankung seiner Mutter über Umwege vor einigen Wochen zugetragen wurde, hatte ihn das zunächst wenig berührt. Ganz im Gegenteil, endlich sah er Licht am Ende des Tunnels. Er war der einzige Erbe des gesamten Imperiums, und er alleine würde entscheiden, welche Grundstücke endlich zu Cash gemacht werden sollten. Wie oft hatte er schon davon geträumt, endlich aus dem Vollen schöpfen zu können, und so wie es aussah, sollte er bald in der Lage dazu sein. Diese Idee wurde beflügelt von einem Mitarbeiter der Dreamroom GmbH, Frank Felten, der ihm seit einiger Zeit an den Versen hing. Der windige Immobilienhändler hatte ihn schon mehrfach angesprochen, nachdem er bei seiner Mutter Maroula immer wieder abgeblitzt war. Im Grunde genommen konnte er diesen Typen nicht ausstehen, aber er wusste, dass er ihn brauchte, um solch ein Geschäft abzuwickeln. Aber da gab es noch einiges nach zu verhandeln, so einfach würde er es dem Immobilienhai nicht machen.

JANNIS KOSTATIDIS
ATHEN

Jannis lag niedergeschlagen auf seinem Bett und dachte über den gestrigen Abend nach. Er hatte sich mit Freunden zum wiederholten Mal zu Protestaktionen auf dem Syntagma-Platz getroffen, um gegen die Sparmaßnahmen zu demonstrieren. Nach der mittlerweile dritten Steuererhöhung in einem Jahr war das Ende der Fahnenstange erreicht, so konnte es nicht weiter gehen. Was war nur aus seinem Land geworden? Die Wiege Europas drohte wegen jahrelanger Unzulänglichkeiten der Regierung zu zerbrechen. Die normale Bevölkerung war in einer verzweifelten Lage, und man wusste nicht, wie man aus dem Dilemma raus kommen sollte. Er hoffte innig, dass es in Athen nicht wieder zu gewalttätigen Ausschreitungen kommen würde, er war ein friedfertiger Mensch und glaubte noch an eine gute Lösung. Das hatten ihm seine Eltern in all den Jahren mit auf den Weg gegeben, und obwohl immer häufiger die Wut über all die Versäumnisse in ihm hochkochte, war das auch seine Grundeinstellung. Jannis war froh, erneut den Vertrag mit Angelos aus dem *Aliportas* verlängert bekommen zu haben. Aber das hatte er auch nie ernsthaft angezweifelt. Dass er diesen Job vor Jahren bekommen hatte, war wirklich ein Glücksfall für beide Seiten gewesen, für ihn selbst und für Angelos, und was Besseres für den Sommer konnte er sich beim besten Willen nicht vorstellen. Er verstand sich blendend mit Angelos und dessen Frau und gehörte mittlerweile fast zur Familie. Als seine Eltern damals ihr kleines Stadthotel verkauften, war Angelos auf sie aufmerksam geworden. Er suchte gerade einen neuen Kellner für sein gut laufendes Café, und für Jannis war das eine gelungene Abwechslung.

Angelos wusste genau, wer den Umsatz in den Sommermonaten ankurbelte. Nächsten Freitag würde er wie all die letzten Jahre zuvor nach Paros aufbrechen und bis Ende Oktober dort im *Aliportas* arbeiten und Spaß haben. Er liebte diesen Job, auch wenn es harte Arbeit war, als

Everybody's Darling die Touristen bei Laune zu halten. Und das konnte er, und nicht nur das. Jannis ließ nichts anbrennen und kümmerte sich besonders gern um die attraktiven allein reisenden Damen, die aus allen Ecken der Welt nach Paros kamen. Diese hatten selten einer heißen griechischen Nacht etwas entgegenzusetzen, und für Jannis war das ein immer widerkehrendes Spiel und vollkommen unkompliziert. Nach zwei bis drei Wochen zogen sie wieder Richtung Heimat, und er hatte keinerlei Verpflichtungen.

Bei Nora war das anders, das ging jetzt schon die dritte Saison und wurde ihm langsam zu kompliziert. Er musste aufpassen, denn mit Noras Ehemann war nicht zu spaßen. Das konnte in einer Tragödie enden, wenn der von der Liaison erfuhr.

Die Vorfreude auf den bevorstehenden Sommer erhellte sein Gemüt, und er begann, seinen Koffer zu packen mit all den Dingen, die er auf Paros benötigte. Er würde wieder das Apartment beziehen, das ihm Angelos für die Zeit seines Aufenthaltes zur Verfügung stellte. Es war klein und lag zur Rückseite des Cafés im ersten Stock des *Aliportas.* Aber es war auch seine kleine Rückzugsoase, und was er besonders schätzte: es kostete ihn nichts. Falls er noch weitere Dinge benötigte, so war er ja nicht aus der Welt, er konnte jederzeit nach Athen fahren oder sich Sachen schicken lassen. Am kommenden Montag sollte es dann wieder losgehen mit seiner Arbeit auf Paros. Nora hatte ihm schon mehrfach eine SMS geschickt, um zu erfahren, wann er denn endlich käme. Aber er konnte sich bislang noch nicht zu einer Antwort durchringen. Eigentlich wollte er schon letztes Jahr einen Schlussstrich ziehen und das Verhältnis beenden, aber er hatte es immer wieder hinaus geschoben, weil er die Reaktion von Nora nicht einschätzen konnte. Es war ein Spiel mit dem Feuer, und er musste immer wieder an eines ihrer letzten Treffen denken, wo sie beide an ihrem geheimen Treffpunkt durch ein Geräusch aufgeschreckt worden waren. Sie hatten damals beide gehofft, dass es kein heimlicher Zuschauer war, der sie in ihrem Liebesnest beobachtet hatte. So was konnte auf Paros schnell die Runde machen und dann Gute Nacht. Die Rache von betrogenen griechischen Ehemännern konnte böse enden, dafür gab es einige Beispiele auf der Insel.

Jannis zerstreute die Gedanken schnell wieder, er wollte den Teufel nicht an die Wand malen. Falls sie beobachtet worden waren, hätten sie längst davon erfahren. Er zündete sich eine Zigarette an und vergaß einen Moment die aktuellen Probleme. Seine Gedanken wanderten nach Paros, einer anderen Welt, weg von dem Moloch Athen, umgeben von gutgelaunten Touristen, die ihn alle mochten, und er schätzte sich glücklich, der trübsinnigen Lage der Hauptstadt für einige Zeit zu entkommen.

KATHARINA WALDMANN
ATHEN, POLIZEIPRÄSIDIUM

Katharina Waldmann saß mit besorgter Miene über den Protokollen der gestrigen Vernehmungen. Ihr machte die zunehmende Gewalt bei den Protestkundgebungen anlässlich der sich zuspitzenden wirtschaftlichen Lage große Sorgen. Bis dato unbescholtene Bürger lebten ihren Frust immer häufiger auf der Straße aus, weil sie mit den immer neu beschlossenen Kürzungen einfach nicht mehr zurechtkamen. Auch ihre Abteilung hatte die Sparmaßnahmen bereits zu spüren bekommen, denn ihr gesamtes Team wurde nun auch für Delikte dieser Art mit eingespannt, obwohl sie damit eigentlich nichts zu tun hatte.

Ihr Ressort war die Mordkommission, und da gab es weiß Gott genug zu tun in Athen. Gerade im letzten Jahr war ein rasanter Anstieg der Kapitalverbrechen zu verzeichnen gewesen. Den Leuten ging es schlecht, und das machte sich auch in der Kriminalstatistik bemerkbar. Gedankenversunken ging sie zum Fenster, um es zu öffnen. Es wurde endlich warm in Athen, nach einem furchtbar kalten und regnerischen April, den man so heftig noch nie erlebt hatte. Draußen wehte ein angenehm lauer Wind, der Hoffnung auf besseres Wetter aufkommen ließ. Eigentlich sollten die Athener glücklich über die kühlen Temperaturen sein, denn heiß werden würde es noch früh genug, und dann wünschten sich alle wieder kühleres Wetter. Von draußen drang der Lärm vom nahegelegenen Monastiraki-Platz herüber, wo zu jeder Tages- und Nachtzeit etwas los war. Es war der zentrale Platz in Athen, besonders für Touristen, um einen Bummel in die Plaka oder nach Psiri zu starten. Seit der Olympiade hatte sich in Athen vieles zum Besseren gewandelt, und die Stadt war wieder attraktiv geworden.

Das Polizeikommissariat lag an der Athinas Street unweit des Monastiraki, so dass man immer von dem belebten Platz etwas mitbekam. Ein laues Lüftchen drang durch das offene Fenster und verdrängte die stickige Luft ihres spartanischen Büros. Die Kommissarin hasste im Sommer die Enge ihres Arbeitsplatzes, denn wenn es draußen nahe 40°C waren, schaffte die veraltete Klimaanlage es nicht, für eine angenehme Raumtemperatur zu sorgen. Dann blieb ihr nur die Flucht auf die Inseln, zum Glück gab's genug davon, und nach ein paar Stunden auf dem Schiff war man in einer weit angenehmeren Umgebung. Ihre Lieblingsinsel war seit langen Jahren Paros, und so wie es die Wochenenden zuließen, machte sie sich auf, um ein paar Tage der Enge und Schwüle Athens zu entkommen.

Zu Paros hatte sie ein besonderes Verhältnis, hier hatte sie die Trennung von Ihrem Ehemann Dimitri verarbeitet und hier hatte sie die letzten Jahre viele Freundschaften geschlossen. Darunter auch mit vielen Touristen aus aller Welt, die immer wieder kamen, genau wie sie selbst.

Katharina wirkte auf viele, die sie nicht kannten, eher etwas schrullig. Mit ihrem Kurzhaarschnitt, der großen strengen schwarzen Brille und einer Größe von lediglich 1,65 traute man ihr die Leitung der Athener Mordkommission im ersten Augenblick nicht wirklich zu. Sie brachte für den Polizeidienst auch ein paar Pfund zu viel auf die Waage, was ihr schon so manche Schelte von ihrem medizinischen Betreuer eingebracht hatte. Doch der erste Eindruck täuschte gewaltig, denn sobald man mit Katharina ins Gespräch kam, spürte man, dass sie eine blitzgescheite Frau war, die mit beiden Beinen im Leben stand. Ihre wachen braunen Augen und ihre analytischen Fähigkeiten halfen ihr, in die Abgründe der menschlichen Seele zu blicken. Da machte ihr so schnell keiner etwas vor, und das hatte ihr letztlich auch bei der Karriere geholfen. Es waren trotzdem lange harte Jahre gewesen, die sie hinter sich hatte, bei all den Machos im griechischen Polizeiapparat. Aber die Kommissarin besaß zum Glück eine genügende Portion Hartnäckigkeit, und auf Grund ihrer hohen Aufklärungsquote hatte sie es schließlich geschafft, die Leitung des Kommissariats zu bekommen. Mit nun 54 Jahren war sie endlich da, wo sie immer hin wollte, auch wenn sie viele Opfer bringen musste, ihre kaputte Ehe war nur eines davon. Analytischer Scharfsinn gepaart mit großer Gelassenheit, das war ihr Markenzeichen, damit knackte sie jede Fassade potenzieller Verbrecher. Die Gabe, sich in das Innerste fremder Seelen hinein zu versetzen, hatte sie von ihrem feinfühligen deutschen

Vater geerbt, der lange Zeit als Polizeipsychologe gearbeitet hatte und dessen Rat sie auch heute noch gerne einholte. Die Gelassenheit kam mehr von ihrer griechischen Mutter, einer gestandenen Frau, die stets der Rückhalt ihrer gesamten Familie war. Sie empfand es als etwas Besonderes, ein Kind von Eltern aus zwei unterschiedlichen Kulturkreisen zu sein, davon konnte man ein Leben lang profitieren. Katharina war zweisprachig aufgewachsen, sie sprach fließend Deutsch und Griechisch, was ihr viele Türen öffnete. In ihrer Brust schlugen zwei Herzen, ein deutsches und ein griechisches, und das wusste sie geschickt einzusetzen. Sie konnte im Job gnadenlos sein, wenn Kollegen undiszipliniert bei der Arbeit waren und hinter ihrem Rücken dann »The German Master« sie nannten. Darüber konnte sie innerlich nur schmunzeln, schließlich hatte sie ja lange genug daran gearbeitet, sich in dieser Männerwelt genügend Respekt zu verschaffen. Privat war das ganz anders, da ließ sie das Leben laufen und hatte selten einer durchtanzten Nacht etwas entgegen zu setzen.

Tief versunken in die Vernehmungsprotokolle wurde sie vom Klopfen an ihrer Bürotür unterbrochen. Ohne abzuwarten wurde die Tür aufgerissen und ihr Assistent Filippos steckte seinen wuscheligen Kopf zur Tür herein.

»Kalimera, Katharina, schön dich zusehen. Warum gehst du nicht ans Telefon? Dein Freund Adonis hat heute schon mehrfach versucht, dich zu erreichen, es scheint was Dringendes zu sein. Er bittet heute noch um Rückruf.« Ohne auf eine Reaktion von Katharina zu warten, legte er ihr einen Zettel mit Adonis Handynummer auf den Tisch und verschwand so schnell, wie er gekommen war.

Das war typisch für Filippos, aber sie mochte ihn mit seiner schlaksigen Art, die für viele oft zu oberflächlich wirkte. Er musste noch viel lernen, aber dafür waren ja genug erfahrene Kollegen und Kolleginnen zur Stelle. Filippos war gerade 32 Jahre alt und hatte erst vor einem Jahr sein Kriminalistik-Studium abgeschlossen. Danach war er direkt Katharinas Team zugewiesen worden, und mittlerweile wollte sie auf ihn nicht mehr verzichten. Ein richtiger Wirbelwind, den sie oft bremsen musste, wenn er ihr zu forsch vorging. Manchmal musste sie sich dabei zurücknehmen, um nicht zu sehr die Übermutter zu geben. Am Anfang hatte sie den Altersunterschied als eher negativ empfunden, aber mittlerweile wusste sie den anderen Blickwinkel eines jüngeren Kollegen durchaus zu schätzen. Zwischen Ihnen lagen mehr als zwanzig Jahre, und besonders bei jüngeren Straftätern hatte er ihr schon so manch einen guten Tipp gegeben.

Adonis bittet dringend um Rückruf – was war denn da so eilig? Sie würden sich doch eh in zwei Wochen sehen, denn dann plante sie ihren wohlverdienten Jahresurlaub auf Paros, so wie jedes Jahr. Adonis war der Leiter der Polizeistation in Parikia, und sie kannten sich schon eine Ewigkeit. Als sie noch mit ihrem Mann zusammen war, hatten sie während der gemeinsamen Urlaube auf Paros viele Abende bei Adonis und seiner Frau Nektaria in Drios verbracht. Nektaria war eine begnadetet Köchin, und sie erinnerte sich gerne an die ausschweifenden Abende mit den beiden. Immer wenn Katharina zu Gast war, gab es diese wunderbaren Dolmadakia, die keiner so zubereiten konnte wie Nektaria. Sie hatte ein spezielles Rezept dafür, was die kleinen gefüllten Weinblätter zu einem kulinarischen Erlebnis machten. Dabei wurden die gefüllten Weinblätter, wenn sie fertig gefüllt und gewickelt waren, im Backofen zusammen mit etwas Brühe und unzähligen Kräutern und Tomaten gegart. Das gab den Dolmadakia einen leicht fruchtigen Geschmack, und das zusammen mit der Reis-, Kräuter- und Hackfleischfüllung war einfach göttlich. Der Kontakt war seit der Scheidung etwas eingeschlafen, aber wenn Katharina in Naoussa ihren Urlaub verbrachte, traf man sich, und Katharina beneidete Adonis oft um seinen doch eher ruhigen Job.

Im Winter passierte fast nichts auf Paros, im Sommer gab es gelegentlich ein paar Diebstähle aufzuklären. Da war der Job in Athen schon ein anderes Kaliber. Vielleicht wollte Adonis an die alte Tradition wieder anknüpfen und sie zum Essen einladen? Beim Gedanken an Nektarias gefüllte Weinblätter lief ihr direkt das Wasser im Mund zusammen. Nein, da musste ein anderer Grund vorliegen, wegen einer Einladung zum Essen würde Adonis nicht um dringenden Rückruf bitten. Je mehr sie darüber nachdachte, umso neugieriger wurde sie und nahm sich fest vor, Adonis in der nächsten Stunde anzurufen.

JANNIS KOSTATIDIS
ATHEN

Jannis dachte ständig an Noras SMS, er musste sich melden, denn sie würde nicht locker lassen. Er wusste, wie sehr sie jeden Ausbruch aus ihrer eingefahrenen Situation ausnutzte. Wie sehr sie den nahenden Sommer herbeisehnte, um endlich wieder ab und zu begehrt zu werden. Und da war ihr Jannis gerade recht, denn Sie hatte schnell durchschaut, dass er keine feste Beziehung wollte. Er war ihr Abenteurer und kein Mann fürs Leben. Den hatte sie, auch wenn da lange schon nichts mehr lief zwischen ihr und Erasmos. Doch da waren auch noch ihre zwei Kinder, die ihre Familie brauchten. Nora war vor 22 Jahren auf Paros geblieben, nachdem sie ihren Mann Erasmos kennen gelernt hatte. Nach der anfänglichen Verliebtheit und dem Glücksgefühl von Sonne, Meer und Strand, hatte sie die Realität recht schnell wieder eingeholt. Dennoch hatte sie sich damals für Erasmos und für Paros entschieden, und sie hatte hart daran gearbeitet, in all den Jahren als Ausländerin auf der Insel akzeptiert zu werden und ihr soziales Netzwerk aufzubauen. Das war ganz wichtig, besonders im Winter, wenn keine Touristen mehr da waren und auch viele Inselbewohner oft in ihre Wohnungen nach Athen zogen. Dann konnten die Tage und vor allem die Abende furchtbar lang werden. Wenn es dann noch tagelang stürmte, brauchte man dringend Menschen um sich herum.

Doch das war eine andere Geschichte, und sie gehörte längst zur Insel, die verbissene Niederländerin, mit der man sich besser nicht anlegte. Nora war eine Kämpfernatur, wenn es um ihre eigenen Belange ging, aber jeder im Ort kannte auch Erasmos, ihren aufbrausenden Gatten. So blieb es vielen in Naoussa nicht verborgen, wenn Nora mal wieder für ein paar Tage zu einer Freundin ausgerissen war, weil Erasmos einen seiner Wutausbrüche an ihr ausgelassen hatte.

Nora liebte ihre beiden Kinder, und die hingen auch an Erasmus, ansonsten hätte sie schon längst das Weite gesucht. Ihr war vollkommen klar, mit welchem Feuer sie da spielte, aber die sommerlichen Abenteurer mit Jannis waren oft ihr einziger Lichtblick. Sie spielte gerne mit Ihm, wenn sie im *Aliportas* saß und ihm bei der Arbeit zusah. Sie beobachtete genau, wie er mit seinem Charme die Touristinnen umgarnte, die dann meistens auch an den folgenden Urlaubstagen ihren Kaffee oder ihr Glas Wein im *Aliportas* tranken. Sie steckte ihm heimlich kleine Zettel zu, mit kurzen Liebesbotschaften oder Terminen, wo ihr nächstes Treffen stattfinden sollte. Jannis hatte sich an diese Spielchen gewöhnt und war stets darauf bedacht, dass die anderen Gäste im Café nichts davon mitbekamen. Er war hin und hergerissen, wie er auf die SMS antworten sollte, kam jedoch letztendlich zu der Erkenntnis, dass er Nora sowieso nicht wiederstehen konnte. Sie war hinreißend und der Sex mit ihr wild und hemmungslos. Das lag wohl auch an der Geheimnistuerei, die sie an den Tag legen mussten, um nicht die Auswirkungen eines gehörnten Ehemanns zu spüren zu bekommen.

Die letzten zwei Sommer hatten sie sich immer in einem abgelegenen Steinhaus oberhalb des Lageri-Strandes getroffen, ein ruhiger, abgelegener Strand nordwestlich von Naoussa, der bisher noch nicht von Strandtavernen und Hotelbauten zugebaut worden war. Dort hatte Nora für sie ein kleines Liebesnest eingerichtet. Das Haus lag geschützt in einem Olivenhain und wurde als Geräteschuppen während der Olivenernte von der auf dem Hügel ansässigen Familie Apostolopoulou genutzt. Im Sommer kam so gut wie nie jemand her, der Schuppen war somit ideal für umtriebige Liebespaare. Das Haus lag weit genug weg von Maroulas Anwesen, dass mit keinen fremden Besuchern gerechnet werden musste. Der Gedanke an das kleine Liebesnest erregte Jannis direkt, und allen Zweifeln zum Trotz freute er sich jetzt schon auf das nächste Treffen mit Nora. Damit war die Entscheidung getroffen, es würde also so sein wie die letzten Jahre auch. Sofort griff er nach seinem Handy und verschickte eine SMS:

»Komme Samstag mit der Blue Star Naxos, Jannis.«

Damit war das dann auch geregelt, und er konnte sich nun auf seine Abreise vorbereiten.

STEPHAN
ANREISE, PAROS

Die Fahrt zum Flughafen verlief reibungslos, denn um diese Zeit war Köln noch im Tiefschlaf und der Taxifahrer konnte ungehindert durch die dunkle Stadt fahren. Da Stephan bereits übers Internet eingecheckt hatte, brauchte er nur noch sein Gepäck am Drop Off-Schalter abzugeben, und begab sich danach direkt in den Abflugbereich. Er ging zum Gate und scannte die Mitreisenden. Es wäre nicht das erste Mal, dass ein alter Paroaner die gleiche Maschine gebucht hätte. So hatte er auch vor Jahren Hannah kennen gelernt, die er zwar flüchtig von vielen Paros-Urlauben kannte, aber erst als sie sich eines Morgens auf dem Flughafen Köln-Bonn begegnet waren, kamen sie ins Gespräch. Damals reisten sie zusammen bis nach Paros, und Stephan lernte eine ganz andere Hannah kennen. Die bis zu diesem Zeitpunkt eher unnahbare Frau hatte munter drauflos geplaudert. Er erfuhr einige Neuigkeiten über die kleine, eingeschworene, immer wiederkehrende Familie, die er bis dahin noch nicht so gut gekannt hatte. Es war eine kurzweilige Anreise nach Paros gewesen und eine informative noch dazu.

Sie hatten natürlich auch einen gemeinsamen Nenner, und der hieß Köln. Das verband sie, auch wenn sie ansonsten nicht viel gemein hatten. Hannah war das erste Mal Ende der Siebziger auf Paros gewesen, hatte schon mal längere Zeit dort gelebt und sprach auch ganz gut Griechisch. Da war sie noch mit einem Griechen leiert, der dort ein Haus besaß. Sie kannte die gesamte Familie und diese kannte Hannah, vor allem ihre Ausfälle, die sich nach reichlich Wein immer wieder einstellten. Die letzten beiden Jahre war Hannah stets mit einer Freundin aus Wien unterwegs, die dann auch am späten Abend dafür sorgte, dass Hannah ihr eigenes Bett fand. Hannah war bereits seit einer Woche auf Paros und wusste, dass Stephan an diesem Wochenende anreisen würde. Er musste sie unbedingt noch heute treffen, um zu erfahren, was so Schreckliches passiert war.

Diesmal war leider keiner im Abflugbereich den er kannte, und so nahm er sich vor, während des Fluges ein wenig zu schlafen. Es waren ja nur knapp drei Stunden Flugzeit von Köln nach Athen, und das war der durchaus angenehmste Teil der Anreise. Wie jedes Jahr war er neugierig, was sich so alles im Ort verändert hatte, und der erste Gang durch Naoussa förderte meistens einige Überraschungen zutage. Während des Winters wurde immer wild gebaut und umgestaltet, und die Lizenzen für die begehrten Bars und Restaurants im alten Hafen wurden jedes Jahr neu ausgehandelt. Da war man froh, dass es ein paar feste Größen wie das *Aliportas* gab, die sich schon über Jahrzehnte behaupteten. Denn jeder neue Restaurantbesitzer war auch immer ein Risiko. Der häufige Wechsel lag ganz einfach daran, dass die Hausbesitzer mittlerweile ihren Marktwert erkannt hatten. So wurden häufig die Bewerber genommen, die die höchste Miete zahlten, ohne besonderen Wert auf die gastronomischen Qualitäten zu legen. Die Mieten hatten es in sich, und es gehörte schon ein gutes Konzept dazu, in der immer kürzer werdenden Saison das Geld wieder einzuspielen. Der Zeitraum, in dem es richtig brummte, dauerte von Anfang Juli bis Mitte September, dann kamen auch die zahlungskräftigsten Besucher, meistens aus Frankreich und Italien. Doch auch viele Griechen hatten in den letzten Jahren Paros entdeckt und überfielen buchstäblich an manchen Wochenenden die Insel. Und sie waren sehr beliebt, gaben sie doch wie alle Südeuropäer weit mehr Geld fürs Essen aus als die Nordeuropäer. In dieser Zeit war es in Naoussa noch teurer, besonders im alten Hafen, und Stephan ging schon seit mehreren Jahren nur noch ganz selten hier essen. Das Preis-Leistungs-Verhältnis stimmte einfach nicht mehr, und oft hatte er den Eindruck, dass hier das zweite Mykonos geschaffen werden sollte.

Mit Wehmut dachte er oft an den Anfang der Achtziger, wo es im alten Hafen nur ein paar urige Tavernen und schräge Bars gegeben hatte, so wie das *Remisso* an der hinteren Kaimauer. Hier traf man sich zum letzten Absacker und trank Kamikaze bis zum Morgengrauen. Diese Zeit war längst vorbei, aber zum Glück gab es auch heute noch genügend Tavernen vom alten Schlag, in denen man bei griechischer Musik wunderbar in alten Erinnerungen schwelgen konnte. Als dann das *Remisso* einer stylischen Bar weichen musste, wurde es Zeit, sich nach einem neuen Treffpunkt umsehen, und so war Stephan damals im *Aliportas* gelandet. Keine schlechte Alternative, wie er sehr schnell erkannte, hier war immer Leben, und das auf ganz unterschiedliche Art.

Ob sich die Dorffrauen nach einer Beerdigung zum Kaffee trafen oder ein Geburtstag gefeiert wurde, die Touristen saßen immer mitten drin, und er hatte nie das Gefühl, fremd zu sein. Nach all den Jahren hatte er mittlerweile ein freundschaftliches Verhältnis zu den Besitzern Angelos und Maria. Das lag wohl auch daran, dass er schon deren Eltern gekannt hatte, die das *Aliportas* aufgebaut hatten. Maria kam aus Athen, und nach der Hochzeit mit Angelos hatte sie sich schnell in das gut gehende Café eingearbeitet. Sie war eine geborene Geschäftsfrau und ein Glücksgriff für Angelos. Sie verstand es, allen Gästen ein gutes Gefühl zu vermitteln, so dass man immer gerne wiederkam. Maria war es auch, die recht schnell Jannis Talent erkannt hatte und genau beobachtet, wie er auf die Gäste wirkte. Vor allem wie er die Frauen im *Aliportas* umgarnte, und nach zwei Tagen auf Probe war Jannis fest eingestellt. Für Maria war Jannis zudem eine wunderbare Ergänzung, denn ihr Mann Angelos hielt sich lieber im Hintergrund auf. So konnte sie zusammen mit Jannis vor jeder Saison neue Ideen besprechen und seine Erfahrung und das Feedback der Gäste nutzen.

Stephan wurde aus seinen Gedanken gerissen, als der Stewart mit dem Getränkewagen vorbei kam und nach Essenswünschen fragte. Er hatte keinen Hunger auf einen Happy Snack, der ihm bestens empfohlen wurde, zumal das ja alles mittlerweile bezahlt werden musste. So vertrieb er sich lesend die verbleibende Flugzeit, und pünktlich um 09:55 Uhr landete die Maschine auf dem internationalen Athener Flughafen Eleftherios Venizelos. Nachdem der Airbus seine Parkposition erreicht hatte, dauerte es noch ein paar Minuten, bis die Kabinentür geöffnet wurde. Sofort spürte man den warmen Luftzug, der durch die geöffnete Tür einströmte. Es lag zwar ein leichter Kerosingeruch in der Luft, aber es roch auch angenehm nach Sommer. Der Flughafenbus brachte ihn schnell zum Ankunftsbereich, in dem er seinen Koffer in Empfang nehmen konnte. Er hatte alle Zeit der Welt, denn die Fähre von Piräus ging erst um 17:30 Uhr. Vorher war leider um diese Jahreszeit nichts zu machen, später in der Hauptsaison gab es mehrere Boote am Tag. Das hatte mit dem schweren Fährunglück vom September 2000 zu tun. Damals war die Express Samina vor Paros im Sturm gesunken, und man hatte über 80 Tote zu beklagen. Nach diesem Unglück wurden viele alte Fähren überprüft und aus dem Verkehr gezogen.

Stephan überlegte, ob er sich einen Kaffee im Flughafen gönnen sollte, entschied sich aber dagegen. Er machte sich direkt auf den Weg zur Metro, die ihn nach Piräus bringen sollte. Die Metro gab es seit der Olympiade und war eine wunderbare Errungenschaft für Athen. Davor blieb einem nur der meistens total überfüllte Bus bis Piräus, der einer schlecht belüfteten Sauna gleich kam. Mit der Metro war es angenehm, und in ca. 40 Minuten war man im Hafen. Von der Endstation in Piräus, waren es nur wenige Meter bis zum Fähranleger. Dort gab es ein Restaurant, und dort wurde das erste griechische Bier getrunken. Gott sei Dank gab es seit zwei Jahren wieder das gute alte ›Fix Hellas‹, nachdem es fast zwanzig Jahre nicht produziert worden war. Stephan suchte sich einen Platz im Schatten, denn die Hitze brach nun völlig auf ihn herein, und genoss das kühle Bier. Es war Mittag, und er hatte noch viel Zeit bis zur Abfahrt mit der Fähre. Jetzt brauchte er Geduld, aber er hatte sich ja für die klassische Anreise entschieden. Die Alternative wären 25 Minuten Zittern in einer dieser uralten Dash Propellermaschinen gewesen, mit der die Olympic die kleineren Inseln von Athen aus anfliegt.

So konnte er wenigstens sicher sein, dass sein Gepäck auch mit kam. Mit dem Flieger kam das eher einem Lotteriespiel gleich, da bei Südwind die Maschine nicht mit voller Beladung landen konnte, und da blieb der eine oder andere Koffer auch schon mal in Athen zurück. Somit kam Stephan an einem längeren Zwischenstopp in Piräus nicht vorbei, was aber auch gut war, denn Piräus war eine erste Gelegenheit, der Hektik der vergangenen Wochen den Rücken zu kehren und sich auf die griechische Gelassenheit einzulassen.

GEORGIOS APOSTOLOPOULOS
MYKONOS

Georgios war am Super Paradise eingeschlafen und wurde unsanft von der Durchsage: »Der letzte Bus nach Mykonos-Stadt fährt in 10 Minuten« geweckt. Schlaftrunken raffte er schnell seine Sachen zusammen und machte sich auf zur Bushaltestelle, die ein paar Minuten entfernt lag. Auf dem Weg dorthin sah er den drahtigen blonden Dänen wieder, der ihn am Strand so nett angelächelt hatte. Er schien auf ihn gewartet zu haben. Das war doch schon einmal ein Anfang, dachte er. Nun galt es nur noch, einen Sitzplatz neben ihm zu ergattern, um die weitere Planung für den Abend einzufädeln. Der Blick des attraktiven Jünglings war eindeutig, daher ging Georgios direkt aufs Ganze und sprach den Dänen an. Während sich der aus allen Nähten platzende Bus die steile Straße herauf quälte, herrschte eine ausgelassene Mulitkulti-Stimmung in dem alten Gefährt. Er musste mindestens schon dreißig Jahre alt sein und man konnte nur erahnen, was dieser alte Bus wohl schon so alles erlebt hatte. Es war laut und schrill, nur der grimmig dreinblickende Busfahrer passte nicht so wirklich ins Bild. Nach einem kurzen Geplänkel waren die Handynummern ausgetauscht und der Treffpunkt für den Abend ausgemacht. Georgios kannte sich aus, und empfahl ein kleines Restaurant nahe den drei Windmühlen. Danach würde man weiter sehen, aber Niklas, so hieß der blonde Schönling, hatte schon zu erkennen gegeben, dass es bestimmt nicht nur beim Essen oder ein paar Drinks bleiben würde. Nachdem sie noch schnell ein Bier am Platis Giallos getrunken hatten, trennten sie sich, um sich für den Abend vorzubereiten. Georgios konnte ihn kaum erwarten, denn Niklas war genau sein Typ: blond und durchtrainiert, aber nicht zu muskulös, mit einem wunderbaren braunen Teint, den er in der ersten Woche auf der Insel angenommen hatte. Georgios malte sich schon aus, wie Niklas wohl nackt aussehen würde, und spürte eine leichte Spannung in seiner Hose. Schon am Strand in seiner knappen AussieBum-

Badehose war es schwer genug für ihn gewesen, ruhig zu bleiben. Das war das Schöne an Mykonos, man musste nur die Augen aufhalten und schon fand sich etwas für eine heiße Nacht. Die Jungs hier waren alle gut drauf, sie hatten Urlaub und wollten jede Nacht was erleben. Das war ganz anders, wenn er auf Paros war, dort musste er seine Homosexualität meistens verstecken. Denn obwohl Paros auch schwule Urlauber kannte, so war es für die meisten Griechen ein Tabu, sich öffentlich zu ihrem Schwulsein zu bekennen.

Für Georgios war das ein großes Problem, obwohl mittlerweile viele davon wussten. Bis auf wenige Freunde, wurde das Thema nie angesprochen, und er selbst hielt sich auch bedeckt, wollte er den Abstand zu seiner Mutter doch nicht noch größer werden lassen. Womöglich würde sie ihm dann auch noch sein Erbe streichen.

So führten häufig schwule Griechen ein Doppelleben, so wie etwa Kiriakos, zu dem Georgios seit einiger Zeit ein heimliches Verhältnis hatte. Kiriakos war verheiratet und arbeitete bei der Stadtverwaltung in Parikia, und sie hatten sich auf Mykonos kennen gelernt. Georgios erinnerte sich noch genau, wie er da stand, im *Point* mit einem Bier in der Hand, auf der Suche nach einem Date. Das Bier wäre ihm fast aus der Hand gefallen, als er in der Menschentraube Georgios erkannte. Dabei musste er doch ständig damit rechnen, jemanden von Paros hier zu treffen. Das *Point* war eine einschlägige Bar auf Mykonos, und wer hier verweilte, war auf der Suche nach einem Flirt. Erst am frühen Morgen, nach vielen Blickkontakten, waren sie an der Theke zusammen gekommen. Nach einem ersten vorsichtigen Abschätzen der Lage, entwickelte sich ein inniges Gespräch, was schließlich in Georgios Hotelzimmer endete. Beide kannten sich vom Sehen schon lange Jahre, und Georgios hatte schon vermutet, dass Kiriakos auch Männern nicht abgeneigt war. Recht schnell erkannten beide die Vorteile ihres Verhältnisses, man konnte sich doch in Zukunft durchaus auch mal auf Paros treffen, wenn ein Abstecher nach Mykonos nicht möglich war. So ergab es sich, das Georgios meist zu Kiriakos in die Stadtverwaltung fuhr, hier war man Publikumsverkehr gewohnt – und nach 18:00 Uhr meistens ungestört.

Georgios ging zu seinem kleinen Hotelzimmer oberhalb des Fähranlegers, wo er schon seit Jahren bei seinen Trips nach Mykonos abstieg. Er kannte Stella, die Besitzerin, schon lange, und sie machte ihm stets einen fairen Preis. Sie fragte auch nicht nach Georgios Begleitern, die er immer wieder mitbrachte, das war hier auf Mykonos nichts Besonderes. Er machte sich eine Dose Bier auf und öffnete die beiden Flügeltüren zu seiner kleinen Terrasse. Von hier aus hatte man einen ungestörten Blick über den ganzen Hafen und das rege Treiben an den Kreuzfahrtschiffen.

Hunderte von Touristen mussten jeden Abend in die kleineren Beiboote verpackt werden, um sie dann für ein paar Stunden durch Mykonos zu treiben. Die vielen Juweliergeschäfte lebten fast ausschließlich von den Bootstouristen. Es war kurz vor acht, die schönste Zeit des Tages. Das Meer und die ganze Insel waren in ein goldenes Licht getaucht, das man so nirgends auf der Welt noch einmal finden konnte. Er liebte diesen Anblick, das war das besagte Licht der Ägäis, und er hielt einen Moment lang inne.

Er war ziemlich fertig, ohne Mittel und ohne Perspektive. Er brauchte dringend Geld, hatte aber keinen Plan, wie er das hin kriegen sollte. Georgios drohte wieder in eines seiner depressiven Löcher zu fallen, aber der Abend bot ja noch eine Perspektive, und die hieß Niklas. Er öffnete seine kleine Reisetasche und entschied sich für ein eng anliegendes Polohemd mit tiefer Knopfleiste, damit seine getrimmte schwarze Brustbehaarung noch besser zur Geltung kam. Er schlüpfte schnell unter die Dusche, danach ging es ihm besser, und er machte sich auf Richtung Windmühlen.

Georgios sah Niklas schon von weitem, wie er da lächelnd auf einer kleinen Mauer vor dem Restaurant auf ihn wartete. Nachdem sie sich begrüßt hatten, bestellte Georgios direkt zwei Gläser Champagner an der Bar und schlug dann dem blonden Dänen ein paar Gerichte vor. Er kannte die Küche, den Besitzer und die ganze Umgebung, was ihm eine große Selbstsicherheit verlieh. Hier war er zu Hause und spürte, wie das dem Dänen imponierte – und in diesen Moment war von seiner inneren Zerrissenheit nichts mehr zu spüren. Das Essen war wie gewohnt gut, hier stimmte noch der Preis, was auf Mykonos immer weniger der Fall war. Man unterhielt sich in Englisch, und nach der ersten Flasche Wein wurden die Blicke intensiver, so dass man sich entschied, direkt in Georgios Hotel zu gehen. Man konnte ja vielleicht dann später noch ins *Point* weiterziehen. Georgios hatte vorgesorgt und Wein in seinem Zimmer kalt gestellt. Über seinen iPod lief Musik von Charis Alexiou, und bei *Tango*, einem melancholischen Stück, lag Niklas bereits in seinen Armen. Niklas war wie ausgehungert, und Georgios spürte sein Verlangen. Georgios war der ältere und erfahrenere von den beiden und genoss den Sex mit dem deutlich jüngeren Dänen. Es waren ein paar Stunden Genuss pur, und er vergaß seine ganzen Probleme für einige Zeit. Morgen in aller Frühe würde ihn die Gegenwart ganz schnell wieder mit voller Macht einholen, wenn er zurück nach Paros musste. Das erste Boot ging bereits um sieben und daher ließ er dann auch Niklas alleine weiter ziehen. So hatte er wenigstens noch ein paar Stunden Zeit zum Schlafen.

MAROULA APOSTOLOPOULOU
NAOUSSA, PAROS

Innerlich vollkommen aufgewühlt, versank Maroula schließlich doch noch für ein paar Stunden in einen tiefen, bleiernen Schlaf. Erst das laute Bellen eines ihrer Hunde holte sie langsam aus dem Dämmerzustand zurück ins Leben. Benebelt trank sie einen Schluck Wasser und kam langsam zu sich. Spontan erinnerte sie sich an die letzten Gedanken der ruhelosen Nacht. Der Schlaf hatte ihr gut getan und ein wenig Kraft in den geschundenen Körper gebracht. Das war gut so, sie würde noch heute Ihren Plan umsetzen.

Unter großen Anstrengungen arbeitete sie sich aus ihrem riesigen Bett, und auf dem Weg ins Badezimmer kramte sie in der alten Kommode nach der Telefonnummer von Manolis. Er war ein guter Freund der Familie, der sich stets um alle juristischen Dinge gekümmert hatte. Manolis kannte die Familie mit all ihren Problemen und war stets ein treuer Freund ihres verstorbenen Mannes gewesen. Jetzt war es an der Zeit, Manolis auch in ihr letztes Geheimnis einzuweihen, auch wenn sie das eine große Portion Überwindung kosten würde. Jahrelang hatte sie jeden Gedanken daran aus ihrem Herzen verbannt, aber irgendwann hatte sie es einfach nicht mehr ausgehalten. Die Vorstellung, dass ihr einziger Strohhalm, den sie noch besaß, vielleicht schon gestorben sein könnte, ließ sie plötzlich in Panik verfallen. Wie einen Schatz hatte sie den Namen der Hebamme gehütet, denn nur über sie bestand eine kleine Chance, an die von ihr so ersehnten Informationen zu gelangen. Als sie schließlich die alte Dame ausfindig gemacht hatte, folgten unzählige Besuche in Athen, um sie zur Herausgabe der notwendigen Informationen zu überreden. Es waren zermürbende und aufreibende Besuche, und erst nachdem Maroula ihr eine große Summe Geld angeboten hatte, gab sie sich schließlich geschlagen. Manolis hatte in den letzten Jahren viel von den Eskapaden Georgios mitbekommen und wusste auch von dem schlechten Verhältnis zwischen Mutter und Sohn. Von daher musste sie ihm auch nichts lange erklären, sie vertraute ihm blind, und nur mit ihm konnte sie ihren Plan umsetzen. Er würde sie beraten und alles juristisch einwandfrei aufsetzen, darauf konnte sie sich verlassen.

Als sie in die Küche kam, war bereits das Frühstück vorbereitet, und Sophia, die gute Seele des Hauses, kam ihr entgegen. Sie half ihr an den gedeckten Tisch und sagte forsch in ihrem gebrochenen griechisch: »Du muss aber heute unbedingt was essen, ich habe für dich extra frischen Feta angemacht.«

Ohne auf eine Antwort zu warten, stellte sie ihr einen Teller mit einem fertig geschmierten Brot auf den Tisch.

Wie sie wohl Recht hatte, dachte Maroula, ohne eine gute Grundlage konnte sie sich nicht lange auf den Beinen halten.

»Mein Appetit hält sich in Grenzen, aber ich will es wenigstens versuchen, denn ich brauche viel Kraft für wichtige Entscheidungen«, erwiderte Maroula und rang sich ein Lächeln ab.

Früher hätte ihr das keiner zweimal gesagt, den Käse hatte sie immer genossen, zusammen mit ein paar Oliven und dem selbst gebackenen Brot war über das lange Jahre hinweg ein guter Start in den Tag gewesen. Wie viel Zeit blieb ihr wohl noch, diese Köstlichkeiten zu genießen, auf diesem so geliebten Fleckchen Erde? Je länger sie darüber nachdachte, umso mehr festigte sich der Wunsch, alles Erdenkliche zu unternehmen, um Ihr Land vor jeder Veränderung zu schützen.

Es gab bereits so viele Bausünden auf Paros, besonders in Naoussa war in den letzten zehn Jahren ein wahrer Bauboom ausgebrochen. Jeder wollte mitmachen bei dem lukrativen Geschäft, nur an Maroula hatten sich die ganzen Immobilienhändler bisher die Zähne ausgebissen. All diese schmierigen Typen, allen voran Frank Felten aus Frankfurt von der Dreamroom GmbH, der seit mehreren Jahren Grundstücke auf Paros suchte. Fast wöchentlich hatte sie einen Anruf von ihm auf ihrem Anrufbeantworter, und es ging immer um das begehrte Grundstück am Lageri. Das Angebot für den so ersehnten Strandabschnitt hatte man in den letzten 15 Monaten verdoppelt. Da wäre manch einer schwach geworden, aber Maroula ging es nicht ums Geld, ganz abgesehen davon, dass sie davon genug hatte, war ihr Geld schon immer unwichtig gewesen. Sie nannte das Grundstück ihr kleines Paradies mit all den wilden Thymianbüschen, den sanften Sanddünen und dem türkisfarbenen, kristallklaren Wasser. Sie musste es schützen, das war ihr letztes großes Ziel. In ihrer Not hatte sie sogar Kontakt zu P.E.A., dem ökologischen Zentrum auf Paros, aufgenommen, in der Hoffnung, Unterstützung für den Erhalt des Lageris zu bekommen. Anna, der Leiterin des Zentrums, war es zu verdanken, dass ein größerer Ausbau des Flughafens auf Paros bisher verhindert wurde. Ihr Argument war immer, dass wenn erst einmal Flugzeuge der 737-Klasse landen können, es gänzlich mit der Idylle auf Paros vorbei ist. Das hatte ihr bei Maroula viel Respekt eingebracht, und Maroula unterstütze P.E.A. schon lange mit regelmäßigen üppigen Spenden.

Der Feta schmeckte köstlich, und sie schaffte es sogar, eine zweite Scheibe Brot zu essen. Danach wählte sie die Nummer von Manolis, der auch schon nach dreimaligem Klingeln abhob.

»Maroula, meine Liebe, schön dass du dich meldest, wir haben lange nichts voneinander gehört. Ich frage nicht, wie es dir geht, aber ich freue mich, mit dir zu sprechen. Was kann ich für dich tun?«

»Manolis, ich brauche deinen Rat, und wir müssen uns unbedingt treffen. Ich möchte, dass du mir bei einer meinen letzten wichtigen Entscheidungen zur Seite stehst, und wie du weißt, bleibt mir nicht mehr viel Zeit. Können wir uns heute noch treffen?« Maroula hatte sich lange genug mit dem Thema auseinander gesetzt und kam deshalb direkt zur Sache. Sie spürte durchs Telefon, dass Manolis mehrfach schluckte, bevor er sich wieder fing. Obwohl er von ihrer Krebserkrankung wusste, kam ihm das alles sehr eilig vor. Aber er wollte sie nicht warten lassen und bot ihr direkt einen Termin gegen 11:00 Uhr an, den Maroula erleichtert aufnahm.

Es war 09:00 Uhr, ihr blieben also noch zwei Stunden, um ihre Kräfte für das Treffen mit Manolis zu sammeln. Endlich würde jetzt alles so geregelt, wie sie es sich vorstellte. Sie war fest entschlossen, und jetzt gab es auch keinen Weg mehr zurück.

Auf Manolis war Verlass, und so hörte sie schon von weitem gegen 11:00, wie der Jurist die lange Auffahrt zu ihrem Haus hinauf fuhr. Maroula nahm alle ihre Kräfte zusammen und ging ihm entgegen. Er hatte sogar einen kleinen Blumenstrauß für sie in der Hand, was sie innerlich sehr berührte.

»Die Blumen hättest du dir für meine Beerdigung aufsparen sollen, jetzt musst du bald schon wieder neue kaufen«, rief sie ihm zu, um ihrem Treffen eine gewisse Leichtigkeit zu geben. Doch Manolis schaute nur bedrückt zu ihr herüber und nahm sie fest in den Arm. Sophia hatte auf der Terrasse für sie eingedeckt, und so kam auch er in den Genuss des würzigen Feta.

Es dauerte eine ganze Weile, bevor Maroula zum eigentlichen Tagesordnungspunkt wechselte und Manolis ihr Anliegen vorbrachte. Ihre Nervosität konnte sie dabei nicht verbergen, wusste sie doch nicht, wie ihr Vertrauter auf ihr Geheimnis reagieren würde. Manolis hörte ihr die ganze Zeit konzentriert zu, ohne sie zu unterbrechen, als sie sich das so lange Verschwiegene endlich von der Seele redete. Zum Glück gab es nur wenige Rückfragen und keine Schuldzuweisungen. Er bestärkte Maroula sogar bei ihrer Entscheidung, und ihr fiel ein Stein vom Herzen. Sie hatte sich das zwar erhofft, aber jetzt war es klar, und es machte ihr die Entscheidung leichter. Der Rest ging relativ schnell, der Jurist erklärte ihr, was zu tun war und das er alle weiteren Formalitäten für sie erledigen würde. Danach führte er ein paar Anrufe durch, unter anderem mit der Stadtverwaltung in Parakia, wo er auch heute noch vorsprechen wollte. Schließlich öffnete er sein kleines Notebook und verfasste ein paar Vollmachten, die er sich auf seinem mobilen Drucker ausdruckte. Das machte es wesentlich einfacher für die totkranke Frau, denn so musste sie nicht bei jedem Termin in der Angelegenheit dabei sein. Manolis verabschiedete sich mit einer herzlichen Umarmung und fuhr Richtung Parikia davon.

Maroula blieb noch eine Weile auf der Terrasse sitzen und spürte die Kraft der Mittagssonne. Es war, als fiel nun alle Last der letzten Monate von ihr ab. Sie war auf einmal furchtbar müde, und die Schmerzen, die sie die letzten Stunden nicht verspürt hatte, kamen mit voller Wucht zurück. Erst jetzt spürte sie, welche Kraft sie für diese Entscheidung benötigt hatte. Sie nahm ihre Morphintablette und schlief kraftlos, aber zufrieden ein.

GEORGIOS APOSTOLOPOULOS
MYKONOS

Georgios Weckruf klingelte um 06:00 Uhr das erste Mal, und direkt hatte er erneut seine verzweifelte Lage vor Augen. Er drehte sich noch mal auf die Seite, aber nachdem das Handy gnadenlos ein zweites Mal losklingelte, räkelte er sich aus seinem Bett und ging unter die Dusche. Im Foyer des Hotels nahm er sich noch schnell einen Kaffee und machte sich auf zum Fähranleger, wo die Schnellfähre nach Paros schon wartete.

Die See war ruhig, so würde die Fahrt nur gute 45 Minuten dauern. Es ging ihm ziemlich schlecht, aber das war immer so, wenn er wehmütig von Mykonos zurück nach Paros fuhr. Dann erschien ihm die Ausweglosigkeit seiner Situation noch drastischer, und er musste aufpassen, nicht wieder in ein totales Loch zu fallen. Warum hatte dieser alte Drachen ihm nur den Geldhahn zugedreht, wo sie doch eh nicht wusste wohin damit? Aber es konnte ja nicht mehr lange dauern, bis sich die alte Dame vom Leben verabschiedete. Er spielte mit dem Gedanken, Dr. Spanopoulos anzurufen, um den genauen Zustand seiner Mutter zu erfragen, verwarf den Gedanken aber schnell wieder. Der Arzt würde ihn durchschauen und seine gespielte Besorgnis sehr schnell erkennen, dazu wusste er zu viel. Das Klingeln seines Handys riss ihn aus seinen Gedanken, anhand der Nummer erkannte er sofort, dass es Kiriakos war.

»Hallo, mein Lieber, so früh schon unterwegs?«, sprach er in den Hörer, ohne auf eine Begrüßung von Kiriakos zu warten. Kiriakos schien überrascht, denn für ein paar Sekunden blieb die Leitung stumm, bevor sich auf der anderen Seite der Leitung etwas tat.

»Hey, so früh habe ich mit dir auch nicht gerechnet. Ich wollte dir aufs Band sprechen, aber so kann ich dich direkt fragen, ob du heute am späten Nachmittag bei mir vorbei schaust? Ich habe da ein paar pikante Neuigkeiten, die dich sicher interessieren werden. Wir könnten später dann zusammen etwas essen gehen.«

Georgios Miene erhellte sich, das passte bestens und würde ihn aus seiner Melancholie reißen. Mit Kiriakos war er gerne zusammen, das tat ihm immer gut.

»Das ist ausgezeichnet«, erwiderte er sofort, »ich habe sowieso in Parikia zu tun und könnte so gegen 18:00 Uhr bei dir im Büro sein. Was meinst du mit pikanten Neuigkeiten?«

Kiriakos druckste ein wenig herum, bevor er antwortete: »Ich weiß nichts Genaues, aber euer Anwalt, dieser Manolis, war heute hier in der Verwaltung, und ich habe zufällig einen Teil des Gespräches mitbekommen. Dabei fiel auch der Name deiner Mutter. Ich kann versuchen, bis heute Abend mehr heraus zu bekommen, vielleicht gibt es eine Aktennotiz zu seinem Besuch.«

Georgios wurde hellhörig, hatte aber keinen Schimmer, in welcher Angelegenheit Manolis wohl unterwegs war. Kiriakos hatte ihn aber neugierig gemacht, und er stimmte seinem Vorschlag sofort zu. So schien der Tag doch noch eine gute Wendung zu nehmen, und während er sich gedanklich schon auf Kiriakos freute, erschien Parikia in der Ferne.

Er hatte noch einiges zu erledigen, die Saison würde bald beginnen, und er musste noch seinen kleinen Laden in Lefkes auf Vordermann bringen. Das Bergdörfchen war ideal für seinen Souvenirladen, denn der kleine verschlafene Ort im Inselinneren war so, wie man sich ein typisches Kykladendorf vorstellte. Verzückt von der schlichten Schönheit des Ortes, verleitete es viele Touristen spontan zum Kauf von irgendwelchem Kitsch. Georgios hatte sich diesen Laden in Lefkes eingerichtet, weil hier viele Reisegesellschaften ihre Gäste hinbrachten.

Das Baumaterial für die Renovierung wollte er sich in Parikia besorgen. Er hatte sich bereits eine Liste erstellt und hoffte, heute alles zu bekommen, so dass er im Laufe der Woche mit den Arbeiten beginnen konnte. In zwei Wochen würden die Busverbindungen von Parikia und von Naoussa nach Lefkes wieder aufgenommen, dann musste alles fertig sein. Dann würden die ersten Touristen in seinem Laden vorbei kommen und hoffentlich ein paar Euro bei ihm lassen.

Die Fähre legte pünktlich in Parikia an, und Georgios ging in ein kleines Restaurant an der Hafenpromenade und bestellte sich einen Kaffee und ein Sandwich. Danach begab er sich zu seinem klapprigen Peugeot, den er in Hafennähe geparkt hatte, und machte einen Abstecher in die nahe gelegene Baustoffhandlung. Anschließend fuhr er nach Lefkes und verbrachte hier den ganzen Tag mit den Vorbereitungen zu den geplanten Arbeiten. Zu dem Laden gehörten eine kleine Küche und ein Schlafraum, in dem Georgios auch wohnte, seitdem er aus dem elterlichen Haus ausgezogen war. Am Anfang war das eine große Umstellung für ihn, aus einem so großzügigen Haus in eine solche Enge zu ziehen. Aber es war günstig, und mehr konnte er sich halt im Moment nicht leisten.

Zufrieden begutachtete er seine Vorbereitungen und machte sich für den Abend in Parikia fertig. Die von Kiriakos erwähnte Aktennotiz hatte er schon wieder total vergessen. Kurz vor Sechs parkte er nahe des Krankenhauses in Parikia und schlenderte zur Stadtverwaltung. Kiriakos Büro lag im ersten Stock mit Blick auf den Park des Krankenhauses. Beschwingt sprang Georgios die Treppe zum 1. Stock hoch und lief durch den langen Flur bis zu Kiriakos Büro. Er lauschte kurz, ob noch jemand da war, aber das schien nicht der Fall zu sein. So riss er die Tür auf und begrüßte Kiriakos überschwänglich. Das war eigentlich immer so, wenn sie sich trafen, aber diesmal reagierte Kiriakos eher bedrückt und abweisend.

»Hallo, ich habe den Eindruck, du freust dich gar nicht, mich zu sehen. Bin ich zu früh?«, fragte Georgios mit enttäuschter Stimme und legte einen schmachtenden Blick auf.

»Nein, ganz im Gegenteil, mein Lieber, ich habe schon auf dich gewartet«, sagte Kiriakos und deutete dabei auf eine Akte, die auf seinem Schreibtisch lag. »Ich befürchte nur, dass du gleich nicht mehr so fröhlich bist, wenn du diese Akte gelesen hast.«

Erst jetzt kam Georgios der eigentliche Grund seines Besuches wieder in den Sinn, und der ernste Blick von Kiriakos machte ihn stutzig. Er zögerte nicht lange und griff nach dem Ordner auf dem Schreibtisch.

Der Aktenordner war mit einer Eingangsnummer und dem Datum von heute versehen, darunter sprang ihm sofort in Druckbuchstaben der Name seiner Mutter entgegen: Maroula Apostolopoulou. Er setzte sich an

Kiriakos Schreibtisch, schlug nervös die erste Seite auf und begann zu lesen. Seine anfängliche Nervosität wandelte sich in eine gespenstische Ruhe. Es schien, als verfiele er in eine Starre, nachdem er den Text mehrfach gelesen hatte. Kiriakos, der ihn genau beobachtete, hatte ihn so noch nie erlebt und fragte vorsichtig nach, ob alles in Ordnung sei. Doch Georgios hörte ihn schon gar nicht mehr, soweit hatte er sich mit seinen Gedanken entfernt. Was er da gerade gelesen hatte, versetzte ihn in einen schockartigen Zustand und zog ihm den Boden unter den Füssen weg. Wie konnte das sein? Warum tat sie ihm das an? Wie hatte sie das nur so lange geheim halten können? Ihm gingen tausende Gedanken durch den Kopf, sein Gehirn brannte, aber es passte so gar nicht in das Bild, dass er von seiner Mutter hatte. Sie, die ihn so kalt aus ihrem Leben gestrichen hatte, offenbarte hier ein Geheimnis, das man ihr niemals zugetraut hätte. Der letzte Funke Hoffnung, doch noch ein Stück Normalität in ihrem Verhältnis zu erlangen, war gerade erloschen. Es trommelte in seinem Kopf, er rang nach Luft und stieß einen lauten Schrei aus. Kiriakos zuckte erschrocken zusammen, obwohl er mit solch einer Reaktion fast schon gerechnet hatte. Georgios hochroter Kopf zeigte den Zustand seiner Erregung an, er stammelte nur vor sich hin und versuchte mehr und mehr zu begreifen, was er da gerade erfahren hatte.

Langsam wurde ihm klar, was das für ihn bedeutete, und er wurde immer wütender und verzweifelter. An einen schönen Abend war heute nicht mehr zu denken. Kiriakos musste die Wandlung Georgios hilflos mit ansehen und versuchte, ihn zu trösten.

»Du darfst keinem sagen, dass ich dir die Akte gezeigt habe«, sagte er, um Georgios zu einem Gespräch zu ermuntern, doch mit wenig Erfolg.

Georgios glich einem in die Enge getriebenem Tier und starrte mit leerem Blick vor sich hin. Dann schmiss er die Akte auf dem Schreibtisch zurück und lief wortlos aus dem Büro. Er musste raus, er brauchte frische Luft, ansonsten würde sein Kopf explodieren. Das hätte er dem alten Drachen nicht zugetraut, nein, soweit durfte es nicht kommen. Er würde sich nicht damit abfinden, er musste etwas unternehmen. Und er wusste, er würde bis zum Äußersten gehen.

Georgios fuhr zurück nach Lefkes, er wollte jetzt alleine sein. Er brauchte Zeit, um einen Plan auszuarbeiten. Er besorgte sich etwas zu Essen und ein paar Flaschen Wein und zog sich in seinen kleinen Garten zurück. Das war sein Refugium, hier hatte er schon oft gesessen und Pläne gemacht, wenn er nicht mehr weiter wusste. Er öffnete sich eine Flasche Wein und trank einen kräftigen Schluck, und sowie der Wein durch seine Kehle ran, wurde er ruhiger. Wirre Gedanken gingen ihm durch den Kopf, und er erschrak über sich selbst, was ihm so alles in den Sinn kam. Doch die meisten Ideen verwarf er, bevor er sie zu einem konkreten Plan ausarbeiten konnte. Müde von zu viel Wein, schlief er schließlich über seinen Notizen ein.

JANNIS KOSTATIDIS
ANREISE, PAROS

Jannis überlegte noch einmal kurz, ob er auch an alles gedacht hatte, da fiel ihm die DVD ein, auf der er eine gute Musiksammlung für die Saison kopiert hatte. Internationale Gute-Laune-Musik, die den Umsatz am Abend etwas ankurbeln sollte. Er schloss seine Wohnung ab und warf den Wohnungsschlüssel in den Briefkasten seiner Nachbarin. Sie würde sich um die Post und seine wenigen Blumen kümmern und ihn auch informieren, wenn etwas Dringendes anlag. Dann schlenderte er zur Metro-Station, wo er die Linie nach Piräus nehmen konnte. Das Fährticket hatte er bereits in der Tasche, und als er aus der Endstation herauskam, konnte er die Blue Star Naxos schon von weitem sehen. Man ließ die Passagiere bereits aufs Schiff. Nachdem er sein Gepäck untergebracht hatte, begab er sich aufs Oberdeck, um sich einen windgeschützten Platz zu sichern. Später würde er es sich auf einem der Schlafsitze gemütlich machen. Zu dieser Jahreszeit waren noch wenige Passagiere auf dem Boot, das würde sich in den nächsten Wochen aber drastisch ändern. Pünktlich legte die Blue Star Naxos ab und verließ den hektischen Hafen von Piräus. Nachdem das Schiff aus dem Hafenbecken raus war, beschleunigte es, und Jannis ließ sich die frische Seeluft ins Gesicht wehen. Er sog gierig die kühle Luft ein und genoss jeden einzelnen Atemzug. Je weiter weg sie von Athen kamen, umso frischer erschien ihm die Luft. Dann besorgte er sich ein kaltes Bier und blieb so lange auf Deck, bis die rote Sonne im ägäischen Meer untergegangen war. Anschließend ging er rein und rekelte sich in einen der Schlafsitze, aber an Schlaf war hier unten nicht zu denken. Die vielen Flachbildschirme dröhnten unerbittlich von der Decke, und die ständigen Ansagen der Schiffscrew waren auch nicht gerade leise. Zum Glück dauerte es nicht mehr lange bis nach Parikia, wo er von Angelos erwartet wurde, der ihn zum *Aliportas* bringen würde. Für den Rest des Abends plante er, seine kleine Wohnung zu beziehen und dann im

Lokal noch ein paar Bier zu trinken. Im Geheimen rechnete er schon damit, Nora noch heute im *Aliportas* zu treffen. Er malte sich aus, dass sie dann für später vielleicht noch ein kleines, wildes Treffen arrangiert hatte. Das konnte man aber nie wisse, denn das hing immer davon ab, welche Aufträge Erasmos, ihr Mann, gerade hatte und ob die Kinder versorgt waren. Aber selbst wenn es heute kein Treffen gäbe, so würde er den ersten Abend dazu nutzen, die Lage zu sondieren.

Angelos lehnte schon am Absperrgitter der Kaimauer und winkte ihm zu, als die Blue Star Naxos mit lautem Getöse anlegte. Jannis stand vor der großen Heckklappe und wartete ungeduldig, dass die Rampe herunter gelassen wurde. Es stank total nach Diesel in dem Fahrzeugdeck, und einige Fahrer hatten bereits viel zu früh die Motoren angelassen. Das Fährpersonal lief schreiend umher und gab Anweisungen über Funk an die Brücke. Gleichzeitig hielt die Mannschaft drängelnde Passagiere zurück, so lange bis das Schiff ordnungsgemäß vertäut war. Danach gab es kein Halten mehr. Die neugierigen Touristen eilten von Bord auf die wartenden Einheimischen zu, die lautstark ihre Unterkünfte anpriesen. Jannis hatte Zeit, er brauchte weder ein Zimmer noch ein Taxi und ging gemütlich auf Angelos zu. Hektisch würde es in den nächsten Tagen noch früh genug für ihn werden. Der Café-Besitzer empfing ihn freudestrahlend, so wie gute Freunde das machen, und Jannis fühlte sich sofort zu Hause.

»Gut siehst du aus, und Maria scheint dich während des Winters gut versorgt zu haben«, sagte Jannis und spielte auf den immer rundlicher werdenden Bauchumfang von Angelos an.

»Ja, sie kocht halt zu gut, und das geht ganz schön auf die Hüften. Aber wie du ja selber weißt, werden wir die nächsten Wochen genug rennen, und da bleiben dann hoffentlich auch wieder ein paar Pfunde auf der Strecke. Wie geht es dir? Bist doch bestimmt froh, endlich aus dem unruhigen Athen weg zu kommen? Eigentlich müsstest du Geld mitbringen für die Zeit hier in Naoussa.«

Jannis schmunzelte, das war Angelos Art, und er mochte sie.

Während der 20 minütigen Fahrt von Parikia nach Naoussa erzählte Angelos, was er alles im Winter im *Aliportas* geändert hatte und wie er die Saison 2011 gestalten wollte. Es gab ein paar Neuheiten auf der Speisekarte, und auch im Außenbereich wurde immer mal wieder umgeräumt. Jannis wusste, dass die meistens Ideen von Maria stammten, die Angelos jetzt als seine eigenen verkaufte. Sie würde das sowieso in den nächsten Tagen mit ihm persönlich besprechen und ihn um seine Meinung fragen. Das war ihr stets wichtig, denn nur wenn alle mit den geplanten Änderungen einverstanden waren, konnte das gesamte Team erfolgreich mit diesem Konzept arbeiten.

Angelos stoppte den klapprigen Mondeo Kombi an der Rückseite des *Aliportas*, und Jannis verschwand direkt in seinem kleinen Zimmer. Er wollte sich erst ein wenig frisch machen, bevor er sich seinem Publikum preisgab. Das kleine Zimmer war neu gestrichen, und auf dem Tisch stand ein kleiner Blumenstrauß zur Begrüßung. Jannis verstaute schnell seine Sachen im Schrank und sprang unter die Dusche. Danach fühlte er sich wie neu geboren und freute sich auf den ersten Abend. Er war ein wenig aufgeregt, so wie immer, wenn er anreiste, denn heute war er noch als Gast im *Aliportas*.

Er betrachtete sich noch einmal kurz im Spiegel und war mit sich zufrieden, jetzt konnte er sich seinen Gästen stellen. Mit seinen 38 Jahren sah er immer noch gut aus, auch wenn sich langsam ein kleiner Bauchansatz bemerkbar machte. Doch das tat seinem gesamten Erscheinungsbild keinen Abbruch, und er war sich sicher, wieder ein paar nette Damen kennen zu lernen. Manchmal kamen ihm schon Zweifel, wie lange er das wohl noch machen konnte, zumal ihm seine Eltern schon in den Ohren lagen, endlich eine Familie zu gründen. Doch bisher hatte er eine längere Beziehung nie ausgehalten, und bei solch einem Job wäre das auch gar nicht möglich. Jetzt wollte er zunächst einmal den kommenden Sommer genießen.

Übermütig sprang er die Stufen des Treppenhauses herunter und hoffte, dass Nora ein Lebenszeichen hinterlassen hatte. Vielleicht war sie auch selber da und begrüßte ihn persönlich, unauffällig, aber liebevoll. Er lugte vorsichtig um die Ecke des Ausganges, um sich ein Bild von den Gästen im *Aliportas* zu machen. Es war gut gefüllt für Mitte Mai, und er erkannte viele Gäste aus den vergangenen Jahren. Die Rush Hour im *Aliportas* war in vollem Gange, man war hier, um noch einen Absacker zu trinken oder einen guten Espresso mit etwas Süßem aus der Konditorei zu genießen. Direkt ging ihm das Herz auf, als er die Meute so da sitzen sah. Dieser Ort musste doch was ganz Besonderes haben, dass so zahlreiche Urlauber Jahr für Jahr immer wieder kamen.

Mit Vielen der Anwesenden war Jannis seit langem vertraut. Dazu zählten auch Maren und Paul, ein betagtes Ehepaar aus Zürich, die am oberen Eingang des Cafés einen kleinen Tisch besetzt hatten. Sie tranken ihren allabendlichen Ouzo, und Marens wache Augen hatten das ganze Café im Blick. Maren saß immer dort oben, um auch ja alles mitzubekommen, und sie trug wie jedes Jahr einen wallenden Rock, den sie wahrscheinlich schon in den Siebzigern getragen hatte. Wegen Ihrer hellen strahlenden Augen hatte sie auch einen Spitznamen bekommen, so wie viele andere Familienmitglieder auch. So wurde sie oft ›Das Seelchen‹ genannt, weil sie Ähnlichkeit mit Maria Schell, der längst verstorbenen österreichisch-schweizerischen Schauspielerin, hatte. Jannis war, als verspürte er direkt einen leichten Geruch nach Mottenkugeln beim Anblick von Marens Rock, und musste schmunzeln. Ihr Mann Paul saß mit knallrotem Gesicht neben ihr und strahlte mit der Eingangsbeleuchtung um die Wette. So sah Paul eigentlich immer aus, denn die beiden liebten das Wandern und liefen jeden Tag etliche Kilometer bei der sengenden griechischen Sonne durch die Natur. Da konnte es schnell ohne geeigneten Sonnenschutz zu unerwünschten Hautrötungen kommen. Oft erzählten sie stolz von mehrtägigen Bergtouren, die sie in ihrer Schweizer Heimat unternahmen, und verurteilten alle, die nur wegen des Faulenzens nach Paros kamen. Als die beiden Jannis erblickten, sprangen sie auf und empfingen ihn mit überschwänglichen Umarmungen. Er wurde begrüßt wie ein eigener Sohn, und es wurde direkt ein Ouzo geordert.

Nun wurden auch die anderen Gäste auf Jannis aufmerksam, und alle, die ihn länger kannten, wollten es sich nicht nehmen lassen, ihn gebührend zu begrüßen. So sah er sich, ohne dass er sich wehren konnte, von einer Vielzahl der Gäste umarmt und geküsst. Obwohl die meisten Gäste schon reichlich Wein genossen hatten, ließen sie es sich nicht nehmen, weiteren Wein zu ordern, um mit Jannis auf seine Ankunft anzustoßen. Man rückte ein paar Tische und Stühle zusammen, die gesamte Truppe setzte sich und ein lautes Durcheinander in Deutsch, Englisch und Griechisch begann. Jannis kannte das, und er genoss es. Das war jedes Jahr so, und das gehörte zu seinem Job dazu.

Immer wieder hielt er aus der bunten Runde heraus Ausschau nach Nora, doch von ihr war keine Spur zu sehen. Das wunderte ihn langsam, und er hoffte erneut, dass sie sich noch melden würde. Vielleicht hatte sie ihm ja mittlerweile eine SMS geschickt, dachte er und kramte nach seinem Handy. Doch dabei musste er feststellen, dass er es auf seinem Zimmer vergessen hatte, und beschloss es zu holen. Als er die Stufen zum ersten Stock hinauf ging, sah er schon von weitem vor seiner Zimmertür einen weißen Briefumschlag liegen. Das musste Nora gewesen sein, frohlockte er. Also doch ein Lebenszeichen! Aber warum hatte sie sich nicht kurz im *Aliportas* blicken lassen? Er stutzte einen Augenblick, riss dann ungestüm den Brief auf, in der Hoffnung auf ein Treffen noch heute Abend. Die erste Nacht war meistens die beste, und er sehnte sich danach, sie zu sehen.

»Hoffe du bist gut angekommen, freue mich auf dich, gegen Eins am Lageri. Bis gleich N.«

Jannis las die paar Worte mehrfach und spürte, wie ihm das Adrenalin in die Adern schoss. Wie konnte er nur daran gedacht haben, mit Nora Schluss zu machen. Erst jetzt spürte er, wie stark sein Verlangen nach ihr war. Er schaute auf seine Uhr, es war kurz vor Zwölf, er hatte also noch genügend Zeit. Bis zum Lageri waren es zwar nur ein paar Minuten mit dem Motorrad, aber er musste nachsehen, ob Angelos ihm das Motorrad schon organisiert hatte. Wie er Nora kannte, hatte sie ihr kleines Liebeslager bestimmt schon hergerichtet, so dass es ein kuscheliges Treffen werden würde.

Die Ducati, die Jannis jedes Jahr während seines Aufenthaltes auf Paros zur Verfügung stand, war frisch geputzt und betankt im Hof des *Aliportas* abgestellt. Bingo, das Problem war gelöst, auf Angelos war eben Verlass. Jetzt musste er sich nur noch unauffällig von der munteren Truppe verabschieden, aber das würde ihm schon gelingen. Er machte es kurz, indem er der Truppe große Müdigkeit von der langen Anreise vorgaukelte. Dann verschwand er, ohne die Einwände der angetrunkenen Runde zu beachten, in Richtung des Hofes. Er wollte sich gerade auf das Motorrad schwingen, als er plötzlich innehielt. Irgendetwas war merkwürdig, ja anders als sonst, aber er wusste nicht was. Doch dann fiel es ihm ein, die Nachricht war mit dem Computer geschrieben und nicht handschriftlich verfasst, so wie sie es sonst immer tat. Das war sehr ungewöhnlich für Nora, sie hasste Briefe jeder Art, die mit dem Computer erstellt waren. Warum hatte sie auf einmal ihre Meinung geändert? Grübelnd schwang er sich auf die Ducati, verwarf dann aber ganz schnell den Gedanken. Jetzt hätte ihn sowieso nichts mehr aufhalten können, dazu war er viel zu aufgeregt. Außerdem konnte er das in ein paar Minuten direkt mit ihr klären, dachte er.

EINE DUNKLE GESTALT
LAGERI, PAROS

Die dunkle Gestalt war mit den Gegebenheiten am Lageri wohl vertraut, sie war hier aufgewachsen und kannte jeden Winkel. Sie liebte die Ruhe in den riesigen Olivenhainen und hatte hier mehrmals Zuflucht gesucht, wenn ihr alles über den Kopf zu wachsen schien. Oft hatte sie sich dann hier hin zurückgezogen, um in dem kleinen Steinhaus zu übernachten und neue Kraft zu tanken. So waren ihr auch die Vorgänge in dem kleinen Lagerschuppen inmitten des Olivenhains über all die Jahre nicht verborgen geblieben. Die Gestalt wusste, dass der alte Schuppen auf Grund seiner Abgeschiedenheit häufig als Liebesnest genutzt wurde. Sie wusste auch von den regelmäßigen Treffen Jannis mit Nora.

Es war reiner Zufall, als sie eines abends das erste Mal Zeuge von Noras Vorbereitungen wurde. Die Gestalt hatte im Halbschlaf in einer Mulde nahe dem Schuppen gelegen, als sie Nora mit einem Picknickkorb in Richtung Steinhaus schleichen sah. Am Anfang konnte sie sich keinen Reim darauf machen, doch als sie später das fertige Liebesnest begutachtete, wusste sie, was hier passierte. Neugierig, wer denn wohl der Auserwählte war, legte sich die Gestalt dann später auf die Lauer, und die Überraschung war groß, als plötzlich der Kellner aus dem *Aliportas* auftauchte. Zu diesem Zeitpunkt war er für die Gestalt nur ein liebestoller Kellner und nicht mehr, aber das sollte sich ja bald ändern.

Nach den nächtlichen Treffen war Nora immer akribisch darauf bedacht, alle Spuren gut zu beseitigen, aber so ganz war ihr das nie gelungen. So fand die dunkle Gestalt auch einen dieser kleinen Notizzettel, die Nora stets im *Aliportas* hinterließ, und wusste, wie die beiden miteinander kommunizierten. Das hatte sich die Gestalt sofort zu Nutzen gemacht, und damit sollte ihr Plan beginnen. Sie hatte sich genau informiert, wann Jannis in Naoussa eintreffen würde, und sich entschlossen, gleich am ersten Tag aktiv zu werden. Die Gestalt wollte es hinter sich bringen, je schneller, desto besser. Sie hatte sich einen genauen Ablaufplan erstellt, und dazu gehörte die Vorbereitung des Schuppens in der Art, dass Jannis keinen Verdacht schöpfte. So hatte die Gestalt bereits zwei Gläser und den Wein besorgt, den die beiden regelmäßig in dem Schuppen tranken.

Sie würde am frühen Abend zum Lageri fahren und alles Weitere organisieren. Dazu gehört auch, einen geeigneten Strick zu deponieren. Sie musste nur noch die Abenddämmerung abwarten, um nicht Gefahr zu laufen, von späten Strandbesuchern gesehen zu werden. Kurz vor Mitternacht würde sie dann wieder hin fahren und sich in der Nähe des Schuppens verstecken. Ein letztes Mal ging die Gestalt noch alle Punkte ihres Plans durch, bevor sie sich für ein paar Stunden zurückzog. Diese Nacht würde ihr alles abverlangen, aber die Gestalt sah keinen anderen Ausweg.

JANNIS KOSTATIDIS
LAGERI, PAROS

Jannis schob die Ducati aus dem Hof des *Aliportas* bis auf die Straße, startete die Maschine und gab Gas. Der warme Fahrtwind schlug ihm entgegen, und je weiter er aus Naoussa raus kam, umso stärker beschleunigte er das Motorrad. Er fühlte sich frei, und seine innere Erregung auf das bevorstehende Treffen mit Nora ließ ihm heiß werden. Er fuhr circa fünf Minuten die Küstenstraße entlang, bis er an den schmalen Abzweig zum Lageri kam. Ab hier drosselte er drastisch die Geschwindigkeit und fuhr langsam den leicht ansteigenden Wirtschaftsweg hinauf. Es war fast Vollmond, und die weiß getünchte Steinmauer, die den Weg säumte, schimmerte silbern im Mondlicht. Dem dunklen Kleinwagen, der in einer Lücke der Mauer abgestellt war, schenkte Jannis keine Beachtung.

Am oberen Ende des Weges konnte er die Lichter des Apostolopoulou-Anwesens sehen, aber soweit würde er nicht fahren. Er schob nun das Motorrad den keinen Eselspfad hinunter, der direkt zum Strand führte. Dort parkte er die Ducati an einem kleinen Verschlag, welcher von den Besitzern als Schweinestall genutzt wurde. Von hier aus lief er den staubigen Weg weiter, bis er am Wasser angekommen war. Als er rechts abbog, um in Richtung des Olivenhains zu laufen, hörte er das laute Zirpen der Grillen. Ein Geräusch, das er in Athen so sehr vermisste. Er spürte, dass er angekommen war, und er konnte es kaum erwarten, Nora in die Arme zu nehmen.

Er lief die kurze Strecke am Strand entlang, immer darauf bedacht, nicht gesehen zu werden. Dann schlug er sich am Ende der Bucht, in der Nähe der zwei verwaisten Steinhäuser, rechts in den darüber liegenden Olivenhain. Die beiden Steinhäuser lagen in idyllischer Lage direkt am Strand und gehörten auch der Familie Apostolopoulou. Sie wurden manchmal im Sommer von Verwandten der Familie als Feriendomizil genutzt. Oft hatte sich Jannis vorgestellt, eines dieser beiden Häuser zu besitzen, denn für ihn war das einer der schönsten Plätze auf Paros. Aber das war wohl nur ein Traum, den er sich nie würde erfüllen können. Der Boden war hier erdig und weich, und Jannis konnte ohne große Geräusche zu dem Schuppen gelangen. Dieser lag versteckt in einer kleinen Senke inmitten des großen Olivenareals. Das war bewusst so angelegt, damit man sich bei der Olivenernte mit den notwendigen Gerätschaften aus der Mitte heraus bedienen konnte. Der Schuppen selbst war massiv und geräumig und hatte für einen Geräteschuppen eine beachtliche Deckenhöhe. Die Balkenkonstruktion unter dem Dach war so aufgebaut, das die vielen Netze, die man für die Olivenernte brauchte, hier verstaut werden konnten.

Jannis näherte sich behutsam dem Schuppen und sah durch den geschlossenen Fensterladen ein leicht flackerndes Licht. Das wirkte in dem ansonsten dunklen Olivenhain fast gespenstisch. Nora hatte wahrscheinlich, wie sie es immer tat, ein paar Kerzen aufgestellt. Als er vor der Eingangstür stand, klopfte sein Herz heftig, so als wäre es ihr erstes Treffen.

Die dunkle Gestalt, die hinter einem der knorrigen Olivenbäume hockte, bemerkte er nicht.

Er lauschte an der Tür, konnte aber kein Geräusch aus dem Schuppen wahrnehmen. So drückte er vorsichtig den Türknauf herunter, um Nora nicht zu erschrecken. Er sah die aufgestellten Kerzen sowie eine Flasche ›Nissiotissa‹ mit zwei Gläsern auf dem Tisch. Nur von Nora war keine Spur zu sehen. Er bemerkte, dass ein Glas bereits benutzt war, Nora schien sich schon einen Schluck gegönnt zu haben. Das zweite Glas war einladend gefüllt. Merkwürdig, dachte er, und wollte schon leise nach Nora rufen, als er den Zettel auf dem kleinen Tisch sah.

»Bin noch mal kurz nach Hause, mach es dir bequem, ich bin gleich zurück. Kuss Nora.«, stand darauf, wieder mit dem Computer geschrieben.

Jannis spürte, wie sich ein leichtes Unbehagen in seiner Magengegend breit machte. Das war seltsam, warum war er Nora nicht begegnet? Es gab zwar noch einen kürzeren Weg über das Areal der Apostolopoulou, den nutzten sie aber beide nur ganz selten. Hier bestand immer die Gefahr, dass einer der Wachhunde anschlug, und das wollten sie unbedingt vermeiden. Kurzzeitig fragte er sich, ob man ihm wohl einen Streich spielte, aber seine innere Anspannung und Freude auf Nora ließen diesem Gedanken keinen Raum. So warf er sich auf das alte Sofa und nahm eine großen Schluck von dem kräftigen ›Nissiotissa‹.

Die dunkle Gestalt kauerte derweil unbeweglich immer noch unter dem Olivenbaum und hatte Jannis die ganze Zeit nicht aus den Augen gelassen. Sie war gespannt wie eine Feder, und wartete nur darauf, endlich aktiv zu werden. Erst als Jannis den Schuppen betreten hatte, traute sich die Gestalt langsam aus ihrem Versteck. Sie schlich lautlos zum Fenster und wurde Zeuge dessen, wie Jannis von dem Wein trank. Die Gestalt stieß fast einen Schrei der Erleichterung aus, besann sich aber ganz schnell, ihr Plan schien aufzugehen. Sie war schweißnass und wusste, dass jetzt nichts schief gehen durfte. Es konnte sich nur noch um Sekunden handeln, dann würde die stattliche Gestalt Jannis ins Wanken geraten.

Jannis, der ungeduldig auf die Uhr schaute und sehnsüchtig auf Nora wartete, bemerkte in diesem Augenblick noch nichts von dem nahenden Unheil. Er nahm einen zweiten Schluck Wein. Wie aus dem Nichts verspürte er plötzlich einen aufsteigenden Schwindel und versuchte aufzustehen, um an die frische Luft zu kommen. Doch das schien den Schwindel noch zu verstärken, und fast wäre ihm schwarz vor Augen geworden. Er versuchte erneut, aus dem Sofa heraus zu kommen, doch seine Beine versagten, und er sackte zurück in die weichen Kissen. Was geschah hier gerade, blitzte es in seinem Kopf. Er spürte jetzt eindeutig, dass er die Kontrolle über seinen Körper zu verlieren schien, und eine immer stärker werdende Panik nahm von ihm Besitz. Sein Herz begann zu rasen, als er sich mit letzter Kraft gegen eine aufkommende Ohnmacht zu wehren versuchte. Er schnappte nach Luft wie ein Fisch, den man an Land geworfen hatte, und die letzten Sekunden ratterten in Bruchstücken vor seinen nur noch mit Mühe geöffneten Augen vorbei. Der Wein! Es musste der Wein sein, der ihm hier die Besinnung nahm. Weiter kam er nicht mehr, denn das Betäubungsmittel hatte sich bereits in seiner gesamten Blutbahn verteilt und seinen Willen besieg. Unverzüglich fiel er in ein tiefes Koma.

Die Gestalt hatte das alles durch das halb offene Fenster mit enormer Anspannung verfolgt. Sie tickte wie ein Uhrwerk, jetzt musste jeder weitere Schritt ihres Plans sitzen. Den Kälberstrick in der Hand, wartete sie noch ein paar Minuten, um wirklich sicher zu sein, dass sie von Jannis keine Regung mehr zu erwarten hatte. Vorsichtig drückte die Gestalt dann die Tür einen Spalt weit auf und näherte sich ihm vorsichtig. Der gesamte Körper war aufs höchste angespannt und immer noch darauf bedacht, den Rückzug antreten zu können. Sie hatte sich eine Strumpfmaske und Handschuhe übergezogen, für alle Fälle, aber Jannis lag wie tot auf dem kalten Steinboden und röchelte. Mit flinker Hand legte die Gestalt den Strick um Jannis Hals und zog die Schlinge langsam zu, bis sie Hautkontakt hatte. Das andere Ende des Strickes warf sie hoch über einen Balken der Dachkonstruktion und ließ es auf der anderen Seite auf den Betonboden fallen. Aus der rechten Ecke des Schuppens zog sie nun mit kräftigen Zügen eine große Werkzeugkiste heran und positionierte sie genau unter dem Strick. Die Gestalt brauchte alle Kraft, um die Kiste an den richtigen Platz zu schieben, aber sie hatte jetzt so viel Adrenalin in den Adern, dass sie die enorme Kraftanstrengung gar nicht wahrnahm. Dann packte sie Jannis, was sie in der ersten Sekunde reichlich Überwindung kostete, und hievte den reglosen Körper auf die große Werkzeugkiste. Der enge Körperkontakt und Jannis warmer Atem ließen die Gestalt kurz schaudern, und sie vermied eisern, dem Bewusstlosen ins Gesicht zu schauen. Doch die Gestalt verdrängte jeden letzten Skrupel und zog den Strick am anderen Ende auf Spannung, bis Jannis auf der Kiste zu stehen schien. Sein Kopf lief sofort rot an, und einen Moment dachte die Gestalt, sie hätte eine leichte Regung von Jannis verspürt. Ihre Gedanken rasten, und sie musste alle Energie zusammen nehmen, um nicht die Nerven zu verlieren. Die Gestalt verknotete den Strick fest an dem Dachbalken, wohlwissend was da gleich passieren würde. Dann stieß sie, ohne noch lange zu überlegen, die Kiste unter Jannis Füssen mit einem kräftigen Tritt zur Seite. Ein furchtbarer Ruck erschütterte das alte Steinhaus, und der schlaff hängende Körper Jannis, sackte mit der tödlichen Schlinge um den Hals sofort einen Meter in die Tiefe.

Die dunkle Gestalt stand zitternd in der Ecke des Schuppens und sah zu, wie der letzte Funken Leben aus Jannis Körper wich. Sie redete sich ständig ein, das Jannis wegen des Rohypnols, was sie reichlich in das Glas Wein geträufelt hatte, nichts von seinem Ableben mitbekam. Auf dieses Teufelszeug konnte man sich halt verlassen, schon geringe Mengen reichten aus, um in Sekundenschnelle auch jeden noch so starken Kerl außer Gefecht zu setzen. Doch dann erschrak sie furchtbar, als ein letztes Zucken durch Jannis Körper ging und das nahende Ende ankündigte. Die Gestalt wartete noch einen Augenblick, dann griff sie schnell nach dem Glas, in dem sich der Rest des Rotweines mit dem Rohypnol befand, und schüttete ihn draußen ins Erdreich. Das leere Glas ließ sie in ihrem Rucksack verschwinden. Zu guter Letzt holte sie einen Abschiedsbrief hervor und legte ihn auf den Tisch.

Die Gestalt prüfte noch einmal, ob sie auch ja keinen Fehler begangen hatte, und schlich sich leise aus dem Raum. Draußen bemerkte sie, dass sie nass war bis auf die Haut und sie am ganzen Leib zitterte. Sie hatte Mühe, ihre Handschuhe und die Sturmmaske auszuziehen, um sich mit einem Souma zu beruhigen. Den kräftigen Traubenbrand hatte sie immer dabei, das war ihre Medizin für alle Notfälle. Die Gestalt nahm einen kräftigen Schluck aus der Flasche, und das Zittern ließ langsam nach. Jetzt hatte sie es bald geschafft, aber sie musste sich ein letztes Mal zusammen nehmen, um ihren Plan zu Ende zu bringen. Sie würde direkt, nachdem sie zurück in Naoussa war, zu Alekos in die Taverne gehen. Die war um diese Zeit immer noch gut besucht, und man würde sich an sie erinnern, zumal sie schon vorher hier gegessen hatte. Auch wenn sie zwischendurch für eine Zeit weg war, wer sollte sich schon genau daran erinnern. So rannte die Gestalt zu ihrem Wagen und fuhr mit hohem Tempo zurück in den Ort.

Die Geschehnisse am Lageri hatten sie zu einem anderen Menschen gemacht, das spürte die Gestalt jetzt, und ihr wurde plötzlich speiübel. Sie musste anhalten und sich übergeben, den leblos von der Decke baumelnden Körper ständig vor ihren Augen. Sie hoffte nur, dass sie die Gedanken an den Mord schnell verdrängen konnte.

MAROULA APOSTOLOPOULOU
LAGERI, PAROS

Sophia war gerade damit beschäftigt, die vielen Blumen vor dem Anwesen der Apostolopoulou zu wässern. Das war eine tagesfüllende Aufgabe, die sie aber gerne erledigte. Seitdem Georgios ausgezogen und es im Haus sehr ruhig geworden war, hatte sie das zu einer ihrer Hauptaufgaben erkoren, und jeder Gast des Hauses war entzückt von den liebevoll angelegten Blumenbeeten. Sie hatte auch früher schon im Garten gearbeitet, aber jetzt hatte sie endlich wieder die Muße, es in Ruhe zu erledigen. Der Hof war eingezäunt von großen Oleanderhecken, und an den beiden Seiten des Hauses ragten große Bougainvilleabüsche über die Pergola. Bevor sie sich in den Garten aufmachte, hatte sie noch einmal nach Maroula geschaut, aber sie schien immer noch fest zu schlafen. Das machte ihr zunehmend Sorge, denn es war jetzt schon der zweite Tag, an dem Maroula nicht mehr aufgestanden war. Das hatte sie so lange noch nie getan, selbst wenn es ihr richtig schlecht ging, hatte sie immer, wenn auch noch so mühsam, wenigstens für ein paar Stunden ihr Bett verlassen.

Sie deutete das als kein gutes Zeichen und hatte daher in der Früh Dr. Spanopoulos gebeten, vorbei zu kommen. Während sie weiter ihre Blumen versorgte, bemerkte sie, dass die beiden Hunde seit geraumer Zeit in Richtung Olivenhain entschwunden waren und heftig bellend dort unten verharrten. Bestimmt hatten sie wieder ein Kaninchen gestellt und machten dem armen Vieh gerade den Garaus. Sie hatte jetzt schon mehrfach nach ihnen gepfiffen, damit endlich Ruhe einkehrte, aber es tat sich nichts. Das war ungewöhnlich, die beiden Hunde waren ansonsten sehr gehorsam, und das machte Sophia nachdenklich. Ihr würde wohl nichts anderes übrig bleiben, als nach dem Rechten zu sehen. So schmiss sie den Wasserschlauch zur Seite und stapfte den holprigen Weg zum Olivenhain hinunter. Das tat sie eigentlich nur während der Olivenernte Ende Oktober, um die Erntehelfer mit genügend Essen und Trinken zu versorgen.

Der kleine Weg war lange nicht sauber gemacht worden, und sie musste aufpassen, nicht zu stolpern.

Je näher sie kam, umso lauter begannen die Hunde zu kläffen. Sie liefen um den alte Schuppen und sprangen ihr aufgeregt entgegen, so als wollten sie ihr etwas zeigen. Als sie fast am Schuppen angelangt war, erkannte sie, dass die Tür halb offen stand, was ihr sogleich etwas Unbehagen bereitete. Der Schuppen wurde zu dieser Jahreszeit so gut wie nie benutzt, und die Tür sollte eigentlich verschlossen sein. Doch jetzt war sie hier und wollte nun auch wissen, was die Hunde denn so nervös machte.

Sie stieß vorsichtig die alte Tür etwas weiter auf und sah zunächst nur einen Schatten an der Decke. Erst als sich ihre schwachen Augen an die Dunkelheit im Inneren des Gerätelagers gewöhnt hatten, erkannte sie den toten Körper, der von der Decke baumelte. Außer sich vor Schreck stieß sie einen lauten Schrei aus, machte einen Schritt rückwärts und wäre fast der Länge nach hingefallen, weil ihr die beiden Hunde wild um die Beine streunten.

Mit einem lauten Knall schlug sie die Tür des Schuppens zu und rannte so schnell sie konnte zurück zum Haus. Dort angekommen schrie sie nach Maroula, obwohl ihr bewusst war, dass von ihr keine Hilfe zu erwarten war. Sie stürzte in die Küche und versuchte, sich ein wenig zu beruhigen, als ihr einfiel, das Dr. Spanopolous jeden Moment kommen musste. Auf die Idee die Polizei zu rufen, war sie vor lauter Aufregung erst gar nicht gekommen. Der Anblick des toten Mannes ließ sie nicht zur Ruhe kommen, außerdem war sie völlig erschöpft von dem schnellen Rückzug aus dem Olivenhain. Sie rang nach Atem und begann in ihrer Hilflosigkeit, einen Eimer mit Zucchini zu putzen. Kochen oder sich mit Lebensmitteln zu beschäftigen, das tat sie immer, wenn sie aufgeregt war. Dabei konnte sie am besten abschalten, und das verdrängte auch die schaurigen Bilder aus dem alten Steinhaus.

Als Dr. Spanopolous dann endlich nach einer Viertelstunde den Hof erreichte, fand er Sophia in einem Berg von Zucchinis vor. Sie kam ihm stammelnd entgegen gelaufen und zerrte ihn, ohne das er richtig verstanden hatte, worum es überhaupt ging, direkt zum Olivenhain. Dem Arzt war der Anblick von Toten und auch von Selbstmördern durchaus nicht unbekannt, und so machte er sich zunächst ein Bild davon, ob er wirklich nichts mehr tun konnte. Danach wählte er die Nummer von Adonis, um die Polizei über den Vorfall zu informieren. Anschließend gab er Sophia ein Beruhigungsmittel und ging zum Schlafzimmer von Maroula.

Maroula hatte von all dem nichts mitbekommen, sie dämmerte vor sich hin und war kaum ansprechbar. Ihr Zustand hatte sich die letzten Tage weiter verschlechtert, und es gab auch keine Hoffnung mehr auf Besserung. Er würde mit Sophia ein ernstes Gespräch führen müssen und ihr klar machen, dass sie sich auf das Schlimmste vorbereiten sollte. Und er musste heute noch Georgios anrufen, auch wenn ihm das widerstrebte. Seit Wochen hatte er sich nicht bei seiner kranken Mutter blicken lassen. Doch er musste ihn informieren, er sollte wenigstens die Gelegenheit bekommen, sich von seiner Mutter zu verabschieden. Er gab Sophia noch ein paar Anweisungen, wie sie die nächsten Stunden Maroula zu versorgen hatte, mehr konnte er nicht mehr tun. Dann setzte er sich auf die Terrasse und wartete auf das Eintreffen von Adonis, der auch kurz darauf erschien. Die beiden hatten schon häufig im Rahmen von Ermittlungen zu tun gehabt, denn Dr. Spanopoulos wurde oft als Arzt hinzugezogen, um einen Totenschein auszustellen.

»Da hat mal wieder einer keine Lust mehr gehabt, sich dem ganzen Elend dieser Welt zu stellen«, rief er dem Kommissar entgegen. »Soweit ich es erkennen konnte, handelt es sich um den Kellner aus dem *Aliportas*.«

Adonis, der den Vorfall zunächst als Routinefall eingestuft hatte, erschrak zutiefst.

»Du meinst Jannis? Das glaube ich nicht, da musst du dich versehen haben«, antwortete er spontan und war sich zu diesem Zeitpunkt ganz sicher, dass der Doktor sich tatsächlich getäuscht hätte.

»Dann lass uns direkt mal nachschauen, aber ich bin mir ziemlich sicher«, antwortete Dr. Spanopoulos, während sie in Richtung des alten Schuppens gingen.

Adonis konnte und wollte nicht glauben, das Jannis hier seinem Leben eine Ende bereitet hatte, und beschleunigte seinen Schritt, um Gewissheit zu erlangen. Doch seine Zuversicht wurde enttäuscht, und umso erschrockener reagierte er, als ihm klar wurde, dass es wirklich Jannis war, der hier von der Decke hing. Sofort erschienen dem Kommissar unzählige Bilder vor Augen, die ihn an Jannis erinnerten. Bilder, die alle mit viel Lebensfreude zu tun hatten, wie dem bunten Treiben im *Aliportas* oder den ganzen Weibergeschichten, die man ihm andichtete. So einer brachte sich doch nicht um, da musste etwas faul sein. Instinktiv versuchte er, nichts anzufassen, und überlegte fieberhaft, was er als Nächstes unternehmen sollte. Mit solcher Art Vorfällen war er wenig vertraut, und er begann leicht zu schwitzen. Je länger er darüber nachdachte, desto mehr kam ihm die Erkenntnis, dass er hier professionelle Unterstützung brauchte.

Er dachte sofort an Katharina, seine gute Freundin in Athen. Er griff zu seinem Handy, doch hielt dann noch ein paar Sekunden inne: Bauschte er hier einen Selbstmord unnötig auf? Spielten ihm wohlmöglich seine Gedanken wegen der persönlichen Bekanntschaft mit Jannis einen Streich? Nein, er war sich seiner Sache ganz sicher, hier musste es eine Untersuchung geben, und er würde es sich nie verzeihen, der Sache nicht auf den Grund gegangen zu sein. So wählte er die Nummer von Katharinas Dienststelle mit der Bitte um dringenden Rückruf und war danach erleichtert, diesen Schritt getan zu haben.

KATHARINA WALDMANN
ATHEN, POLIZEIPRÄSIDIUM

»Na, was gibt es denn so Dringendes auf deiner Lieblingsinsel? Haben sich ein paar Touris daneben benommen, oder geht es um eine große Sache?«, rief Filippos ihr entgegen und grinste ihr dabei frech ins Gesicht.

Katharina fühlte sich ertappt und warf Filippos einen grimmigen Blick zu. Das mit dem Rückruf hatte sie total verschwitzt, das musste sie jetzt dringend erledigen. Sie kramte auf ihrem Schreibtisch nach dem Zettel mit der Telefonnummer und rief Adonis sofort an. Es klingelte am anderen Ende nur zweimal, da hörte sie auch schon die bekannte Stimme ihres langjährigen Freundes.

»Schön, dass du zurück rufst, ich dachte schon, du meldest dich gar nicht mehr bei deinem alten Kollegen Adonis«, rief er gleich ins Telefon, ohne sie zu begrüßen. »Du bist doch bestimmt nicht abgeneigt, deinen Arbeitsplatz für ein paar Tage nach Paros zu verlegen, oder?«, hörte sie ihn weiter sprechen.

»Du scherzt wohl, ich würde nichts lieber tun, als Athen mit Paros zu tauschen. Bietest du mir gerade deinen Job an?«, fragte sie keck, ohne auch nur die geringste Ahnung davon zu haben, was Adonis wirklich von ihr wollte.

Es dauerte eine Weile, bis Adonis reagierte, und sie spürte sofort, dass sich etwas an seiner Stimme verändert hatte.

»Spaß beiseite, meine liebe Katharina, ich brauche deine fachliche Unterstützung bei einem sehr seltsamen Fall, und zwar schnell. Ich habe schon mit deinem Chef gesprochen, und er ist damit einverstanden. Du muss noch heute kommen.«

Die Kommissarin setzte sich auf ihren Schreitischstuhl und fühlte sich für einen Moment völlig überrumpelt. Bei jedem anderen hätte sie spätestens jetzt verärgert reagiert, aber sie kannte Adonis lange genug, um die

Ernsthaftigkeit seines Anliegens zu begreifen. Sie war ganz bei der Sache und wollte genau wissen, worum es ging. Adonis schilderte ihr daraufhin in kurzen Sätzen von dem tot aufgefundenen Jannis und den vermeintlichen Selbstmord im Geräteschuppen am Lageri. Katharina war froh, dass sie auf einem Stuhl saß, ansonsten hätte es sie umgehauen. Sie war entsetzt, denn sie kannte Jannis von ihren zahlreichen Urlaubsaufenthalten auf Paros. Sie hatte diesen freundlichen und lebensbejahenden Menschen immer sehr geschätzt. Ja, sie hatten sich sogar schon in Athen mehrfach auf einen Kaffee getroffen. Das riss eine große Lücke ins *Aliportas* und passte sogar nicht in das Bild ihres so geliebten Urlaubsortes.

Jannis und Selbstmord, das konnte nicht sein – schoss es ihr zunächst durch den Kopf. Aber ihre langjährige Erfahrung als Kommissarin hatte sie auch gelehrt, dass Menschen sehr häufig vollkommen anders tickten, als wie sie von ihrer Umgebung wahrgenommen wurden. Sie hatte schon öfter erfahren, dass häufig wichtige Merkmale entweder übersehen oder ignoriert wurden, die einen ganz anderen Blickwinkel auf die betroffene Person ergaben. Katharina hatte die Gabe, kleine, oft belanglose Details ihrer Mitmenschen ganz genau zu beobachten, und kam dann häufig zu einer anderen Bewertung als ihre gesamte Umgebung. Dann warf sie ihren Kopf ein wenig in den Nacken, setzte ihren analytischen Blick auf und war ganz die Psychologin. Und es war immer wieder erstaunlich, was sie aus ihrem Gegenüber so alles herausholte. Doch bei Jannis konnte sie sich beim besten Willen an keine Auffälligkeiten erinnern, die mit einem Selbstmord in Verbindung zu bringen wären.

Sie wusste, dass Adonis sie nicht umsonst kontaktiert hatte, gäbe es da nicht gewisse Ungereimtheiten. Und für sie war sofort klar, dass sie ihre Hilfe Jannis und Naoussa schuldig war. Nachdem sie ihre Entscheidung getroffen hatte, nach Paros zu reisen, besprachen sie kurz die Details für die weitere Vorgehensweise.

»Ich brauche zwei Leute von der Spurensicherung, und Filippos, meinen Assistenten, bringe ich auch mit. Kannst du bitte für uns die Hotelzimmer buchen? Von deinem Büro in Parikia kann ich schlecht arbeiten, ich schlage das *Aliportas* als Ermittlungszentrale vor. Von hier aus habe ich Zugang zu den Gästen und kann mich im Dorf besser umhören. Bist du damit einverstanden?«, fragte sie Adonis, ohne wirklich auf eine Antwort zu warten. In Gedanken richtete sie sich schon auf Paros ein.

»Katharina, du bekommst alles, was du brauchst, du weist am besten, was auf Paros für eine solche Ermittlung benötigt wird. Ich habe schon mit dem Flughafen telefoniert und vorsorglich drei Plätze für dich reservieren lassen. Ich werde sofort einen weiteren Platz buchen. Die nächste Maschine geht um 15:30, könnt ihr das schaffen?«, erwiderte Adonis sichtlich erleichtert, dass Katharina sein Ersuchen ohne lange Diskussion angenommen hatte.

»Lasse mir eine halbe Stunde Zeit, damit ich das Team zusammenstellen kann, und sorge dafür, dass am Tatort keinerlei Veränderungen vorgenommen werden. Am besten, du lässt alles weiträumig absperren. Ich melde mich sofort bei dir, wenn ich alles hier geklärt habe«, sagte Katharina noch und legte auf.

Ihr Team war auf schnelle Einsätze vorbereitet, und so brauchte sie nur ein paar Telefonate, um zwei Leute von der Spurensicherung und Filippos anzuweisen, gegen 15:00 Uhr am Flughafen zu sein. Es war kurz vor Mittag, und so blieben ihnen noch gut drei Stunden Zeit, ein paar Sachen zu packen für den Einsatz in Naoussa.

Kurz vor drei erreichten Katharina und Filippos den Olympic-Schalter am Athener Flughafen, wo sie auf ihre Kollegen von der Spurensicherung trafen. Die Kommissarin war noch zu Hause gewesen und hatte Sachen für ein paar Tage geholt. Das war schnell gemacht, denn sie hielt immer einen kleinen Koffer bereit, falls sie bei einem Einsatz spontan irgendwo übernachten musste. Ihre Nachbarin würde sich um ihren Kater kümmern, wie sie es immer tat, wenn sie verreiste. Das würde sie zwar wieder ein gutes Essen kosten, aber dafür war ihr Liebling auch gut versorgt. Karl, ihren Kater, hatte sie sich nach der Trennung von ihrem Mann zugelegt, und sie konnte sich gar nicht mehr vorstellen, ohne ihn zu leben. Das schien Karl zu spüren, denn wenn sie hin und wieder einmal Herrenbesuch mit nach Hause brachte, verkroch er sich stundenlang, wie eine beleidigte Diva. Das war Karl auch, wenn Katharina über Nacht weg blieb, und da konnte es schon einmal zu einigen Protestaktionen kommen. Die beiden Kollegen von der Spurensicherung waren früher angereist und hatten ihre Einsatzkoffer bereits aufgegeben. Es herrschte eine ausgelassene Stimmung, denn gegen einen Einsatz auf Paros hatte keiner wirklich etwas einzuwenden. Das Wetter für die nächsten Tage sah gut aus, und sie rechneten damit, auch das Meer genießen zu können. Katharina nutzte die verbleibende Zeit bis zum Abflug, um ihr Team kurz über den Fall zu unterrichten. Sie bestellte vier Frappé und trommelte die kleine Gruppe zusammen.

»Das ist kein Badeurlaub, meine Herren, damit das klar ist«, blickte sie jedem einzelnen direkt ins Gesicht. Ihr ernster Ausdruck wurde dabei durch ihre schwarze Hornbrille verstärkt. »Wir werden vom Flughafen abgeholt, um uns direkt am Tatort ein Bild zu machen. Wir müssen uns Klarheit darüber verschaffen, ob es sich tatsächlich um einen Selbstmord handelt oder ob hier jemand nachgeholfen hat. Vielleicht sind wir morgen schon wieder zurück in Athen«, fuhr sie weiter fort, glaubte aber nicht wirklich daran. »Falls wir länger bleiben müssen, so werden sich bestimmt auch ein paar Stunden am Wasser einrichten lassen«, lenkte sie dann ein, um ihre Kollegen bei Laune zu halten. Ihre vorher ernste Miene verwandelte sich dabei in einen verschmitzten Gesichtsausdruck, und alle wussten, dass neben der Arbeit auch noch ein wenig Zeit für das ein oder andere Glas Wein sein würde. Teamgeist funktionierte eben nur, wenn alle spurten und mit vollem Einsatz bei der Sache waren, aber ab und zu musste man die Zügel auch mal locker lassen.

Das war nicht ganz uneigennützig, denn sie liebte es ebenfalls, im Meer zu baden oder auf einen Drink im alten Hafen zu sitzen. Ihre Anweisungen waren klar und in einem bestimmenden Ton, damit die Mannschaft sofort wusste, was sie zu tun hatte. Innerlich spürte sie, dass es ein längerer Aufenthalt werden würde, und sie wusste noch gar nicht, wie sie die Gratwanderung hinkriegen sollte. Man kannte sie als Touristin in Naoussa, und nur wenigen hatte sie anvertraut, welchen Job sie in Athen machte. Jetzt war sie beruflich unterwegs, und ihre Aufgabe bestand zunächst einmal darin, Informationen aus dem engeren Umfeld von Jannis zu sammeln, um sein aktuelles Stimmungsbild einzufangen. Sie würde viele Puzzlesteinchen zusammenfügen müssen, um zu einem klaren Bild von der Verfassung des Kellners zu kommen.

Ihr Flug OA 66 wurde mit 10 minütiger Verspätung aufgerufen, und sie begaben sich zum Gate. Es sollte ein kurzer Flug von 30 Minuten werden. Die Alternative wären vier Stunden auf einer der Blue Star-Fähren gewesen. Die Zeit rannte, und je eher sie den Tatort unter die Lupe nehmen konnten, desto besser. Die Maschine war voll ausgebucht, und die 36 Passagiere in der kleinen Dash genossen den Flug über die türkisblaue Ägäis. Als der kleine Flieger über Antiparos zu einer weitläufigen Rechtskurve ansetzte, konnte man den kleinen Flughafen nahe dem Ort Pounda schon sehen. Der Pilot steuerte die Maschine im Sinkflug Richtung Landebahn und setzte wenige Meter hinter dem Anfang der Betonpiste auf. Direkt als sie Bodenkontakt hatten, wurden die Passagiere noch mal so richtig in die Sitze gepresst, und der Pilot brachte die Dashboard wenige Meter vor dem Ende der Landebahn zum Stehen.

Katharina hatte Adonis schon aus dem Seitenfenster heraus entdeckt, wie er winkend am Gatter des Ankunftsbereichs wartete. Auf dem Parkplatz des winzigen Flughafens sah sie, dass Adonis mit zwei Polizeifahrzeugen angereist war. Das würde reichen, um das Team und das ganze Equipment Richtung Naoussa zu bringen. Sie verließen die Maschine über die kleine Klapptreppe und wurden direkt an den anderen Passagieren vorbei zu Adonis geführt. Eine freundschaftliche Begrüßung folgte.

»Schön, dass du mir zur Seite stehst, das ist für unsere kleine Polizeiwache doch eine Nummer zu groß«, empfing er Katharina mit einem traurigen Unterton. »Ich hoffe, dass wir die Angelegenheit schnell klären können, habe aber vorsorglich für eine Woche ein paar Zimmer im *Aliportas* reserviert.«

Katharina blickte erstaunt zu Adonis auf und sagte: »Glaubst du tatsächlich, dass wir so lange brauchen? Das wäre ja fast wie Sonderurlaub, wenn die Angelegenheit bloß nicht so deprimierend wäre ...«

Der Kommissar nickte kurz und Katharina spürte, dass ihm der Fall sehr nahe ging.

»Zum Glück kennst du dich ja blendend aus in Naoussa, da brauche ich dir nichts weiter zu erklären. Ihr könnt eigentlich direkt mit euren Ermittlungen anfangen. Ach, fast hätte ich's vergessen, ich soll dich noch von Nektaria schön grüßen, sie hofft, dass wir uns in den nächsten Tagen mal zum Abendessen sehen?«

»Das werden oder besser das müssen wir hinkriegen, ich bekomme jetzt schon Hunger, wenn ich daran denke.« Katharina strich sich mit ihrer Zunge über die Lippen, und im selben Augenblick schwebte direkt in ihrem Kopf eine Platte mit den köstlichsten Dolmadakia vorbei. »Aber lass uns zunächst mal unsere Arbeit machen. Hat jemand den Tatort abgesperrt und passt auf, dass kein Fremder reinkommt?« fragte sie zurück, schon ganz auf den Fall konzentriert.

»Mach dir keine Sorgen, ich habe alles veranlasst, so wie besprochen. Wir können auch direkt nach Naoussa fahren, dann kannst du dich selbst überzeugen. Bislang ist nur ein kleiner Personenkreis über den Vorfall informiert, und ich habe den beiden Personen, die die Leiche gefunden haben, einen Maulkorb verpasst. Damit ihr jederzeit mobil seid, steht euch Tom rund um die Uhr zur Verfügung.« Adonis stellte einen bis dahin schweigenden Kollegen vor, der alle Fahrten für das Team erledigen sollte. »Er kann auch die Kurierfahrten zum Flughafen übernehmen, denn ich denke, ihr müsst vielleicht ein paar Beweismittel in Athen untersuchen lassen? Hier in Naoussa sind wir auf solche Aktionen, wie du weiß, nicht vorbereitet«, fügte Adonis weiter an.

»Ja, gut zu wissen.« Katharina nickte. »Wir werden Proben in unserem Hauptlabor in Athen untersuchen lassen müssen, die Leute dort sind bereits informiert.«

Mittlerweile waren die Koffer eingetroffen und wurden in den beiden Polizeifahrzeugen verstaut. Darunter auch zwei große Aluminiumkisten, die eine mobile Laborausrüstung enthielten. Katharinas Kollegen verteilten sich auf die beiden Autos, und man startete direkt Richtung Naoussa. Die Strecke führte über Parikia, und es waren knapp 20 Km zurückzulegen. Während der Fahrt überlegte Adonis laut, wie er den Verlust wohl Angelos beibringen sollte, und wirkte dabei ziemlich hilflos. Er würde bestimmt Jannis schon vermissen und nach ihm suchen. Katharina überzeugte ihn dann aber, noch zu warten, und schlug vor, das zu übernehmen, um direkt mit ihren Ermittlungen anzufangen. Sie wusste von dem freundschaftlichen Verhältnis Jannis zum Aliportas-Clan und erhoffte sich daher einige wichtige Informationen.

Sie hatten jetzt Naoussa erreicht und bogen direkt am Ortseingang rechts auf die Ortsumgehung. Von hier waren es nur noch ein paar Kilometer bis zum Tatort. Je näher Katharina zum Lageri kam, desto betrübter wurde sie. Sie kannte dieses Fleckchen Erde nur als ihr Urlaubsparadies, jetzt musste sie hier den Tod eines guten Bekannten aufklären. Von weitem sah sie die kleine Kapelle am Lageri, wo sie schon so häufig zu Taufen und Hochzeiten eingeladen war. Es gab keinen schöneren Platz für solche Feste, aber für Tod und Verbrechen war hier doch eigentlich so gar kein Platz. Die beiden Fahrzeuge hatten mittlerweile die kleine Zufahrtsstraße zum Anwesen der Apostolopoulou erreicht und fuhren langsam den leicht ansteigenden Weg hinauf. Als sie vor dem Haus die beiden Fahrzeuge abstellten, wurden sie bereits von der Haushälterin und Dr. Spanopolos erwartet. Katharina hatte in ihrem Leben schon unzählige Leichen gesehen, aber diesmal ging sie mit klopfendem Herzen in Richtung des Olivenhains.

STEPHAN
ANKUNFT, PAROS

In dem Restaurant nahe dem Fähranleger wurde es langsam voll, immer mehr Touristen aus aller Herren Länder trudelten ein. Stephan hörte alle möglichen Sprachen um sich herum, die meisten Gäste waren Urlauber, hier begann ihr Urlaub und es herrschte gute Laune. Er hatte mittlerweile zwei große Fix getrunken, und es stellte sich eine leichte Müdigkeit ein. Zum Glück konnte er schon eine Stunde vor Abfahrt auf die Fähre und suchte sich einen Pullmann-Sitz, in dem er erst mal ein wenig schlafen konnte. Er wurde erst wieder wach, als die Sonne schon ganz tief stand und ging an Deck, um den ersten Sonnenuntergang in diesem Urlaub zu erleben. Als er rauskam, war alles in ein goldgelbes Licht getaucht, welches einen wunderbaren Kontrast zu dem tiefblauen Wasser der Ägäis ergab. Ihm wurde direkt ganz warm ums Herz, und er genoss die letzten Sonnenstrahlen, bis die Sonne blutrot im Meer verschwunden war. Noch eine gute Stunde, und er würde in Parikia einlaufen. Er hatte an Hannahs Mail die ganze Zeit nicht gedacht, aber jetzt, kurz vor der Ankunft auf Paros, schoss sie ihm wie ein Blitz erneut in den Kopf. Er musste heute noch unbedingt ins *Aliportas*, um Näheres zu erfahren.

Kurze Zeit später legte die Blue Star Naxos in Parikia an, und Stephan war einer der ersten, der von Bord ging. Es war dunkel, und er versuchte in der wartenden Menge, Alexandros zu entdecken, vielleicht hatte er es ja doch noch geschafft, ihn abzuholen. Und tatsächlich entdeckte er ihn telefonierend und winkend am Kiosk, nahe dem Taxistand. Er drängelte sich zu ihm durch, wurde überschwänglich empfangen und war froh, dass er sich nicht um eines der wenigen Taxen bemühen musste. Dann doch lieber mit dem alten Escort Combi, der es trotz seines desolaten Zustandes wieder einmal über den Winter geschafft hatte.

»Schön, wieder in meiner zweiten Heimat zu sein, endlich Sonne, Sand und Meer nach dem Scheißwetter in Köln in den letzten Wochen«, brach es aus ihm heraus.

»Kalispera, mein Freund, schön, dich wieder hier zu haben. Der Souma steht schon kalt, damit du dich auch direkt zu Hause fühlst«, grinste Alexandros. Das war ein alljährliches Ritual, immer wieder schön. Wenn Stephan ankam, versammelte sich die ganze Familie in der Küche, und es gab ein paar Oliven und Souma zur Begrüßung. »Ich brauche gleich aber auch einen Schnaps, nachdem was heute in Naoussa los war«, sprach Alexandros weiter und beobachtete Stephan dabei im Rückspiegel. Als er sein verwundertes Gesicht sah, sagte er: »Es muss irgendetwas am Lageri passiert sein, ich habe mehrfach Polizeifahrzeuge dorthin fahren sehen. Und dann am späten Nachmittag war da noch ein Leichenwagen. Ich weiß zwar, dass es Maroula, der Besitzerin des Lageri-Grundstückes, sehr schlecht geht, und vielleicht ist sie ja gestorben. Aber wozu braucht man da so viel Polizei?«

»Komisch …«, Stephan musste sofort an Hannahs Botschaft denken, »ich hatte heute Morgen eine seltsame Mail, das hier etwas Schreckliches passiert wäre, vielleicht hängt das ja zusammen?«, sprach er und schaute Alexandros fragend an.

Jetzt war er erst richtig neugierig geworden, und je näher sie Naoussa kamen, desto unruhiger wurde er. Sollte er kurz Hannah anzurufen? Doch wie er sie kannte, hatte sie ihr Handy sowieso ausgeschaltet, sie hasste Handys im Urlaub. Außerdem würde er in Kürze im *Aliportas* sein und schnell erfahren, was passiert war. Dort würde man auch wissen, ob Maroula tatsächlich gestorben war; dass ihr Gesundheitszustand so schlecht war, hatte ihn überrascht. Warum hatte Georgios ihm davon nichts geschrieben? Er schrieb doch sonst so viel von seiner Mutter – und ihrem schwierigen Verhältnis. Manchmal waren Georgios Mails Stephan schon unangenehm, so viele Details erhielt er über die komplizierten Familienverhältnisse. Aber seit er Georgios vor einigen Jahren am Lageri geholfen hatte, war er wie ein Bruder für ihn, und es hatte sich eine starke Freundschaft zwischen den beiden entwickelt. Er erinnerte sich noch ganz genau, wie er an einem späten Nachmittag den völlig betrunkenen

Georgios am Strand vorgefunden hatte. Plötzlich lag er da, wie aus dem Nichts, und er konnte nur aus dem darüber liegenden Olivenhain gekommen sein. Er weinte die ganze Zeit und stammelte nur vor sich hin. Stephan konnte ihn damals unmöglich in diesem Zustand liegen lassen, und nachdem er mühsam aus Georgios heraus bekommen hatte, wo er wohnte, half er ihm dorthin zurück. Das war noch, bevor ihn seine Mutter rausgeschmissen hatte, und seit diesem Vorfall hatten sie regelmäßigen Kontakt. Dann würde Georgios ja bald ein reicher Mann sein, wenn das mit Maroula stimmte, ging es Stephan durch den Kopf.

»Egal was da passiert ist, wir werden es erfahren.« Alexandros riss ihn aus seinen Gedanken. »Hier in Naoussa bleibt nichts lange geheim, es wird sich rumsprechen, wie ein Lauffeuer, da bin ich mir ziemlich sicher. Aber komm du erst mal an, alles Weitere ergibt sich.«

Als sie in die Hofeinfahrt vom Anwesen der Familie Sorakis einbogen, stand Dimitra, die Hausherrin, schon wartend im Eingang. In der darauf folgenden Stunde wurde Stephan von allen Anwesenden der Familie ausschweifend begrüßt. Es war ein lautes Stimmengewirr in einer Mischung aus Englisch, Deutsch und Griechisch. Dazwischen die immer wieder kehrenden »Hoppa«-Rufe, die zum Trinken eines Souma aufforderten. Als er schließlich in sein kleines Apartment entlassen wurde, hatte er schon etwas Schlagseite, aber das war am ersten Abend immer so. Er räumte schnell provisorisch seinen Koffer aus und griff dann doch zu seinem Telefon, um Hannah anzurufen. Vielleicht hatte sie es ja in Anbetracht der Lage ausnahmsweise doch eingeschaltet. Und er hatte Glück.

»Angekommen«, meldete er sich ohne sie zu begrüßen.

»Gut, dass du da bist, bitte komme sofort ins Aliportas, damit du alles Weitere erfährst«, schrie sie zurück ins Telefon, um das laute Stimmengewirr um sie herum zu übertönen.

KATHARINA WALDMANN
LAGERI, PAROS

Der kleine unebene Weg von Maroulas Anwesen bis zu dem alten Lagerschuppen kam Katharina unendlich lang vor. Schweigsam und mit kleinen Schritten lief sie den Weg hinunter, und ihr ganzes Inneres wehrte sich dagegen, in dem alten Steinhaus der Wahrheit ins Gesicht zu schauen. Die Sonne strahlte vom wolkenlosen Himmel und Lichtstreifen fielen durch das Geäst der uralten Olivenbäume. Es war angenehm kühl zwischen den Bäumen, und Katharina dachte nur, welch ein wunderbarer Ort, um zu verweilen. Doch die Idylle wurde jäh zerstört, als sie ihre beiden Kollegen in den weißen Overalls sah, die sie sich zur Spurensicherung übergezogen hatten. Wie Wesen von einem anderen Stern wirkten die beiden in dem grellen Weiß. Auch Katharina zog sich nun die Latexhandschuhe an und streifte sich einen Papieroverall über, um sich direkt am Tatort umzusehen. Sie holte noch einmal tief Luft und näherte sich den beiden Ermittlern, die bereits die Tür des Schuppens geöffnet hatten.

Sie lugte vorsichtig um die Ecke, und mit einem Schlag wurde der letzte Funken Hoffnung, dass es sich vielleicht doch um jemanden anderes handeln könnte, zerstört. Da hing Jannis mit bereits fortgeschrittener Totenstarre von der Decke. Seine Augen waren geschlossen, was ihr den Anblick ein wenig erleichterte. An den Händen zeigten sich die ersten rötlich-violetten Hautverfärbungen. Die beginnen sich schon 20 Minuten nach Kreislaufstillstand auszubilden und stellen ein sicheres Zeichen für den Tod dar.

Was habe ich nur für einen Scheißjob, dachte sie, fing sich aber schnell wieder und begann, routiniert den Schuppen zu inspizieren. Die beiden Kollegen von der Spurensicherung hatten damit begonnen, zunächst Fotos des Tatortes aufzunehmen. Aus allen Perspektiven wurden Aufnahmen gemacht, dann der Schuppen genauestens vermessen. Karis, einer der beiden, betrachtete mit analytischem Blick die schwere Kiste, die seitlich von Jannis im Raum stand.

»Na, der muss ja in den letzten Sekunden seines Lebens noch mal tierische Kräfte entwickelt haben. Wie hat der nur die Kiste zur Seite gekriegt?«, hörte Katharina ihn sagen.

Sie hielt inne und schaute zu ihm hoch.

»Denkst du, da hat jemand nachgeholfen?« Mit ihren Augen forderte sie förmlich ein Ja ein. Sie wollte es einfach nicht hinnehmen, das Jannis seinem Leben selbst ein Ende bereitet hatte.

»Sigá, sigá! Das kann ich im Moment noch nicht sagen, aber merkwürdig ist das schon. Lass uns in Ruhe unsere Untersuchungen beenden, damit wir ein klareres Bild haben. Ich schlage vor, wir treffen uns nachher im *Aliportas* zur Lagebesprechung und werten die ersten Ergebnisse aus.«

Katharina war die Enttäuschung anzusehen, dabei wusste sie doch ganz genau, dass sich die Kollegen nicht zu voreiligen Schlüssen drängen ließen. Sie rückte ihre große schwarze Brille zurecht und suchte weiter nach möglichen Beweismitteln.

»Wann kommt der Bestatter zum Abtransport der Leiche?«, fragte sie in der Hoffnung, den Toten noch heute in die Gerichtsmedizin nach Athen zu bekommen.

»Der müsste in ca. einer Stunde hier sein, und wenn wir Glück haben, können wir die Proben und die Leiche auf die letzte Maschine nach Athen buchen. Dann hätten wir morgen Abend die Ergebnisse«, sprach Karis in Ruhe weiter, während sein Kollege sich gerade daran machte, das Seil um Jannis Hals näher unter die Lupe zu nehmen.

»Die Haltung seines Kopfes ist irgendwie eigenartig«, hörte sie den zweiten Ermittler sagen, und wieder schaute sie fragend auf. »Ich habe schon einige Selbstmörder abgeknüpft, aber so hing noch keiner von der Decke.«

Katharina nickte ihm zustimmend zu, ein weiteres Zeichen, das die Vermutung von Adonis und ihr bestätigte. Aber auch dem zweiten Techniker war keine klare Stellungnahme zum jetzigen Zeitpunkt abzuringen. Sie musste sich einfach noch etwas gedulden, bis eindeutige Ergebnisse vorlägen, und widmete sich nun dem Abschiedsbrief, den sie schon die ganze Zeit in der Hand hielt. Diesen hatte sie auf dem Tisch neben dem Rotweinglas vorgefunden. Vorsichtig ihn nur an einer Ecke haltend, las sie mehrmals die kurze Textzeile, und versuchte daraus weitere Erkenntnisse abzuleiten.

»Ich halte den Zustand einfach nicht mehr aus, mit meiner großen Liebe werde ich nie zusammen kommen. Ein letzter Gruß, Jannis.«

Mehr stand da nicht, auch wenn sie sich weit mehr gewünscht hätte, von einem Abschiedsbrief konnte also keine Rede sein. Als erstes bemerkte sie, dass der Brief mit dem Computer geschrieben war, was ihm eine gewisse Kälte verlieh.

»Bitte lasst auch den Druckertyp ermitteln, damit wir ihn mit dem Drucker bei Jannis vergleichen können«, wies sie die Techniker an und drehte sich zu dem Tisch mit dem Rotwein um. »Komisch, der scheint noch in aller Seelenruhe ein Glas Wein getrunken zu haben, bevor er auf die Kiste gestiegen ist. Bitte nehmt auch das Glas und den Wein unter die Lupe«, rief sie und roch an dem Glas. Dann betrachtete sie wieder den Abschiedsbrief. Jannis und Liebeskummer, das passte so gar nicht in das Bild dieses Womanizers. Kein Gruß an irgendwelche Angehörigen, keine weiteren Erklärungen, nur dieser eine Satz. Ziemlich dünn, dachte Katharina, und selbst sein Name war mit dem Computer geschrieben. So unpersönlich wäre Jannis nie gewesen. Der Eindruck, das hier was nicht stimmte, verdichtete sich mit jeder Minute.

Sie machte einen Schritt nach draußen, um den Brief bei Tageslicht zu betrachten, da fiel ihr rechts neben der Tür ein roter Fleck auf dem ansonsten erdigen Grund auf. Sie ging näher heran und erkannte, dass hier etwas ausgeschüttet wurde.

»Hey, kommt mal einer raus! Ich weiß nicht, ob das wichtig ist, aber hier scheint Rotwein verschüttet worden zu sein. Bitte nehmt auch hiervon eine Probe fürs Labor.«

Dann ging sie langsam um den ganzen Schuppen herum, akribisch den Blick auf den Boden gerichtet, um irgendwelche weiteren Spuren zu entdecken. Sie ließ den Kreis immer größer werden und wollte ihre Suche schon abbrechen, als sie unter einem der knorrigen Olivenbäume auf eine Anhäufung von ausgedrückten Zigarettenkippen stieß. Sie sammelte sie in einen ihrer Probenbeutel und gab sie den beiden Kollegen zur Untersuchung fürs Labor. Mehr konnte sie hier im Moment nicht tun.

»Ich kümmere mich um die Haushälterin und fahre anschließend ins *Aliportas*, wir sehen uns dann später«, verabschiedete sie sich und begab sich zurück zum Haus der Apostolopoulou. Ein Grummeln in ihrem Bauch erinnerte sie daran, dass es da ja noch eine weitere unangenehme Aufgabe gab. Angelos wusste noch nichts vom Tode seines Freundes und Mitarbeiters, und sie würde es ihm beibringen müssen. Das war jedes Mal ein Angang, daran konnte sie sich nie gewöhnen. Besonders schlimm war es, wenn man die Beteiligten persönlich kannte. Sie hatte Filippos zwar schon ins *Aliportas* vorausgeschickt, damit er dort sondierte, wo man die Einsatzzentrale am besten einrichtete. Aber er war zu Stillschweigen verdonnert worden. Das musste sie schon persönlich machen, auch um die Reaktion Angelos genau zu analysieren, das war nun mal ihr Job.

Katharina fand Sophia in der Küche des Hauses vor, sie hatte sich nach all der Aufregung daran gemacht, einen großen Topf Briam zuzubereiten. Schon von weitem strömte ihr der angenehme Duft von dem zerkochten Gemüse und frischem Thymian entgegen. Direkt meldete sich ihr Magen wieder, und erst jetzt spürte sie, dass sie den ganzen Tag noch nichts gegessen hatte. Ein Mordshunger stieg in hier hoch, und mit ihrer Zunge fuhr sie sich mehrmals über ihre Lippen. Sophia sah, wie Katharina verschämt auf den großen Topf schaute, und stellte unaufgefordert einen Teller mit dem dampfenden Gericht auf den Tisch.

»Sie sind ja ganz blass, ich finde, sie sollten etwas essen«, sprach sie zu Katharina und zeigte auf den Teller Briam. »Das hat mir hier gerade noch gefehlt, als hätte ich mit meiner todkranken Chefin nicht schon genug am Hals«, fuhr sie weiter fort. »Der gute Mann hätte sich doch auch ein anderes Plätzchen aussuchen können. Ich hoffe nur, das Maroula von dem ganzen Theater nichts mitbekommt.«

Katharina aß mit Begeisterung die Portion des heißen Gemüses und ließ sich sogar von Sophia einen Nachschlag geben. Während des Essens nutzte sie die Gelegenheit, um Sofia zu dem Fall zu befragen. Dabei wurde sie auch umgehend über den Zustand von Maroula informiert. Aber das alles war leider sehr ernüchternd, außer dass sie Jannis heute Morgen entdeckt hatte, konnte Sofia keine brauchbaren Angaben zu dem Fall machen. So war ihr auch nie etwas Ungewöhnliches im Olivenhain aufgefallen, aber das lag wohl daran, dass sie das Haus und ihren geliebten Garten selten verließ.

Katharina machte sich ein paar Notizen, bedankte sich bei Sophia für das köstliche Mahl und ging zu dem Polizeifahrzeug, in dem Tom, ihr Fahrer, auf sie wartete. Es war Zeit, Angelos zu informieren, das wollte sie nicht noch länger vor sich herschieben. Mit gemischten Gefühlen machte sie sich auf den Weg nach Naoussa, ständig in Gedanken, wie sie es ihm wohl beibringen könne.

Sie parkten den Wagen auf der Rückseite des Cafés, um nicht direkt einen Aufstand auszulösen, und gingen durch den Hintereingang ins Lokal. Angelos stand hinter der großen Theke und kümmert sich wie immer um die Getränkebestellungen. Das war sein Revier und das machte er schon all die Jahre. Er hielt sich lieber im Hintergrund seines Geschäftes auf, wo er mit zwei weiteren Mitarbeitern auch die Küche organisierte. Das verkaufen und die Kommunikation mit den Gästen war nicht so sein Ding, dafür hatte er ja Jannis. Das *Aliportas* war gut besucht, und Katharina erkannte sogleich einige der Gäste aus den vergangenen Jahren. Doch sie wollte zunächst mit Angelos alleine reden, deshalb blieb sie im Innenbereich des Cafés stehen. Als Angelos sie erkannte, ging er ihr sofort entgegen und begrüßte sie mit weit ausgestreckten Armen und einer innigen Umarmung.

»Schön, dich zu sehen. So früh habe ich mit dir noch gar nicht gerechnet. Du bist doch sonst mindestens zwei Wochen später dran?«, rief er laut in den Raum. »Was treibt dich denn so früh hierher, was geht hier eigentlich vor?«, sagte er weiter und deutete auf Filippos, der sich als Polizist zu erkennen gegeben hatte und draußen mit einer jungen Frau kräftig zu flirten schien.

»Ich wäre auch lieber später gekommen, so wie immer, um Urlaub zu machen ...«, erwiderte Katharina die Begrüßung, »aber es gibt da eine Sache, die mich dieses Mal dienstlich nach Naoussa verschlagen hat.«

Angelos, der gerade nach zwei Gläsern griff, um ihnen ein Glas Wasser einzuschenken, schaute sie fragend an.

»Ich verstehe nicht, was für eine Sache?«

Katharinas Gesichtszüge wurden ernst, und sie bat darum, das Angelos sich hinsetzen möge.

»Hast du Jannis noch nicht vermisst?«, fragte sie in einem weichen Tonfall und schaute Angelos direkt ins Gesicht.

»Ich nicht direkt, aber Maria, sie wollte mit ihm heute Morgen das Konzept für den Sommer besprechen. Sie hat schon zweimal auf seinem Handy angerufen, aber da läuft immer nur die Mailbox. Das ist nicht Jannis Art, uns zu versetzen.« Seine Mine wurde finster. »Warum fragst du?«

Katharina nahm jetzt alle Kraft zusammen und fasste ihn bei den Händen.

»Jannis ist tot, Angelos, er wurde heute Morgen am Lageri Tod aufgefunden. Es sieht nach ersten Erkenntnissen nach Selbstmord aus, aber Adonis hat mich gebeten, den Fall zu untersuchen. Er glaubt nicht daran und, um ehrlich zu sein, ich glaube es nach den jetzigen Erkenntnissen auch nicht.«

Angelos erstarrte und sank tief in seinem Stuhl zusammen. Er hatte mit allem gerechnet, aber nicht mit solch einer Hiobsbotschaft. Sofort griff er zu seinem Handy und rief Maria an, sie möge schnellstens zum *Aliportas* kommen.

Katharina erzählte ihm von der überraschenden Anreise und vom Tatort. »Angelos, Ich brauche jetzt deine Hilfe.«, sagte sie, jetzt ganz Kommissarin. »Ich möchte die letzten Stunden, die Jannis hier verbracht hat, genau rekonstruieren. Ich muss mir ein besseres Bild von seinem Seelenzustand verschaffen. Ich brauche eine Liste aller Besucher von gestern Abend, soweit ihr das zusammenbekommt. Bitte überlege ganz genau, wer alles mit Jannis gesprochen hat. Dann brauche ich eine Ecke hier im *Aliportas,* in der ich mir ein mobiles Büro einrichten kann. Ich muss nah an deinen Gästen sein. Denkst du, das geht?«

Angelos schien nicht richtig zu begreifen, und Katharina musste noch einmal nachfragen, ob er alles richtig verstanden hatte. Er nickte stumm und kämpfte mit den Tränen, bevor er energisch zu der Kommissarin sagte: »Katharina, du bekommst alle Hilfe, die du brauchst, das sind wir Jannis schuldig.«

Dann trottete er ins Café und schenkte sich einen Ouzo ein.

STEPHAN
NAOUSSA, PAROS

Nach dem Anruf musste Stephan sich erst einmal kalt abduschen, um wieder einen klaren Kopf zu bekommen, und machte sich auf in sein geliebtes Familiennest. Schon von weitem konnte er erkennen, dass es dort hoch herging. Der Außenbereich war bis zum Bersten voll, und man hatte mehrere Tische zusammengestellt, um einen möglichst großen Kreis zu bilden. Da saßen sie alle oder besser der Teil der Familie, der bereits auf Paros weilte, und Stephan hatte Mühe, jeden Einzelnen aus der Ferne zu erkennen. Ein paar fielen ihm aber direkt ins Auge. Hannah saß mit Katy zusammen, und die beiden hatten Silberrücken und Peter in ihrer Mitte. Ein Quartett, das abends oft zusammen saß und trank. Daneben erkannte er die Moselschleifen, das lustige Trio aus der Nähe von Koblenz, die sich angeregt mit Wojtyla unterhielten. Etwas erhöht wie immer auf dem Adlersitz saßen Seelchen mit Paul neben Onkel Grete sowie Matt und Patsy. Es herrschte ein wildes Durcheinander, welches aber von Innen irgendwie geleitet wurde. Als Stephan näher kam, beobachte er, dass im Zentrum eine Frau saß, die er erst beim näheren Hinsehen erkannte. Hocherfreut sah er, dass es Katharina Waldmann war, die mit ernster Miene die Diskussionen zu leiten schien und gerade dem Publikum eine Ansage machte. Was machte die denn schon hier? Mit Katharina hatte er erst in zehn Tagen gerechnet, aber jetzt saß sie da und schien der Meute etwas mitzuteilen. Stephan tauchte in die Menge ein und war nah genug, um den Ausführungen Katharinas zu folgen.

»Meine Damen und Herren, ich bitte kurz um Ihre Aufmerksamkeit. Ich bin heute leider nicht als Urlauberin hier, so wie viele von Ihnen mich kennen«, fing sie an und blickte streng in die Runde. »Nein, ich bin heute dienstlich hier und habe Ihnen eine traurige Botschaft zu überbringen. Ich muss Ihnen leider mitteilen, dass wir heute den Ihnen allen bekannten Kellner Jannis Kostatidis tot am Lageri aufgefunden haben.«

Ohne lange zu fackeln, warf sie die schlimme Nachricht in die Zuhörerschaft, und ein lautes Raunen ging durch die Menge. Dann herrschte plötzlich eine gespenstische Ruhe und alle warteten darauf, dass Katharina weitere Informationen preisgab. Auch Stephan hatte die traurige Ankündigung mitbekommen und hielt sich erschrocken eine Hand vor den Mund. Jetzt hatte er endlich Gewissheit und wusste, was da Schreckliches passiert war. Er versuchte, näher an Hannah heran zu kommen, um mit ihr darüber zu reden, um mehr Details zu erfahren, als Katharina erneut das Wort ergriff.

»Erste Ermittlungen deuten auf einen gewaltsamen Tod hin«, sprach sie weiter und blickte kurz hoch in die erschrockenen Gesichter der Anwesenden. »Ich werde morgen im Laufe des Tages, sobald ich die Ergebnisse aus der Gerichtsmedizin habe, mit jedem Einzelnen sprechen wollen. Ich möchte mir über die letzten Stunden vor dem Ableben von Jannis ein klareres Bild verschaffen. Bitte halten Sie sich morgen dafür bereit und tragen sich in die Liste hier ein, falls Sie gestern Abend Jannis im *Aliportas* getroffen haben. Angelos hat mir bereits eine Anwesenheitsliste erstellt, soweit er sich erinnern konnte, aber ich bitte Sie, diese zu ergänzen. Ich danke Ihnen jetzt schon für Ihre Mitarbeit und hoffe, dass wir Sie nicht allzu sehr in Ihrem Urlaub belästigen müssen.«

Dann stellte sie noch kurz ihren Assistenten Filippos vor und hielt ihren Dienstausweis hoch, auf dem zu lesen war: Katharina Waldmann, Kriminalhauptkommisarin, Mordkommission Athen.

Die beiden Kollegen von der Spurensicherung waren mittlerweile fertig und begannen damit, Jannis Leiche herunterzuholen. Sie arbeiteten mit Mundschutz, denn obwohl der Schuppen relativ kühl war, hatte der Verwesungsprozess schon eingesetzt. Die zahlreich vorhandenen Fliegen belegten, dass die sterblichen Überreste Jannis sich zu zersetzen begannen, und hatten bereits mit der Eiablage begonnen. Der ortsansässige Totengräber war mittlerweile eingetroffen, und Jannis wurde in einem knisternden Plastiksack verstaut. Dann legte man ihn zum Abtransport in einen Zinksarg. Auf der Abendmaschine waren zwei Plätze für die Kollegen der Spurensicherung gebucht worden, die Leiche wurde im Laderaum verstaut. Dafür mussten zwei Touristen auf ihren gebuchten Flug verzichten, da halfen auch keine lautstarken Beschwerden.

Am Athener Flughafen wartete ein Leichenwagen, um Jannis in die Gerichtsmedizin zu bringen, das hatte Katharina telefonisch geregelt. Sie hoffte darauf, am nächsten Tag bis mittags eine klare Aussage vorliegen zu haben, um mit ihren Ermittlungen zu beginnen. Obwohl sie die ersten Ergebnisse ja bereits von ihren beiden Technikern erhalten hatte und diese eindeutig auf eine unnatürliche Todesursache hinwiesen, wollte sie den offiziellen Bericht aus Athen abwarten. Zum Glück kannte sie die beiden Ermittler seit vielen Jahren und vertraute auf ihre Erfahrung, ansonsten wäre sie auch nicht schon am Abend im *Aliportas* so vorgeprescht.

Sophia hatte den Abtransport von der Küche aus beobachtet, und beim Wegfahren des Leichenwagens lief ihr ein kalter Schauer über den Rücken. Sie musste etwas tun, um sich abzulenken, und was gab es da Besseres als Kochen. Während sie sich noch ständig bekreuzigte, stürzte sie sich auf ein seit gestern im Kühlschrank abgelegtes Zicklein, um es zu einem schmackhaften Eintopf zu verarbeiten. Doch als sie gerade damit begonnen, das zarte Tier mit einem großen Hackebeil in mundgerechte Stücke zu zerteilen, hörte sie aus Maroulas Schlafzimmer ein lautes Stöhnen. Sofort ließ sie alles stehen und liegen und rannte die große Treppe zum Schlafzimmer hinauf. Ohne anzuklopfen, ging sie hinein, die Medikamente in der Hand, die ihr Dr. Spanopoulos bei seinem letzten Besuch dagelassen hatte.

»Manolis, Manolis, bitte rufe heute noch Manolis zu mir«, stammelte Maroula ihr entgegen. Dabei griff sie nach Sophias Hand und starrte ihr direkt in die Augen. »Bitte, Sophia, rufe sofort Manolis an, ich muss ihn noch mal sprechen«, brachte sie mühsam heraus.

Es musste wahnsinnig anstrengend für sie sein, sie zitterte am ganzen Körper, und als Sophia Maroula in die Augen sah, erschrak sie. So entschlossen hatte sie ihre Chefin noch nie erlebt. Ohne zu antworten, rannte sie zum Telefon und wählte Manolis Nummer.

»Manolis, bitte komm schnell zu Maroula, sie will dich unbedingt noch einmal sprechen. Sie war zwei Tage nicht ansprechbar, aber heute wirkt sie unheimlich entschlossen. Bitte setze dich ins Auto und komm«, flehte sie ihn an.

Der Jurist war so überrumpelt, dass er nur zusagen konnte, und Sophia nahm es erleichtert auf. Dank der engen Verbundenheit von Manolis und Maroula setzte er die richtigen Prioritäten. Sie ging zurück ins Schlafzimmer, um sich um die todkranke Frau zu kümmern. Sie wollte nicht, dass ihr Vertrauter sie in diesem Zustand vorfand. Mühsam wusch sie Maroula, zog ihr ein frisches Nachthemd an und frisierte sie, so gut es ging. Ihre Chefin ließ alles über sich ergehen und half Sophia, soweit es ihre Kräfte zuließen. Dabei spürte sie eine tiefe Dankbarkeit in ihrem Blick. Einen Augenblick überlegte Sophia, ob sie Maroula über die Geschehnisse im Olivenhain unterrichten sollte, aber sie kam zu dem Schluss, dass jede weitere Aufregung in diesem Zustand ihr nur schaden würde, und ließ es dabei bewenden.

Der Jurist ließ dann auch nicht mehr lange auf sich warten, und Sophia stieß einen lauten Seufzer der Erleichterung aus, als sie seinen Wagen hörte. Ungeduldig ging sie ihm entgegen, um ihm zu öffnen. Er trug eine Ledermappe unter seinem Arm und ging ohne große Umschweife direkt zu seiner Freundin ins Schlafzimmer. Sophia begleitete ihn hinauf und brachte eine Karaffe mit Wasser ans Bett, danach schloss sie die Tür von außen und ließ die beiden alleine. Das war eine Familienangelegenheit, und da wollte sie sich nicht einmischen. Maroula saß halbaufrecht in ihrem Bett und nahm alle Kraft zusammen, ihren letzten Willen mit Manolis endgültig zu besprechen. Sie sammelte noch einmal alle Energie und berichtete Manolis von ihren Alpträumen, die sie die letzten Tage so gequält hatten. Immer und immer wieder war sie aus ihrem Morphinrausch schweißgebadet aufgeschreckt, als sie mit ansehen musste, wie das von ihr so geliebte Grundstück an eine große Hotelkette verkauft wurde. Das hatte sie letztendlich dazu veranlasst, noch eine Sicherung in ihrem bereits zu Papier gebrachten Testament unterzubringen. Mühsam trug sie ihr Anliegen vor, und Manolis erstellte direkt vor Ort ein Protokoll. Als sie fertig waren, las er der geschwächten Frau langsam und bedächtig das Schriftstück noch einmal vor, um sicher zu sein, dass alles seine Richtigkeit hatte. Dann ließ er das Dokument von Maroula unterschreiben, was ihr nach all der Aufregung sichtlich schwer fiel. Nachdem der Jurist das Dokument in seiner Ledermappe verstaute, sank sie vollkommen erschöpft zusammen. Manolis verabschiedete sich mit Tränen in den Augen von seiner alten Freundin, wohlwissend, dass das ein Abschied für immer sein sollte. Er dankte Sophia für ihre Fürsorge und verließ das Haus in Richtung Parikia. Von den Vorkommnissen am Lageri hatte Manolis zu diesem Zeitpunkt noch keine Ahnung.

GEORGIOS APOSTOLOPOULOS
LEFKES, PAROS

Es war gegen zehn am Morgen, als Georgios durch das Klingeln seines Handys geweckt wurde. Im ersten Moment wusste er gar nicht, wo er war, und er fühlte sich hundeelend. Sein Schädel brummte, und er verspürte einen furchtbaren Durst. Viel Schlaf hatte er nicht gehabt, und der ganze Alkohol letzte Nacht machte ihm reichlich zu schaffen. Die Nummer auf dem Display konnte er nicht zuordnen, aber das passierte ihm öfter. Zu oft hatte er bei all seinen Liebschaften seine Nummer weitergegeben, da konnte man schon mal den Überblick verlieren. Er nahm ab, in Erwartung einen seiner letzten Lover am Apparat zu haben, doch er wurde von der schluchzenden Stimme Sophias überrascht.

Sie hatten sich lange Zeit nicht gesehen, und er wusste, dass Sophia, mit der er aufgewachsen war, ihn ebenso verachtete wie seine Mutter. Es musste also etwas Wichtiges passiert sein, dass sie sich bei ihm meldete, und er hatte auch schon eine Vorahnung.

»Dr. Spanopolous hat mich gebeten, dich vom Tode deiner Mutter zu informieren«, begann sie im harschen Ton. »Sie ist heute Nacht um 01:30 gestorben. Ich war mit Dr. Spanopolous bei ihr, und wir haben Maroula in den letzten Stunden beigestanden. Falls du vorhast, deiner Mutter die letzte Ehre zu erweisen, die Beerdigung wird morgen um 13:00 stattfinden. Schade, dass du nicht persönlich von ihr Abschied nehmen konntest«, sagte sie noch vorwurfsvoll. Sie legte einfach auf, ohne eine Antwort abzuwarten.

Das hatte ihm jetzt noch gefehlt, in seinem erbärmlichen Zustand. So sehr er den Tod seiner Mutter herbei gewünscht hatte, so heftig traf ihn die Kälte Sophias. Er kannte sie seit seiner Geburt, sie hatte ihn mit groß gezogen, und als Kind war sie immer für ihn da gewesen. Erst als er sein eigenes Leben immer mehr offenbarte, hatte sich Sophia von ihm abgewendet. Er konnte das nicht mehr rückgängig machen, aber er hatte jetzt auch ganz andere Dinge im Kopf. Er musste alles daran setzen, die Dinge zu bekommen, die ihm zustanden. In zwei bis drei Wochen, so dachte er, würde die Testamentseröffnung sein, und bis dahin gab es noch einiges zu erledigen. Obwohl es eigentlich noch zu früh war, dachte er direkt daran, sich schon mal bei der Dreamroom GmbH zu melden. Nur um zu signalisieren, dass nun andere Regeln galten. Ja, das war eine gute Idee, und der Gedanke daran ließ ihn seinen fürchterlichen Zustand für einen kleinen Moment vergessen.

Morgen, direkt nach der Beerdigung, würde er seinen konkreten Plan in Angriff nehmen. Jetzt musste er sich erst einmal um einen Kranz kümmern und seinen schwarzen Anzug auf Vordermann bringen. Er bereitete sich einen Kaffee und versuchte, mit einer kalten Dusche auf die Beine zu kommen.

Der Besuch gestern bei Kiriakos und die Akteneinsicht hatten sein komplettes Leben durcheinander gebracht und ließen ihn nicht mehr zur Ruhe kommen. Trotz der Abkühlung begann er zu zittern, und in wenigen Minuten war sein Hemd schweißnass. Er geriet in Panik, sein Herz begann zu rasen, so sehr hatten ihn die Ereignisse der letzten Stunden aus der Bahn geworfen. Georgios überlegte nicht lange und holte sich aus seinem Schrank im Badezimmer eine Tablette eines starken Beruhigungsmittels. Dann legte er sich zurück aufs Bett und wartete die Wirkung des Medikaments ab. Er hatte sich eigentlich vorgenommen, keine dieser Pillen mehr zu nehmen, aber es war eine Ausnahmesituation, und morgen brauchte er noch mal alle Kraft, um bei der Beerdigung den trauernden Sohn zu mimen. Als er langsam ruhiger wurde, versuchte er etwas zu essen, um seinen angeschlagenen Magen zu besänftigen. Später wollte er dann nach Naoussa fahren, um sich umzuhören. Falls die Pläne seiner Mutter im Dorf bereits bekannt waren, würde er das schnell erfahren. Die beste Informationsquelle, das wusste er aus der Vergangenheit, war stets das zentrale Café am Ort, das *Aliportas*. Hier sprudelten seit eh und je alle Informationen über das, was auf der Insel so geschah. Somit beschloss er, dorthin zu fahren und die Ohren offen zu halten. Ob er danach noch in der Lage war, zu seinem elterlichen Anwesen zu fahren, würde er später entscheiden. Schon der bloße Gedanke daran, das Grundstück zu betreten, trieb ihm erneut den Schweiß auf die Stirn.

KATHARINA WALDMANN
ALIPORTAS, NAOUSSA

Nachdem Katharina ihre Ansage gemacht hatte, herrschte totale Betroffenheit. Einige meist weibliche Besucher, fingen an zu weinen, andere verstummten und blickten traurig in die soeben noch so freudige Runde. Die Kommissarin hatte wie immer ihre kleine Digitalkamera dabei und machte blitzschnell ein paar Fotos von den Anwesenden, um die ersten Reaktionen der Beteiligten einzufangen. Sie nutzte den Überraschungseffekt aus, denn hier zeigten Menschen oft spontane Reaktionen, die vieles über den tatsächlichen Gemütszustand verrieten. Morgen würde sie die Fotos am PC genauer analysieren, um dann bei der Befragung der jeweiligen Leute schon ein paar Anhaltspunkte zu haben. Sie war auf einmal todmüde und wünschte sich nur noch ein Bett. Die ganzen letzten Stunden hatte sie wie eine Maschine funktioniert und organisiert. Jetzt spürte sie, dass sie dringend Schlaf brauchte, um morgen wieder mit der nötigen Kraft weiter machen zu können. Sie verabschiedete sich von den Gästen mit der Ansage, wann die Befragung morgen beginnen würde, und ging in den kühlen Innenraum des Cafés.

Sie winkte Angelos zu, der zusammengesackt wie ein alter Mann hinterm Tresen stand. Er wünschte ihr eine gute Nacht und gab ihr eine Flasche Wein und ihren Zimmerschlüssel mit auf den Weg. Katharina nahm dankend den Wein entgegen, einen kleinen Gute-Nacht-Trunk konnte sie jetzt gut gebrauchen.

So öffnete sie auch sofort den gut gekühlten Weißwein, nachdem sie es sich in dem kleinen Zimmer bequem gemacht hatte, und war angenehm über die fruchtige Note des Tropfens überrascht. Sie sah anhand des Etikettes, dass es sich um einen Wein des ansässigen Weingutes ›Marossi‹ handelte. Da hatten sich die Mühen der letzten Jahre wohl gelohnt, stelle sie erstaunt fest, denn sie wusste von dem finanziellen Einsatz und den Anstrengungen der Winzer, das Weingut auf ökologischen

Weinbau umzustellen. Anscheinend hatten sie bereits erste Preise eingefahren, wie sie auf dem Etikett erkennen konnte.

Mit dem Glas Wein in der Hand legte sie sich auf ihr Bett und startete ihr Notebook. Sie wollte noch einmal alle Punkte des Tages gedanklich durchgehen. Das tat sie immer so am Ende eines Arbeitstages, um zu prüfen, ob sie nichts vergessen oder übersehen hatte. Angefangen bei Adonis Anruf in Athen bis zur Ankunft im *Aliportas*, hakte sie jeden einzelnen Schritt Punkt für Punkt ab. Alle noch offenen Fragen oder noch zu erledigende Arbeitspakete notierte sie in einem Ordner »Jannis«, den sie während ihres kurzen Fluges angelegt hatte. Dieses systematische Nacharbeiten förderte dann auch schnell einen Punkt zutage, den sie vollkommen vergessen hatte. Sie hatte es versäumt, Jannis Angehörige in Athen von dessen Tod zu informieren.

Das durfte nicht passieren, machte sie sich Vorwürfe und wählte trotz fortgeschrittener Zeit eine Nummer in Athen. Sie beauftragte einen ihren Mitarbeiter umgehend damit, den Eltern von Jannis die traurige Botschaft zu überbringen. Man würde sie in die Gerichtsmedizin fahren, wo sie ihren Sohn identifizieren mussten. Außerdem sollten sie zu dem Gemütszustand von Jannis befragt werden. Vielleicht war er ja in psychologischer Behandlung, und nur seine Eltern wussten davon? Am nächsten Morgen sollte man ihr direkt die Ergebnisse der Befragung durchgeben.

Ein weiterer Punkt, der ihr bei der Nacharbeit in den Sinn kam, war der spärlich geschriebene Abschiedsbrief, den sie im Schuppen am Lageri gefunden hatten. Druckproben aller vorhandenen Drucker in Jannis Zimmer im Aliportas und seiner Wohnung in Athen sichern – notierte sie, und dachte direkt daran, dass Jannis Zimmer direkt neben ihrem lag. Ihre Müdigkeit war plötzlich verflogen, und sie wusste, dass sie sich noch heute Nacht einen Eindruck von Jannis Zimmer verschaffen würde. So ging sie noch einmal ins Café herunter und ließ sich von Angelos den Schlüssel zu Jannis Zimmer geben.

Als sie vor dem Zimmer stand, zog sie sich schnell ein paar Latexhandschuhe über und steckte den Schlüssel in das Türschloss. Die Zimmertür war nur einmal abgeschlossen, und das Schloss hakte ein wenig. Katharina zog die Tür etwas zu sich heran und sofort ließ sich der Schlüssel weiter drehen. Sie drückte langsam die Türklinke herunter und öffnete vorsichtig die Tür zu Jannis letzter Bleibe. Es war dunkel und vom Treppenhaus fiel nur ein fahler Lichtschein in das düstere Zimmer. Sie schloss die Augen und verharrte für einen Moment. So nahm sie zunächst besser die Gerüche wahr, die aus dem Zimmer in den Flur strömten. Es roch nach Seife und Parfum, Jannis schien sich kurz bevor er das Zimmer verlassen hatte noch einen Spritzer seines Parfums angesprüht zu haben. Macht man das, wenn man sich eine Stunde später aufhängen will? – fragte sich Katharina. Neben dem angenehmen herben Duft nahm sie noch den Geruch von Reinigungsmitteln wahr, der typisch in Räumen hängt, die lange nicht benutzt wurden. Nachdem sie keine weiteren Noten feststellen konnte, öffnete sie langsam die Augen und tastete nach dem Lichtschalter. Obwohl sie schon so oft in fremden Wohnungen ermittelt hatte, fühlte sie sich jedes Mal von neuem wie ein Eindringling, der in die intimsten Bereiche der Toten eindrang. Sie ließ ihren Blick schweifen, und sofort fiel ihr ein zerknülltes Stück Papier ins Auge. Es lag auf dem Boden neben dem Papierkorb vor dem kleinen Schreibtisch. Jannis hatte wahrscheinlich versucht, es in den Papierkorb zu werfen, hatte ihn aber verfehlt. Sie bückte sich, faltete das Blatt Papier vorsichtig auseinander und strich das Blatt glatt.

»Hoffe du bist gut angekommen, freue mich auf dich gegen Eins am Lageri. Bis gleich N.«, konnte sie auf dem Stück Papier lesen.

Katharina bemerkte auch hier, dass der kurze Text mit dem PC verfasst war, und das Druckbild erinnerte sie sofort an den Abschiedsbrief vom Lageri. Das sah verdammt nach einer Lockbotschaft aus, dachte sie und verstaute das Blatt in einem Plastikbeutel für die Spurensicherung. Ihre Kollegen in Athen mussten jetzt prüfen, ob beide Briefe mit demselben Drucker geschrieben worden waren. Das war einfach festzustellen, schwerer würde es wohl werden, den passenden Drucker dazu zu finden. Dann wären sie dem Geheimnis der beiden Botschaften ein Stück näher. Sie blickte sich weiter in dem kleinen Zimmer um, und ihre Augen suchten systematisch alle Ecken ab. Dabei fiel ihr direkt auf, dass es hier schon mal keinen Drucker gab. Sollte Jannis den Abschiedsbrief schon zu Hause in Athen vorbereitet haben? Auf dem Doppelbett befand sich Jannis geöffneter Koffer, aber er schien keine Zeit gehabt zu haben, um ihn komplett auszuräumen. Warum auch, wenn man plante, sich kurz danach aufzuhängen, dachte sie wieder. Aber warum brachte man dann überhaupt so viel Kleidung mit? Je mehr sie darüber nachdachte, desto klarer wurde ihr, dass hier ein Fremdverschulden vorlag. Sie war nun ganz sicher, dass Jannis ermordet worden war, und war erleichtert, so schnell den Entschluss zur Amtshilfe getroffen zu haben. Sie ging noch kurz ins Bad, um sich einen Eindruck zu verschaffen, konnte aber außer einer benutzten Dusche nichts weiter Auffälliges feststellen. Danach verschloss sie die Zimmertür wieder und klebte ein Siegel daran, damit kein Fremder eventuelle Spuren verwischen konnten.

Zurück in ihrem kleinen Zimmer, nahm sie noch einen kräftigen Schluck Wein und schlief tief und fest ein.

STEPHAN
ALIPORTAS, NAOUSSA

Nachdem die Kommissarin verschwunden war, wurden die Tische noch näher zusammengerückt, und es begann eine lebhafte Diskussion, was da wohl morgen auf sie zukommen würde. Einige der Anwesenden versuchten, sich an die gestrige Ankunft und Begrüßung von Jannis zu erinnern, um dann morgen auch die richtigen Antworten geben zu können.

»Der war kein Kind von Traurigkeit, sowie der die Weiber angebaggert hat«, hörte Stephan Paul sagen, und sein hochroter Kopf leuchtete dabei noch intensiver. »Wie oft wurde der von den ganzen Ladys auf ein Glas Wein eingeladen?«, fuhr er fort. »Und er hat nie nein gesagt. Und auch die Schwulen waren ganz scharf auf Jannis!«

Seelchen warf ihm einen wütenden Blick zu und unterbrach ihn unwirsch: »Wie kannst du so was sagen, der Junge war im richtigen Alter und der hat hier aus seinem Job das Beste gemacht. Ich hätte ihn auch nicht von der Bettkante gestoßen. Du bist doch nur neidisch, weil bei dir der Zug abgefahren ist«, erwiderte sie ihm mit ihren 73 Jahren und fuchtelte wild mit den Armen.

Paul verstummte abrupt, denn er wollte sich keinen weiteren Ärger seiner resoluten Gattin einhandeln. Die beiden waren mit Abstand die ältesten in diesem bunten Familienkonstrukt, aber auch die aktivsten. Sie hatten sich in all den Jahren ganz Griechenland zu Fuß erwandert und konnten zu jedem Fleckchen Hellas eine Geschichte erzählen. Da konnte man stundenlang zuhören, ohne dass es langweilig wurde. Dabei sorgte ihr schweizerdeutscher Dialekt noch für eine lustige Komponente bei den Erzählungen. Das alte Paar machte bei seinen Wanderungen auch vor privaten Grundstücken keinen Halt und kannte auch das Areal am Lageri wie ihre Westentasche. Schon des Öfteren hatte sich Seelchens Schlabberrock in den Absperrungen der Ziegengatter verheddert, und Paul musste sie dann daraus befreien. Dort hatten sie auch schon Jannis beobachtet, als er unterwegs zum Olivenhain war. Das würden sie auch morgen Katharina berichten.

Hannah, die bisher teilnahmslos zugehört hatte, ergriff daraufhin das Wort und lallte mit schluchzender Stimme: »Recht hatte er, es ist so jammerschade um ihn, ich werde Jannis furchtbar vermissen. Wir sollten alles Erdenkliche tun, die Kommissarin bei ihren Ermittlungen zu unterstützen«, ergriff ihr Weinglas und prostete in die Menge.

Die ganze Clique wusste, das Jannis sich öfter der stark angetrunkenen Hannah angenommen und sie zu ihrem Hotel begleitet hatte. Bis wohin er sie dann weiter brachte, wusste keiner so genau. Aber die beiden gingen recht vertraut miteinander um, und da gab es schon die eine oder andere Vermutung.

Silberrücken legte einfühlsam seinen Arm um Hannah, die mittlerweile zu heulen begonnen hatte. »Ich denke, es ist besser, wenn wir dich jetzt ins Hotel bringen«, sagte er zu ihr und ergriff sie unter ihrem Arm. »Du brauchst Schlaf, um diesen Schock zu verarbeiten.« Er war die Güte in Person und stets zur Stelle, wenn jemand aus der Truppe Hilfe benötigte.

Dieser Job hätte besser zu Wojtyla gepasst, ein verklemmter ehemaliger Pfarrer aus einem kleinen Dorf in der Nähe von Stuttgart, der seit Jahren mit seiner jetzigen Lebensgefährtin auf Paros Urlaub machte. Wojtyla schlug sich mehr schlecht als Recht bei einer Versicherungsgesellschaft durch, wirkte ständig angeschlagen und fühlte sich immer von der ganzen Welt betrogen. So betrachtete er auch seine Freundin Gitta mit Argwohn, die von Jannis völlig angetan war und heftig mit ihm geflirtet hatte, wenn sie im Aliportas gewesen waren. Eine größere Auseinandersetzung war dann häufig vorprogrammiert gewesen, und die unbeteiligten Gäste verfolgten amüsiert die beiden Streithähne.

Stephan erinnerte sich noch genau an eines dieser lautstarken Gespräche, er war damals total überrascht gewesen, dass Wojtyla so ausrasten konnte. Er wirkte meistens sehr diszipliniert, und man vermutete nicht solche Gefühlsausbrüche. Auslöser war, wieder einmal, ein heftiges Gezirpe zwischen Gitta und Jannis. Wojtylas Lebensgefährtin machte auch keinen Hehl daraus, und Jannis seinerseits spielte dieses Spielchen mit.

Stephan beobachtete, wie Wojtyla zunehmend unruhig wurde. Es schien Jannis Spaß zu machen, Wojtyla weiter zu provozieren. Als er sich schließlich sogar zu den beiden setzte und Gitta eine Inselrundfahrt auf seiner Ducati anbot, war es mit der Disziplin Wojtylas vorbei. Er sprang auf mit den Worten: »Na dann viel Spaß, ich werde hier wohl nicht mehr gebraucht«, und verschwand.

Jetzt saßen die beiden ganz friedlich zusammen mit den drei Moselschleifen, die eigentlich Pia, Heiner und Robert hießen. Die Drei waren so gut wie nie alleine anzutreffen, und es sah aus, als machten sie mal wieder Pläne für die nächsten Tage. Das war die Lieblingsbeschäftigung von Heiner. Er konnte mühelos drei Wochen Urlaub minutiös verplanen. Das fing beim gemeinsamen Frühstück an und hörte beim Abendessen auf. Am liebsten hätte er dabei die ganze Familie mit eingebunden, und das konnte einem ganz schön auf die Nerven gehen. Stephan hatte ihm bei einem ihrer ersten Treffen vor mehr als zwanzig Jahren klar zu verstehen gegeben, dass er im Urlaub nichts plane und froh sei, mal in den Tag hinein zu leben. Und Termine musste er im Urlaub auch nicht haben. Heiner hatte das damals zur Kenntnis genommen, zumal es genug andere Familienmitglieder gab, die seinen Unternehmungsgeist gerne annahmen. Einige Jahre später, nachdem man sich besser kannte, hatte Stephan dann seinen Planungsdrang durchaus schätzen gelernt. Egal welche Tour man machen wollte, Heiner organisierte sie mit viel Liebe zum Detail, und sie hatten immer großen Spaß dabei.

Es war schon eine verrückte Truppe unterschiedlichster Charaktere, die hier zusammenkam, und Stephan hatte den meisten Mitgliedern der Familie über die Jahre einen Spitznamen gegeben. Oft, weil ihn die jeweilige Person an jemand anderen erinnerte. So war zum Beispiel Seelchen, wie schon erwähnt, zu dem Namen gekommen, weil sie große Ähnlichkeit mit Maria Schell hatte, oder Silberrücken, weil er am ganzen Körper silbergrau behaart war. Die Betroffenen wussten meist selber nichts von ihren neuen Namen, nur ein kleiner Kreis der großen Familie benutzte die Spitznamen seit Jahren. Dazu zählten die Moselschleifen und natürlich Jannis, der oft Zeuge war, wenn wieder kreativ an neuen Kosenamen gebastelt worden war. Und es war ihnen jedes Jahr aufs Neue ein Spaß, bei ihren Treffen alle einzeln durchzugehen und über sie abzulästern. Stephan schaute noch mal in die Runde und spürte nun auch, dass es Zeit wurde, ins Bett zu gehen. Er konnte ja morgen ausschlafen, ihn hatte man ja nicht zur Befragung vorgeladen, da er erst nach Jannis Verschwinden eingetroffen war.

Obwohl er schon gerne dabei gewesen wäre, wenigstens um seine Freundin Katharina zu begrüßen. Das war eine merkwürdige Situation für ihn, die Kommissarin so ganz anders, so ernst im Dienst zu erleben. Heute Abend hatte er es nicht geschafft, an sie heran zukommen, aber morgen würde sich schon eine Gelegenheit ergeben. So verabschiedete er sich von der Truppe und schlenderte in Richtung seines Apartments.

Dimitra und Ilias saßen noch im Innenhof und unterhielten sich lautstark, als er das blaue Eingangstor zum Grundstück der Sorakis öffnete. Sofort winkten sie ihm zu, noch einen Souma mit zu trinken, denn ohne einen letzten Schluck dieses Allheilmittels konnte er unmöglich ins Bett, gab man ihm zu verstehen. Alexandros war auch da, und so setzte er sich zu ihnen und erzählte die traurige Geschichte, die er soeben erfahren hatte. Alexandros übersetzte das Gesagte direkt für seine Eltern, und eine lebhafte Diskussion begann. Dabei erfuhr Stephan dann auch, dass es mittlerweile zwei Tote zu beklagen gab. Die zweite Person war Maroula Apostolopoulou, von deren schlechtem Zustand Alexandros schon auf der Fahrt von Parikia berichtet hatte. Dimitra fragte besorgt in die Runde, ob es da wohl einen Zusammenhang geben könnte, zwei Tote an einem Tag auf dem gleichen Grundstück, und bekreuzigte sich ständig dabei. Und als Stephan daraufhin weitere Details von dem Treffen im *Aliportas* und den Ermittlungen der Kriminalpolizei preisgab, sah er, wie sich Dimitras Gesicht zunehmend verdunkelte. Jetzt ist das Verbrechen auch hier auf Paros angekommen, übersetzte ihm Alexandros ihre Ausführungen und versuchte, seine Mutter zu beschwichtigen. Auch Stephan versuchte, Dimitra zu beruhigen, dass sich wohl alles aufklären würde, und trank seinen Souma aus.

Danach fiel er wie ein Stein in sein Bett und schlief sofort ein.

GEORGIOS APOSTOLOPOULOS
ALIPORTAS, NAOUSSA

Das starke Beruhigungsmittel zeigte Wirkung, und Georgios nahm seine Umwelt zunehmend wie durch einen Nebel wahr. Das war ein guter Puffer, dachte er, so würden die Erinnerungen an den gestrigen Tag so schnell nicht an ihn heran kommen. Er fühlte sich zunehmend bereit, ins *Aliportas* zu fahren, um an die neuesten Informationen zu kommen. Er schaute nach seinem schwarzen Anzug und suchte die Telefonnummer des Blumenhändlers heraus. Schnell bestellte er einen großen Strauß roter Rosen, die seine Mutter all die Jahre so geliebt hatte, und würde sie Morgen kurz vor der Beerdigung abholen. Danach ging er wie in Trance zu seinem alten Peugeot und startete in Richtung Naoussa. Dabei hätte er fast einen Pfosten in seiner Einfahrt gerammt, benebelt von der starken Wirkung des Diazepams. Er musste aufpassen, um keinen Unfall zu bauen, das konnte er jetzt überhaupt nicht gebrauchen. So parkte er seinen Wagen in sicherer Entfernung des Busbahnhofes, da, wo genügend Platz war und er nicht groß rangieren musste.

Es war bereits spät am Nachmittag, und es saßen viele Gäste im Café. Die meisten waren gerade vom Strand zurückgekehrt, um sich einen Kaffee und etwas Süßes nach einem langen Urlaubstag zu gönnen. Die Taschen mit den Badeutensilien und die Badematten standen auf den Stühlen, und es war keine Spur von Trauer in dem Lokal zu spüren. Georgios fiel nur auf, das Angelos selbst bediente und Maria hinter der Theke mit half. Dabei wirkte er ziemlich ungeschickt im Vergleich zu dem smarten Jannis, dachte Georgios und spürte einen Stich in der Magengrube. Als Angelos ihn sah, hielt er kurz inne und kam dann langsam auf ihn zu.

»Du hier?«, begrüßte er ihn mit einem abschätzenden Blick. »Ich dachte, du hättest heute andere Dinge zu erledigen«, sagte er und reichte ihm schlaff die Hand, um ihm sein Beileid auszudrücken.

Aber das war nicht echt, das spürte Georgios direkt, denn Angelos war über das schlechte Verhältnis zu seiner Mutter bestens informiert. So wusste er auch, dass sich Georgios seit geraumer Zeit nicht mehr auf dem elterlichen Grundstück hatte sehen lassen. »Ganz schön was los bei euch da oben, bereitet mir ganz schöne Bauchschmerzen. Ich hoffe nur, dass sich alles schnell aufklären wird«, fuhr er fort und beobachtete Georgios dabei ganz genau.

Georgios legte eine überraschte Mine auf und zog seine Stirn in Falten, bevor er erwiderte: »Was soll sich da aufklären? Was meinst du damit? Maroula war sterbenskrank, und ich war schon länger darauf vorbereitet. Auch wenn zwischen meiner Mutter und mir Funkstille herrschte, so hat mich Dr. Spanopoulos stets über ihren Zustand informiert.«

Angelos stutzte und plötzlich kam ihm in den Sinn, dass Georgios vielleicht noch gar nichts von dem Mord am Lageri mitbekommen hatte.

»Bist du denn schon oben auf eurem Grundstück gewesen?«, fragte er, um Gewissheit zu bekommen.

»Warum sollte ich, du weißt doch ganz genau, wie schwierig unser Verhältnis war. Meine Mutter hat es mir untersagt, ihr Grundstück zu betreten, und daran habe ich mich gehalten. Das werde ich erst wieder tun, wenn ich offiziell das Erbe meiner Mutter antrete«, antwortete Georgios mit einem überheblichen Unterton.

Angelos wusste jetzt, dass Georgios noch nichts vom Tode des Kellners mitbekommen hatte, und erzählte ihm ausführlich von dem Ableben seines Mitarbeiters und Freundes. Er setzte sich dabei, denn es fiel ihm sichtlich schwer, darüber zu sprechen. Doch er wollte einfach, dass Georgios es wusste, denn er war ja nun der neue Besitzer des Areals und auch des Tatortes. So berichtete er ihm auch von der Anreise Katharina Waldmanns sowie den ersten Vernehmungen und zeigte dabei auf die Kommissarin, die im Innenraum des Cafés saß und sich lebhaft mit Stephan unterhielt. Es sprudelte jetzt förmlich aus ihm raus, und die anfängliche Traurigkeit schlug in Wut um, als er weiter von den rasanten Ereignissen der letzten Stunden erzählte. So bekam er nicht mit, dass Georgios ihn mit weit aufgerissenem Mund ungläubig anschaute und zunehmend blasser wurde.

»Mordkommission?« stammelte er plötzlich erschrocken dazwischen. »Was will die denn hier auf Paros?« Er tat so, als ob er sich verhört hätte.

Angelos, der nun wieder traurig in die Runde blickte, antwortete nur: »Na ja, da scheint es wohl ein paar Ungereimtheiten zu geben, ansonsten wäre die hier bestimmt nicht angerückt.«

Georgios begann, nervös auf seinem Stuhl hin und her zu rutschen, und bohrte nach, er wollte weitere Details erfahren, doch Angelos hatte ihm bereits alles gesagt, was er wusste. Ungehalten versuchte er es trotzdem noch mehrfach, aus Angelos weitere Informationen heraus zu bekommen, und seine enorme Anspannung konnte er dabei kaum verbergen. Aber die Aufregung tat ihm nicht gut, und sein Zustand verschlechterte sich zunehmend. Ihm war übel, er musste hier raus, und letztendlich hatte sich der Besuch des *Aliportas* schon für ihn gelohnt, auch wenn er sich eigentlich ganz andere Informationen erhofft hatte. Jannis war tot aufgefunden worden, das war die wesentliche Botschaft, die er bekommen hatte. Er sprang unverhofft auf und stürzte davon, taumelte noch an einem Tisch vorbei, riss ein paar Gläser um und verschwand, ohne sich umzudrehen.

Angelos stand da wie angewurzelt. Was hatte Georgios so aus der Fassung gebracht, dachte er und begann wieder, seine Gäste zu bedienen. Georgios Abgang war auch Katharina und Stephan nicht verborgen geblieben, und sie blickten erschrocken dem anscheinend angetrunkenem Gast hinterher, der so eilig das Café verließ.

KATHARINA WALDMANN
ALIPORTAS, NAOUSSA

Katharina wertete konzentriert die Protokolle der ersten Befragungen aus, als plötzlich Stephan vor ihr stand und sie spontan an sich drückte.

»Guten Tag, Frau Kommissarin, das ist ja eine Überraschung, dich so früh hier auf Paros zu sehen. Ich habe dich gestern schon erlebt, aber in einer ganz anderen Rolle als sonst. Hat mir gut gefallen, so seriös! Wenn die wüssten, wie schön unseriös die Frau Kommissarin sein kann ...«, lachte es aus ihm heraus. »Da musste ich doch heute sofort zu dir kommen, um mehr zu erfahren.«

Katharina stellte ihre Kaffeetasse zur Seite und lächelte. »Ja, aber das bleibt unser kleines Geheimnis, versprochen?« Sie blinzelte ihm freudig entgegen. »Und glaube mir, ich wäre auch lieber zu meiner gewohnten Zeit gekommen, als Urlauberin. Aber du bist ja bestimmt schon informiert über den tragischen Tod von Jannis?«

Sie berichtete Stephan in kurzen Zügen über den aktuellen Stand der Ermittlungen, als sie vom Klirren einiger Gläser aufgeschreckt wurden. »Wie kann man um diese Zeit schon so betrunken sein?«, wundert sich Katharina und sah einen taumelnden Mann, der aus dem Café lief. »Kennst du diesen Chaoten?«

Stephan, der mit dem Rücken zum Ausgang saß, drehte sich kurz um, konnte aber die wankende Person nur noch von hinten sehen.

»Das muss Georgios gewesen sein, soweit ich das noch erkennen konnte«, antwortete Stephan und wollte ihm erst hinterher laufen. »Und ich dachte, er hätte seinen Alkoholkonsum eingeschränkt, aber das war wohl ein Trugschluss. Der Junge kommt auf keinen grünen Zweig, aber bei der Familiengeschichte ...«, sprach er weiter und schüttelte energisch mit dem Kopf.

Damit hatte Stephan die Neugierde der Kommissarin geweckt, und sie wollte nun genau wissen, wer der Betrunkene denn sei.

»Das ist Georgios Apostolopoulos, eine gute Partie hier in Naoussa. Aber mach dir keine Hoffnungen, der Typ steht auf Männer«, sprach Stephan und grinste Katharina breit an. »Der erbt gerade das beste Grundstück auf der ganzen Insel. Seine Mutter ist gestern verstorben, aber das hat dir sicher schon Angelos erzählt? Ich hoffe nur, dass er sich nicht von irgendwelchen Immobilienfirmen jetzt weich klopfen lässt und das Grundstück verkauft«, sagte Stephan und seufzte tief. »Schade, eigentlich ein ganz netter Typ, wenn der nur nicht immer so viel trinken würde. Aber ich glaube, da ist seine Familie nicht ganz unschuldig dran.«

Katharina erinnerte sich vage, schon einmal von der Familiengeschichte gehört zu haben, und nahm sich fest vor, Angelos später auf den sonderbaren Gast anzusprechen. Jetzt musste sie erst einmal die einzelnen Puzzlesteinchen der Vernehmungen sortieren, und da war schon einiges zusammengekommen. Das Bild, welches Jannis hier im Aliportas bei seinen Gästen geprägt hatte, war nicht das Bild eines Selbstmörders. Das war ihr heute eindeutig klar geworden. Ganz im Gegenteil, hier war jemand ums Leben gekommen, der das Leben liebte und alles mitnahm, was ihm geboten wurde. Das war die feste Überzeugung, die Katharina aus den ganzen Gesprächen mitnahm, obwohl sie aus ihrer langjährigen Polizeiarbeit wusste, wie gefährlich es war, vorschnelle Schlüsse zu ziehen. Sie brauchte Gewissheit, und die würde sie in ein paar Minuten bekommen, denn gegen fünf hatte sie sich mit den Kollegen in Athen zu einer Telefonkonferenz verabredet. Die Laborergebnisse sollten besprochen werden und auch die weitere Vorgehensweise.

Eine SMS von ihren Kollegen aus Athen besagte außerdem, dass man sie über die gestrige Unterredung mit Jannis Eltern informieren wollte. Am Abend war sie dann bei Adonis und Nektaria zum Essen eingeladen. Das war der einzige Lichtblick an diesem Tag, der sich jedoch beim Anblick ihres rundlichen Bauches ein wenig eintrübte. Eigentlich hatte sie schon wieder ihr Höchstgewicht erreicht und müsste dringend etwas kürzer treten, aber zu sehr freute sie sich auf die Köstlichkeiten von Nektaria. Katharina war ein Genussmensch, und bei dem Gedanken an das

Essen lief ihr direkt das Wasser im Mund zusammen. Vor ihren Augen erschienen wie auf Knopfdruck die in Kräuter und Tomaten gedünstete Dolmadakia, ein dampfender Topf Stifado und die herrlich leckeren, in Honig gekochten Auberginenröllchen. Ihr Fress-Gen, so wurde sie oft von Freunden veralbert, war aktiviert, und ihre Zunge strich genüsslich mehrmals über ihre Lippen. So bemerkte sie gar nicht, dass Filippos an den Tisch herangetreten war.

»Mein Gott, von wem oder was träumst du denn gerade? Hast du dich hier auf Paros frisch verliebt, so wie du aussiehst?«, begrüßte er seine Chefin locker.

Katharina zuckte zusammen, es war ihr sichtlich unangenehm, dass Filippos sie so eiskalt erwischt hatte. Sie legte einen ernsten Gesichtsausdruck auf und rückte ihre große Brille zurecht.

»Mein lieber Filippos, ich habe über verschiedene Aspekte unserer Ermittlungen nachgedacht«, antwortete sie schnippisch und verdrängte schnell ihr aufkommendes Hungergefühl. »Anstatt dich um meine angeblichen Träumereien zu kümmern, solltest du mir lieber einen kurzen Bericht deiner Befragungen geben«, forderte sie ihn bestimmend auf.

Ihr jüngerer Kollege, immer noch grinsend, gab ihr daraufhin eine kurze Zusammenfassung seiner Gespräche des letzten Tages wieder. Er wusste jetzt, wer »N.« war. Dazu hatte er auch schon einen Bericht verfasst, den er Katharina auf einem USB-Stick übergab.

»Es gibt tatsächlich eine Frau, mit der Jannis mehr hatte als all diese One-Night-Stands«, sagte er, »und diese Frau heißt Nora Parakoudi und lebt mit ihrer Familie in der Nähe von Ambelas. Sie ist verheiratet, und ihr Gatte ist als hysterischer Zeitgenosse bekannt. Er arbeitet für eine Reederei in Athen und ist beruflich viel unterwegs, so dass seine einsame Ehefrau sich ab und an die Zeit anderweitig vertreiben muss«, berichtete er. »Ich habe auch schon die Adresse herausbekommen, und ich denke, wir sollten versuchen, Nora mal auf den Zahn zu fühlen.«

»Gute Arbeit«, sagte die Kommissarin und schaute zufrieden zu Filippos hinüber. »Aber du hast ja auch einen guten Lehrmeister«, fuhr sie fort. »Lass uns das direkt morgen früh angehen. Heute kriegen wir das nicht mehr unter, außerdem warte ich dringend auf die Ergebnisse der

Gerichtsmedizin. Die wollten sich schon vor einer halben Stunde melden.« Sie kopierte die Datei unter Nora Parakoudi in ihren Ermittlungsordner und notierte für morgen früh den Besuchstermin. Sie wollte gerade ihr Notebook wieder runterfahren, als ihr Handy klingelte.

»Hallo, Katharina«, meldete sich eine Stimme am anderen Ende der Leitung, und sie erkannte ihre Kollegin Angeliki, die Pathologin aus Athen. »Du wartest doch bestimmt schon sehnsüchtig auf die Ergebnisse, aber ich wollte mir unbedingt sicher sein, so dass ich ein paar Tests wiederholt habe. Ich denke, du wirst deinen Aufenthalt auf Paros noch etwas verlängern müssen«, sagte sie mit ernster Stimme.

»Was willst du mir damit sagen?«, erwiderte Katharina und trommelte unruhig mit ihrem Kugelschreiber auf dem Tisch herum.

»Dein Kollege Adonis hatte den richtigen Riecher!«

Katharina stieß einen lauten Seufzer aus.

»Wir haben zwar an der Leiche und auch im Blut keinerlei Hinweise auf Fremdverschulden feststellen können, aber in der mit Rotwein getränkten Bodenprobe vor dem Schuppen haben wir Spuren eines starken Beruhigungsmittels gefunden.

»Was?« Die Stimme der Kommissarin ertönte erschrocken ins Café.

»Man kennt dieses Mittel auch als K.O.-Tropfen oder Rohypnol, und ich vermute, dass das Mordopfer vorher betäubt und anschließend von jemandem erhängt wurde. Der Abdruck am Hals, verursacht durch die Strangulierung, bestätigt diese Vermutung. Die linke Seite des Halses weist wesentlich stärkere Male auf als die rechte, welches auf einen zur Seite hängende Kopf hinweist. Das wiederum passiert, wenn das Opfer vorher schon bewußtlos ist.«

Eine geheimnisvolle Stille breitete sich in der Leitung aus, so als hätte es Katharina abrupt die Sprache verschlagen.

»Katharina, bist du noch dran?«, hörte sie Angeliki rufen.

»Ja, ja, ich habe nur nachgedacht«, antwortete sie mit kräftiger Stimme und überschlug sich fast dabei. »Wieso habt ihr dann im Blut keinerlei Hinweise gefunden? Da hätte man die Substanz doch auch finden müssen?«, fragte sie erregt, und ihre Gedanken rasten wie ein Intercity.

»Rohypnol oder auch Flunitrazepan wird durch den Stoffwechsel innerhalb kurzer Zeit vollkommen abgebaut und entzieht sich daher schnell einer eindeutigen Analytik. Wir kennen genügend Fälle von Vergewaltigungen, wo Rohypnol den Opfern vorher ins Getränk gemischt wurde, können aber nur selten einen eindeutigen Nachweis erbringen. Ihr habt Glück, dass ihr die Bodenprobe genommen habt, ansonsten sähe es mit der Beweislage eher schlecht aus.«

»Gott sei Dank, dass ich den Fleck vor dem Schuppen gesehen habe«, rutschte es Katharina spontan heraus und klopfte sich dabei auf die Schenkel.

»Ich nehme an, der Täter hat den Rest des Rotweines mit dem Rohypnol vor dem Schuppen ausgeschüttet und das Glas mitgenommen«, erklärte Angeliki weiter.

Katharina überlegte einen Moment.

»Ist dieses Rohypnol in jeder Apotheke frei verkäuflich oder fällt das unter das Betäubungsmittelgesetz?« Ihr war direkt der Gedanke gekommen, alle Apotheken auf Paros abzuklappern und die letzten Verkäufe von Rohypnol nachzuverfolgen.

»Ich glaube eher nicht«, erwiderte Angeliki. »Rohypnol gehört zu einer Wirkstoffklasse, die eigentlich nicht mehr von Ärzten verschrieben wird, weil die Patienten sehr schnell davon abhängig werden. Von daher wird es kaum Apotheken geben, die das Mittel im Standardsortiment haben.«

»Mist, das wäre auch zu einfach gewesen«, zischte Katharina, aber Angeliki war mit ihren Ausführungen noch nicht zu Ende.

»Das Mittel wird meist unter der Hand verkauft, denn in niedrigen Dosen wirkt es stimulierend und wird gerne in der Partyszene gehandelt.«

»Na, da haben wir Gott sei Dank ja nicht allzu viel von hier auf Paros. Da müsste ich eher auf Mykonos ermitteln«, antwortete Katharina spontan, wobei ihr ein kleiner Abstecher auf die Nachbarinsel durchaus reizvoll erschien.

Sie bedankte sich bei ihrer Kollegin für die schnellen Ergebnisse und wollte sich schon von Angeliki verabschieden, als diese sagte: »Halt, warte noch einen Moment. Hier hat noch jemand Informationen für dich, die dir bestimmt weiterhelfen werden.«

Katharina, die schon ungeduldig aufgesprungen war, setzte sich wieder hin und wartete darauf, was ihr der Kollege zu sagen hatte.

»Kalispera, meine Liebe, du wolltest doch noch heute die Ergebnisse von dem Besuch bei Jannis Eltern haben. Hast du das schon vergessen?«, begann er, und sie schlug sich auf die Stirn. Wie konnte sie ihren alten Kollegen Konstantinos vergessen, der immer dann zum Einsatz kam, wenn es heikle, sensible Dinge zu klären gab. So wie ein einfühlsames Gespräch mit den Angehörigen eines Opfers. »Also psychisch scheint der Knabe ganz okay gewesen zu sein. Ich habe keinerlei Erkenntnisse über irgendwelche Erkrankungen dieser Art erhalten, ganz im Gegenteil. Der Junge stand mitten im Leben, und sein Verhältnis zu seinen Eltern oder besser, Adoptiveltern, schein in Ordnung gewesen zu sein, soweit wir das im Moment sagen können ...«

Die Kommissarin zuckte zusammen. »Moment mal«, unterbrach sie ihn. »Sagtest du gerade ›Adoptiveltern‹?« Sie machte sich eine Notiz in ihrem Notebook.

»Ja«, bestätigte ihr Kollege, »es sind gar nicht seine richtigen Eltern. Der Junge wurde direkt nach der Geburt zur Adoption freigegeben.«

Eine kurze Pause entstand, bevor Katharina sagte: »Interessant! Weiß man denn, wer die richtigen Eltern sind?«

»Das weiß ich nicht, aber darüber haben wir auch nicht gesprochen. Ich wollte nicht weiter nachfragen. Die alten Leute taten mir furchtbar leid, sie waren kurz vorm Zusammenbruch«, antwortete ihr Kollege.

Katharina ergänzte ihre Notizen und bedankte sich für den Bericht. Dann widmete sie sich Filippos, der die ganze Zeit geduldig neben ihr gestanden hatte.

»Ja, mein Lieber, da kommt einiges an Arbeit auf dich zu«, fing sie an und berichtete von den Ergebnissen aus der Gerichtsmedizin. »Morgen früh werden wir zunächst mal unserer Frau Parakoudi einen Besuch abstatten. Anschließend wirst du dich darauf konzentrieren, alle Apotheken abzutelefonieren. Wir müssen herausfinden, ob es hier auf Paros die Möglichkeit gibt, Rohypnol zu erwerben. Am besten, du lässt dir von Adonis schon mal eine Liste alle Apotheken zusammenstellen. Wir treffen uns dann morgen Vormittag gegen neun hier im Café. Für heute reicht's, wir machen jetzt Schluss.«

Traurig, aber auch zufrieden, nun endlich Gewissheit zu haben, fuhr Katharina ihr Notebook herunter und beschloss, für den heutigen Tag den Feierabend einzuläuten. Die Sachlage war nun eindeutig, und ihr Abstecher nach Paros als Vertreterin der Athener Mordkommission hatte eine ganz andere Bedeutung bekommen. Sie richtete nun ihre Gedanken auf den bevorstehenden Abend, und direkt kamen ihr wieder die Bilder von Nektarias Delikatessen in den Sinn. Sie hatte Hunger bis zum Umfallen und freute sich auf das bevorstehende Abendessen.

STEPHAN
NAOUSSA, PAROS

Es war so gegen neun, als Stephan durch ein lautes Geschnatter geweckt wurde. Er hörte die Stimme von Irini, die im Nachbarhaus von Mai bis Oktober wohnte und ein Mundwerk wie ein Maschinengewehr hatte. Sie unterhielt sich über die Grundstücksmauer hinweg mit ihrer Schwester Dimitra, und das konnte man bis runter zum Hafen hören. Er rekelte sich in seinem Bett und wollte eigentlich noch etwas liegen bleiben, aber als er den tiefblauen Himmel durch den Türspalt sah, war seine Müdigkeit ganz schnell verflogen. Es war schon dunkel, als er gestern Abend angekommen war, und er hatte noch keine Möglichkeit gehabt, das Meer zu sehen. So beschloss er, etwas zum frühstücken und dann direkt zum Lageri zu fahren. Nach einer Katzenwäsche ging er die Treppenstufen zum Ort hinunter. Direkt am Busbahnhof gab es eine Bäckerei, die wunderbare Gewürzbrötchen backte, mit ganz viel Anis, und die musste er jetzt haben. In der Bäckerei wurde er mit Handschlag begrüßt, und als Begrüßungsgeschenk bekam er noch eine duftende Blätterteigtasche mit Vanille-Zimtfüllung auf den Weg. Der erste Gang durch das um diese Zeit noch sehr verschlafene Naoussa war immer wieder schön, und er machte noch eine Runde durch den alten Hafen. Zu früher Stunde saßen hier viele Fischer und flickten ihre Netze. Jedes Jahr aufs Neue war Stephan hocherfreut, diese zufriedenen alten Männer noch hier anzutreffen, denn zu fischen gab es schon lange nicht mehr viel in der Ägäis. Am späten Nachmittag war es dann mit der Beschaulichkeit vorbei, und es wurde jeder Quadratmeter von den umliegenden Bars genutzt.

Stephan kaufte etwas Obst und Käse sowie ein paar Flaschen Wasser. Am Lageri-Strand gab es nichts, und man musste sich seine Verpflegung stets mitnehmen. Dann trabte er gemütlich zurück zu seinem Apartment und bereitete sich ein Frühstück auf der Terrasse zu. Von hier oben hatte man einen unverbauten Blick aufs Meer, und rechts lag zum Greifen nah

Naxos. Das Wasser war ruhig, es waren keine Schaumkronen zu erkennen, also ideal für einen ersten Tag am Strand.

Jetzt musste er sich nur noch seinen Roller besorgen, und das konnte dauern. Der Besitzer, ein Grieche namens Nico, der neun Jahre in Deutschland gelebt hatte, ließ ihn nie so schnell weg, besonders wenn er gerade angereist war. Er war vor vier Jahren zurück nach Griechenland gegangen und hatte den Moped-Verleih übernommen. Einer von ganz vielen mittlerweile, und Stephan stellte sich manchmal vor, wie furchtbar das sein musste im August, wenn alle diese lauten Dinger in Scharen über die Insel knatterten. Im Mai war das alles noch überschaubar, und man bekam auch immer einen guten Preis. Stephan hatte von Deutschland schon eine Mail geschickt, und als er bei Nico eintraf, stand sein kleiner Roller schon blitzeblank und vollgetankt für ihn bereit. Am Lenker hing dazu eine Tüte mit Tomaten und Zitronen aus Nicos Garten.

»Na, das klappt ja mit der Vorbestellung!«, rief Stephan dem Motoradverleiher zu, als dieser ihm freudig winkend entgegen kam.

»Ich kenne euch Deutsche ja«, antwortete er, »ihr habt ja nie Zeit, da muss ja alles immer ganz schnell gehen. Wäre das schön, wenn wir auch nur einen Funken von euren Eigenschaften hätten, du siehst ja, wie weit es hier gekommen ist. Aber einen Kaffee musst du mit mir trinken, vorher kommst du hier nicht weg«, sagte er und ging in seine kleine Küche, um einen frischen Kaffee zuzubereiten.

Stephan setzte sich in sein kühles Büro, und wie jedes Jahr klagte Nico wild gestikulierend über seine griechischen Landsleute. Warum er dann überhaupt zurück nach Griechenland gegangen war, fragte sich Stephan? So schlimm konnte es ja dann doch nicht sein. Sie erledigten die Formalitäten, und dann endlich startete er in Richtung Lageri. Er hätte die Strecke auch laufen können, das war ein Fußmarsch von ca. 45 Minuten, aber da hatte er in der ersten Woche meistens keine Lust zu. Später war das durchaus eine Option, damit man nicht total träge wurde.

Den Vorfall am Lageri hatte Stephan vollkommen verdrängt, und erst als er links in den kleinen Schotterweg einbog, kam die Erinnerung an den gestrigen Abend zurück. Fast verärgert musste er feststellen, dass sich für einen Moment seine gute Urlaubslaune eintrübte. Er hoffte, nicht auch noch am Strand von den Ereignissen etwas mitzubekommen. So verdrängte er ganz schnell wieder die Gedanken an den Todesfall und lief beschwingt den holprigen Eselspfad zum Meer hinunter. Vorbei an einem großen Kapernbusch und vielen Bambusbüschen bis zur kleinen Kapelle, die häufig für Taufen oder Hochzeiten genutzt wurde. Von der Kapelle aus hatte man einen freien Blick auf den gesamten Lageri-Strand, und Stephan war jedes Jahr von neuem erleichtert, wenn es keine weiteren Bausünden an diesem so einzigartigen Stückchen Erde gab. Von hier aus waren es nur noch ein paar Meter bis ans Wasser, aber die waren holprig, und das war auch gut so. Das hielt das normale Touristenvolk, welches unbedingt eine Taverne oder eine Strandliege brauchte, vom Lageri fern. Der Strand machte eine weite Linkskurve und war fast komplett mit feinem Sand ausgestattet. Nur in der Mitte des Lageri war ein kurzes felsiges Stück, was zum Liegen ungeeignet war. Das Besondere am Lageri war, dass man stets für sich sein konnte, zumindest bis Mitte Juni. Da der Strand sehr geschützt war, konnte man hier ohne Bedenken einfach rausschwimmen. Das liebte Stephan ganz besonders, und wo sonst konnte man so unbedarft in glasklarem Wasser schwimmen. Er schwamm für sein Leben gerne, und schon oft hatte er sich an vielen Stellen auf der Welt einen solchen Strand gewünscht. Denn egal ob in Südafrika, in Costa Rica oder in Asien, meistens gab es Warnungen vor giftigen Quallen oder gefährlicher Strömung, die einem die Lust aufs Schwimmen nahmen. Als er näher kam, erkannte er einige aus dem paroanischen Familienclan, die in einer Gruppe zusammen standen und sich munter unterhielten.

»Wir müssen alles tun, um die Kommissarin zu unterstützen«, hörte er Seelchens krächzende Stimme schon aus der Ferne, und man konnte den Eifer in ihren wachen Augen förmlich spüren.

»Was denkst du denn zu tun, wir haben doch gestern Abend schon alles zu Protokoll gegeben?«, fragte ihr verdatterter Gatte und ahnte schon wieder Schlimmes.

»Ich werde mich in dem Olivenhain mal umsehen, sofern man da überhaupt noch rein kommt. Du kannst ja gerne hier bleiben, bist mir eh keine große Hilfe«, bekam er sofort zur Antwort.

»Hat heute denn schon einer Hannah gesehen, die sollten wir uns auch noch mal vorknöpfen. Wie oft ist die von Jannis nach Hause gebracht worden, die muss doch noch mehr von ihm wissen. Gestern war die ja total durch den Wind«, sprach Seelchen weiter und machte sich auf zum Olivenhain, ohne erst die Antwort auf ihre Frage abzuwarten.

Stephan wollte nur seinen ersten Strandtag in Ruhe genießen und ging schnell weiter ans Ende der langen Bucht. Dort war weit und breit kein Mensch zu sehen, und um anzukommen genau der richtige Ort. Er spannte sich einen Sonnenschutz zwischen zwei Tamarisken und testete die Wassertemperatur mit seinen Füßen. Um diese Zeit war das Wasser noch ganz schön kalt, aber wenn man erst mal drin war, erfrischte es umso mehr.

GEORGIOS APOSTOLOPOULOS
LEFKES, PAROS

Georgios lief wie ferngesteuert zu seinem Auto, ohne die Umgebung wahrzunehmen. In seinem Kopf hämmerte es, und er hörte immer wieder Angelos Worte von den Ermittlungen der Mordkommission. Jannis war tot, das war Fakt, aber was hatte die Mordkommission damit zu tun? Immer und immer wieder versuchte er sich vorzustellen, was es da wohl zu ermitteln gab, doch er fand keine plausible Erklärung. Es ließ ihn nicht zur Ruhe kommen, aber wenn es denn schon so war, kam ihm plötzlich die Idee, der Polizei etwas unter die Arme zu greifen. Den Verdacht auf eine Person lenken, die durchaus ein Motiv hätte, dachte er sich, und ihm fiel sofort der Richtige dazu ein. Das würde die Ermittlungen in eine gewisse Richtung führen und Fahrt in die Sache bringen. Das war ein guter Gedanke, aber er wusste noch nicht genau, wie er das hinkriegen sollte. Das würde eine Aufgabe für den heutigen Abend sein. Jetzt musste er sich erst einmal auf die Beerdigung am nächsten Morgen konzentrieren. Eine Situation, die viel von ihm abverlangen würde. Er sah jetzt schon all die abwerteten Blicke von Maroulas Freunden auf sich gerichtet und hoffte nur, dass er das aushalten würde. Alle ahnten, was er mit dem wertvollen Grundstück vorhatte, und würden ihn am liebsten dafür steinigen. Er würde nicht auf Paros bleiben können, wenn er das Grundstück verkauft hatte, das war ihm voll bewusst. Kiriakos würde er vielleicht vermissen, aber man konnte sich ja auf Mykonos treffen, und alles hatte halt seinen Preis. Wenn nur schon alles vorbei wäre. Als er in seinen alten Peugeot einstieg, sah er sein fahles Gesicht im Rückspiegel und erschrak. Er sollte unbedingt für ein paar Tage verschwinden und neue Kraft tanken, dachte er sich, und plante, nach der Beerdigung einen Abstecher nach Mykonos zu machen. Ein wenig Abwechslung mit einem heißen Burschen würde seine Akkus schon wieder aufladen, wenn er in seinem Zustand überhaupt zum Zuge kam.

Er fuhr auf direktem Wege zurück nach Lefkes und wollte heute niemanden mehr sehen. Im Supermarkt am Ortseingang besorgte er sich noch zwei Flaschen Wein und schloss sich dann in seinem Haus ein. Die Beerdigung war um 13:00 Uhr, so konnte er wenigstens ausschlafen und seine Sachen für den Abstecher auf die Nachbarinsel packen. Am späten Nachmittag wollte er mit der Fähre dann übersetzen. Schon als er den Flur seines Hauses betrat, konnte er sehen, dass sein Anrufbeantworter blinkte, war aber zu faul, diesen direkt abzuhören. Erst als er sich einen großen Schluck Wein gegönnt hatte, wurde die Neugierde so stark, dass er den Abhörknopf drückte.

»Hallo Georgios ...«, hörte er die schmierige Stimme von Frank Felten, der Schmeißfliege von der Dreamroom GmbH. »Das mit deiner Mutter tut mir leid, aber das Leben geht weiter, und wir sollten uns schnellstens mal treffen ...«, hörte er diesen Widerling sagen und hätte am liebsten die Nachricht sofort gelöscht. Unglaublich, wie der so schnell an die Information gekommen war. »Das ist doch sicher auch in deinem Sinne, denn die Immobilienpreise purzeln, und das wird bestimmt nicht besser in der nächsten Zeit. Bitte rufe mich auf meinem Handy zurück ...« Dieses Miststück, dachte Georgios, wie konnte er nur solche Sprüche klopfen, wo seine Mutter noch nicht mal unter Erde war. Aber er wusste sehr wohl, dass Frank Felten Recht hatte und er mit dem Verkauf nicht allzu lange warten sollte. Doch zunächst musste er die Testamentseröffnung abwarten, um auch offiziell das Erbe antreten zu können. Morgen würde er Manolis auf der Beerdigung treffen, und er würde ihn nach dem Termin fragen. Wenn das erledigt war, würde er sich dann sofort mit der Dreamroom GmbH in Verbindung setzen. Die Testamentseröffnung war jetzt der wichtigste Termin, und er hoffte, dass das in den nächsten zehn Tagen geschehen würde.

Darauf goss er sich noch ein weiteres Glas Wein ein. Er hatte noch nichts gegessen und spürte, wie der Alkohol in ihm eine innere Wärme und Ruhe verbreitete. Sein Gemütszustand erhellte sich schlagartig, und als die Flasche fast leer war, überkam ihn eine solche Euphorie, dass er doch noch die Nummer von Frank Felten wählte. Er wollte ihm nur eine kurze Botschaft hinterlassen, dass ab sofort Verhandlungen geführt werden könnten und in spätestens einer Woche ein Treffen stattfinden könne. Aber als die Mailbox ansprang, gehorchte ihm seine Zunge nicht mehr so ganz, und er lallte mehr als er sprach. Sofort bereute er seinen Entschluss, denn jede Schwäche würde dieser miese Immobilienhai ausnutzen. Aber dafür war es nun zu spät. Er legte sich auf sein Bett, nahm vorsorglich noch eine Schlaftablette ein und verfiel in einen tiefen Schlaf.

KATHARINA WALDMANN
ALIPORTAS, NAOUSSA

Adonis hatte sich draußen im Cafe ein Plätzchen gesucht und wartete bereits auf sie.

»Mach dich schnell frisch, dann fahren wir gemeinsam nach Drios. Du hast dir jetzt ein üppiges Abendessen verdient«, rief er Katharina zu. »Nektaria freut sich schon riesig auf dich.«

Wie Recht er wohl hatte, dachte Katharina, denn ihr Magen knurrte schon seit geraumer Zeit. Wiederholt strich sie sich mehrfach mit der Zunge über ihre Lippen, und wieder erschienen ihr Bilder von einem reichlich gedeckten Tisch. Und je mehr sie an das Essen dachte, desto stärker wusste sie, dass sie heute Abend über die Stränge schlagen würde. Was soll`s, du hast einen guten Job gemacht, und da muss man sich belohnen beschwichtigte sie sich selbst. Doch im gleichen Moment kam ihr das letzte Gespräch mit dem Kollegen aus der Polizeiärztlichen Abteilung in den Sinn. Mit dem stand sie seit längerem auf Kriegsfuß, denn der hatte Katharina schon mehrfach zu mehr Sport und einer reduzierten Ernährung geraten. »Eine Kommissarin in Ihrer Position muss sich eine gewisse Fitness erhalten, und meine Aufgabe ist es, Sie daran zu erinnern«, hörte sie ihn noch bei einer ihrer letzten Gesundheitsprüfungen sagen. Ja, damit fangen wir dann morgen an, sprach sie wieder zu sich selbst und begab sich ins Bad unter die Dusche. Sie wählte bewusst einen leichten Hosenanzug aus einem fließenden Material, damit die Hose nach einem ausgiebigen Gelage nicht so kniff. Dann stieg sie erfrischt und in Feierabendlaune die Treppe hinunter ins Café.

Der kleine Ort Drios lag ca. 14 Km südlich von Naoussa entfernt und hatte sich in den letzten Jahren zu einem ansehnlichen Ferienort entwickelt. Adonis Haus lag auf einer Anhöhe am Ortseingang von Drios mit Blick direkt aufs Meer. Sie war länger nicht mehr bei den beiden gewesen, genau genommen seit der Scheidung von ihrem Mann. Es gab einfach zu viele Erinnerungen, und das erschien ihr in der ersten Zeit zu kompliziert. Aber das war jetzt vorbei, und umso mehr freute sie sich, Nektaria wiederzusehen.

Adonis schien die Gedanken von Katharina zu erkennen: »Schön, dass du heute Abend Zeit hast, das ist schon lange überfällig«, sagte er und lächelte sie von der Seite an. »Auch wenn das nicht die besten Voraussetzungen für ein Wiedersehen sind, so können wir heute an unsere alte Tradition wieder anknüpfen. Und nochmals vielen Dank für deine spontane Hilfe. Ich hätte weder die Mittel noch die Erfahrung gehabt, diesen Fall so aufzurollen. Und jetzt geht es ja erst richtig los.«

»Ja«, pflichtete ihm Katharina bei, »der schwierige Teil liegt jetzt noch vor uns, das einzige, was wir haben, ist die Gewissheit, dass hier jemand nachgeholfen hat. Ich freue mich übrigens auch, und habe Nektarias Küche die ganze Zeit total vermisst. Ich werde heute Abend so richtig zuschlagen«, ergänzte sie und strich sich über ihren rundlichen Bauchansatz.

»Das wird sie freuen, sie mag Gäste, die nicht jede Kalorie zählen. Du kannst auch bei uns übernachten, wenn du möchtest, und ich fahre dich morgen früh ins *Aliportas*«, bot Adonis ihr noch an. »Dann haben wir so richtig Zeit, ohne auf die Uhr zu schauen. Denn ich möchte noch ganz was anderes mit dir besprechen, lass dich überraschen«, sagte Adonis und lächelte sie breit an.

Katharina horchte auf. Was gab es da noch anderes zu besprechen, mit dem Mord hatten sie doch schon genug zu tun? Sie war nahe dran, ihn zu einer Aussage zu drängen, verkniff es sich dann aber. So hatte der Abend noch eine weitere spannende Note.

ANNA VOLITATI
P.E.A. PAROS

Anna hätte eigentlich allen Grund zu feiern gehabt, denn sie hatte wieder einmal ein lange geplantes Hotelprojekt zum Kippen gebracht. Das hatte viel Mühe und unsägliche Überzeugungsarbeit gekostet, aber sie bemerkte mehr und mehr einen Sinneswandel bei der hiesigen Landbevölkerung. Immer weniger waren auf das schnelle Geld aus, und sie spürte zunehmend die Bereitschaft, mehr in den ökologischen Tourismus zu investieren. Das brauchte zwar mehr Zeit, aber dabei konnten sich die Bauern selbst mit einbringen und eine wesentlich höhere Qualität und somit auch höhere Preise erzielen. Sie hoffte nur, dass die anhaltende Krise nicht die ganze Aufbauarbeit zunichtemachte. Erste Alarmzeichen erkannte sie bereits, wie etwa die stark zurückgegangenen Spendengelder, die sie so nötig für ihre Infoabende und Rechtsberatungen brauchte. Die Krise war auch auf Paros angekommen, und sie hatte schon Mühe, die Miete für das ökologische Zentrum jeden Monat aufzutreiben. Und jetzt war auch noch ihre beste Sponsorin, die alte Apostolopoulou, verstorben. Das riss eine herbe Lücke in ihre Kasse, und sie hatte noch keine Idee, wie sie dieses Loch stopfen sollte. Die Organisation war schon lange ihr gesamter Lebensinhalt geworden, auch wenn sie längst nicht alle gesteckten Ziele umgesetzt hatte. Eines davon lag ihr da besonders am Herzen, der Erhalt des Lageri-Grundstückes. Schon seit Jahren wollte sie dort ein Naturreservat einrichten und den Sitz ihrer Organisation unterbringen. Unzählige Male hatte sie sich mit der Alten getroffen, um sie für ihr Projekt zu begeistern, aber bislang ohne Erfolg. Obwohl sie bei der Grundidee durchaus übereinstimmten, wollte Marouloa das Zepter einfach nicht aus der Hand geben. Doch Anna gab sich so schnell nicht geschlagen, und bei ihrem letzten Besuch hatte sie Maroula erstmals wichtige Details entlocken können.

Sie hatten bis spät am Abend gesprochen, und Maroula musste sich immer wieder zwischendurch hinlegen, als sie plötzlich ganz melancholisch wurde und ihr ein streng gehütetes Geheimnis anvertraute. Daraus konnte sich Anna so langsam ein vages Bild machen, wie es mit dem Grundstück nach dem Ableben der Alten weitergehen sollte. Das war auf jeden Fall besser, als sie gedacht hatte, doch richtige Begeisterung konnte bei Anna nicht aufkommen. Hatte sie doch gänzlich andere Vorstellungen für die weitere Zukunft des wunderbaren Areals. Sie wollte sich hier ein Denkmal setzen, diesen Plan hatte sie nicht aufgegeben. Sie war verärgert und wütend, aber trotz der unbefriedigenden Situation war sie froh, wenigstens die regelmäßigen Spenden so lange erhalten zu haben. Damit würde wohl jetzt erst einmal Schluss sein. Von Georgios konnte sie keine Unterstützung erwarten, mit dem stand sie schon lange auf Kriegsfuß. Der würde, sobald man ihn ließe, das ganze Grundstück zu Geld machen. Zu oft hatte Maroula ihr von ihren Ängsten berichtet und davon, unbedingt einen Verkauf nach ihrem Tod verhindern zu wollen. Dieser Gedanke hatte auch Anna zahlreiche schlaflose Nächte bereitet, zu verbissen hielt sie an ihrem Lebenstraum fest. Wenn sie nur wüsste, wie Maroula Georgios bei ihren letzten Plänen bedacht hatte.

STEPHAN
LAGERI, NAOUSSA

Nachdem Stephans Körper sich an die Wassertemperatur gewöhnt hatte, schwamm er weit raus und genoss es, in der Bucht fast alleine zu sein. Er spürte bei jedem ersten Bad am Lageri wahre Glücksgefühle. Es war ein Hauch von Freiheit, wenn er nackt in den Fluten der Ägäis schwimmen konnte. Das Meer war ruhig, was nicht immer der Fall war. Die See konnte hier richtig ungemütlich werden, wenn der Meltemi voll aufdrehte. Dann war das mit dem Schwimmen schon schwieriger, weil einem dann der Wind die Gicht ins Gesicht wehte. Während Stephan in Richtung Kapelle schwamm, konnte er von weitem die Moselschleifen erkennen. Sie kletterten gerade über das holprige Felsstück am Anfang des Strandes und kamen langsam näher. Unverwechselbar schritt das ihm so liebgewonnene Trio den Strand entlang, vorweg Heiner, dahinter Robert und Pia. Sie waren bepackt mit Sonnenschirm und allem, was man so tagsüber für einen Strandtag braucht. Pia war die unumstrittene Chefin des Clans, und Stephan hatte ihr natürlich auch einen Spitznamen gegeben. Bei einem feucht-fröhlichen Abend im alten Hafen mit reichlich Wein hatte er ihr dann auch diesen verraten. Von da an war Pia nur noch die »Chefin«.

Stephan winkte ihnen aus dem Wasser heraus zu, denn mit den Dreien konnte man so richtig Spaß haben. Besonders wenn Pia gut drauf war, gab es einiges zu lachen. Außerdem hatte er noch gar keine Gelegenheit gehabt, mit den dreien über den Mord zu sprechen. Sie waren bereits seit Tagen in Naoussa und hatten bestimmt noch weitere interessante Informationen dazu. So drehte er um, schwamm zurück zu seinem Liegeplatz und erreichte ihn, kurz bevor das Trio nassgeschwitzt bei ihm eintraf.

Die drei ließen sich dann auch bei ihm nieder und bauten in aller Ruhe ihre Sonnenschirme auf. Pia nahm alsdann ihren Schneidersitz ein und begann mit ein paar meditativen Übungen. Sie wirkte dabei immer sehr resolut, und mit ihrem herben äußeren Erscheinungsbild hätte sie auch ganz gut als strenge Domina durchgehen können. Dann müsste man nur ihren Triumph-Badeanzug gegen eine Lederkorsage austauschen, und schon passte sie in eines dieser Studios. Wenn Stephan das dann zum Besten gab, setzte Pia immer noch einen drauf, und sie planten gemeinsam ein solches Studio zu eröffnen. Pia verstand sich auch als selbsternannte Reiki-Meisterin und hatte Stephan schon oft Genesungswünsche per Fern-Reiki Richtung Köln geschickt. Dabei war er sich nie sicher, ob sie selber an diese Art von Heilkunst glaubte oder ob das nur zu ihrem Image gehörte. Obwohl sie über das Jahr hinweg regelmäßigen telefonischen Kontakt hatten, gab es in den ersten Tagen des Urlaubs immer viel zu erzählen. Pia kannte alle Mitglieder der Familie und wusste meistens mehr als alle anderen. Sie war zudem eine gute Beobachterin, und als sie auf den Mord zu sprechen kamen, war er überrascht, was sie im *Aliportas* so alles beobachtet hatte.

»Na ja, den Jannis hätte ich auch gerne mal etwas näher kennen gelernt«, fing sie an und setzte einen lüsternen Blick auf. »Aber bei mir hat der ja leider nie angebissen, dazu war die Konkurrenz einfach zu groß«, sagte sie und strich sich über ihren großen Busen. »Es ist wirklich schade um dieses Leckerchen, und Angelos wird sich richtig ins Zeug legen müssen, einen adäquaten Ersatz für ihn zu finden. Der konnte mit Frauen umgehen, so wie der mir alleine den Kaffee hingestellt hat«, schwärmte sie weiter und verdrehte dabei ihre Augen.

Sie lachten alle los, und Robert bemerkte nur trocken: »Mein Gott, Pia, hättest du nur mal was gesagt, wir hätten da schon was arrangiert ...« Doch die letzte Bemerkung kam gar nicht bei ihr an, zu sehr hingen ihre Gedanken bei Jannis.

»Wer bringt nur so was fertig?«, fragte sie deprimiert. »Er war doch so beliebt. Aber vielleicht ist ja was dran an Seelchens Theorie!«, sagte sie provokant in die Runde. »Die scheint mir gar nicht so abwegig zu sein.«

Alle schauten erstaunt auf, und Heiner erwiderte mit einem sarkastischen Unterton: »Na, da bin ich aber mal gespannt, was unser Seelchen da so meint«.

Pia wartete bewusst einen Moment, um sie ein wenig auf die Folter zu spannen: »Seelchen ist aufgefallen, dass Jannis immer dann, wenn Nora im Café saß, vollkommen auf sie fixiert war«, legte sie los, und man bemerkte ihren Stolz, ihnen ihr Insiderwissen kundzutun. »Er wäre dann immer wie verwandelt gewesen und nur noch auf Nora konzentriert«, sagt sie. »Ist das euch auch aufgefallen?«, fragte sie wieder in die Runde und schaute jedem dabei ins Gesicht.

Doch alle drei schüttelten spontan ihren Kopf, das schien ihnen entgangen zu sein und hatte sie auch nicht wirklich interessiert.

»Dann habt ihr auch bestimmt nicht mitbekommen, dass die so eine Art Geheimsprache hatten«, setzte Pia noch einen drauf und ließ die drei ihre Überlegenheit so richtig spüren. »So als dürfte keiner was von ihren Techtelmechtel wissen.«

»Geheimsprache!« Heiner war jetzt richtig hellhörig geworden und bohrte nach. »Mein Gott, das klingt ja vielleicht spannend. Spielt euch eure Fantasie da keinen Streich? Ich genieße lieber meinen Wein im *Aliporats*, anstatt mir solche Geschichten auszudenken.«

Pia schaute ihn strafend an und wiegelte ab: »Nein, das mit der Geheimnistuerei muss einen Grund gehabt haben, und der heißt meiner Meinung nach Erasmos. Ihr erinnert euch alle an den Abend, als er seine Frau Nora aus dem *Aliportas* abgeholt hat? Da gab es doch eine richtig schöne Szene zwischen den beiden, und er hat Jannis an dem Abend schlimm beschimpft.«

Pia hatte Recht, Stephan konnte sich an diesen Abend gut erinnern, das war wirklich filmreif gewesen, und die meisten Gäste im *Aliportas* waren zufällige Zeugen dieses Ehekraches. Damals hatten sie dem Vorfall keine weitere Bedeutung zugemessen. Heute erschien das aggressive Verhalten von Erasmos in einem ganz anderen Licht.

»Hat Seelchen das denn auch bei der Vernehmung zu Protokoll gegeben?«, wollte Stephan wissen.

»Ich weiß nur, dass Seelchen vollkommen aus dem Häuschen ist und die Miss Marple auf Paros gibt«, sagte Pia. »Sie hat vor, heute Nacht zum Olivenhain zu gehen, weil sie der Meinung ist, ein Mörder kehrt immer wieder zu seinem Tatort zurück. Sie sucht übrigens noch Mitstreiter, so ganz alleine traut sie sich dann doch nicht. Ich hoffe, Paul kann sie noch davon abbringen, aber der hat ja sonst auch nicht viel zu sagen.«

So verquatschten sie den ersten Tag am Lageri, und bis zum späten Nachmittag war Stephan über alle Neuigkeiten bestens informiert. Gegen 17:00 Uhr reichte es ihm dann, und nachdem sie sich für acht im *Aliportas* verabredet hatten, zog er entspannt in Richtung Naoussa davon.

GEORGIOS APOSTOLOPOULOS
LEFKES, PAROS

Georgios wurde gegen Zwei Uhr morgens wach, weil er fürchterlichen Durst verspürte. Seine Zunge lag wie Blei in seinem trockenen Mund, im Kopf drehte sich alles. Er war kaum in der Lage aufzustehen, aber der Drang nach Wasser war so groß, dass er es schließlich doch zum Kühlschrank schaffte. Die Mischung aus zu viel Wein und dem Schlafmittel war teuflisch, das hatte er schon früher genügend zu spüren bekommen. Er brauchte dann am nächsten Tag unendlich lange, um wieder auf die Beine zu kommen. Sein Arzt hatte ihn schon länger auf die verehrende Wirkung der Diazepame hingewiesen und dass er bereits das Stadium der Abhängigkeit erreicht hatte. Aber Georgios sah die momentane Lage immer noch als Ausnahmesituation an und wusste nicht, wie er ansonsten zu Schlaf kommen sollte.

Wie im Nebel lagen die Bilder der bevorstehenden Beerdigung vor seinen Augen. Wen würde er wohl alles treffen und wie würde ihm Manolis, der enge Vertraute seiner verstorbenen Mutter, gegenübertreten? Hatte er eine Chance, den Termin für die Testamentseröffnung von ihm zu erfahren? Das war die wichtigste Frage überhaupt, alles andere würde er schon hinkriegen und danach für ein paar Tage ausspannen. Er drehte sich noch einmal auf die Seite und versank schließlich erneut in einen Tiefschlaf, der bis gegen zehn am nächsten Morgen andauerte. Und er hätte es auch noch länger geschafft, wäre er nicht durch das Läuten des Telefons geweckt worden. Doch das nahm er zunächst gar nicht richtig wahr. Als er den Anruf annehmen wollte, hatte der Anrufer schon auf die Mailbox gesprochen. Es war der Blumenladen, man fragte, wann er die Blumen abholen würde. Schlagartig kam ihm die Beerdigung wieder in den Sinn, und er rekelte sich aus seinem Bett, was ihm sichtlich schwerfiel.

In dem Haus seiner verstorbenen Mutter herrschte um diese Zeit bestimmt schon Hochbetrieb. Denn wie es in Griechenland üblich ist, kommen alle Verwandten und Bekannten am Tag der Beerdigung, um sich von dem Verstorbenen zu verabschieden. Sophia wird viel zu tun gehabt haben, dachte er, denn vorher war es üblich, dass ganze Haus gründlich zu putzen und den Raum mit dem Leichnam leerzuräumen. Dabei hatten ihr bestimmt die Nachbarn geholfen, ebenfalls der Sitte entsprechend. Sophia hatte sich bestimmt auch um alle anderen Dinge gekümmert, die bei einem Todesfall so anstanden. Sie gehörte ja so gut wie zur Familie, und das hatte seine Mutter bestimmt im Testament bedacht. Georgios war klar, sie würde es ihm nie verzeihen, dass er sich heute nicht im Hause seiner Mutter würde sehen lassen. Aber das kam auf keinen Fall für ihn infrage, das konnte er nicht nach allem, was geschehen war. Außerdem wollte er auch gar keine Annäherung signalisieren, je mehr Distanz, desto besser. Das machte es ihm einfacher beim Verkauf des Grundstückes.

Er raffte sich auf und wankte wie in Zeitlupe unter die Dusche. Danach machte er sich einen starken Kaffee und zog sich seinen schwarzen Anzug an. Er wusste gar nicht mehr, wann er diesen zuletzt getragen hatte. Er hing schlaff an seinem ausgemergelten Körper herunter. Der viele Alkohol, die Tabletten und die Aufregung der letzten Tage hatten merklich Spuren hinterlassen. Er sammelte sich noch einmal und machte sich dann auf zur Dorfkirche nach Naoussa.

Hier sollte die Totenmesse stattfinden, und er wollte vor der Kirche auf die anderen Trauergäste warten. Sein Hirn brannte und sein Magen revoltierte, je näher er dem Ortseingang von Naoussa kam, aber er versuchte es zu ignorieren. Er parkte den Wagen auf dem großen Parkplatz nahe der Krankenstation. Hier warteten bereits viele meist ältere Menschen draußen auf einer Bank, um eine Sprechstunde zu bekommen. Er hielt Ausschau nach Manolis, aber von ihm war keine Spur zu sehen. Er setzte sich zu den wartenden Menschen, denn von hier hatte er einen guten Ausblick über den Kirchplatz und konnte sich später unauffällig unter die Trauergemeinde mischen.

Es war kurz vor Zwölf, als er den Trauerzug herankommen hörte. Der Pope voran sprach während des Zuges mit lauter Stimme Gebete. Georgios sprang auf, stellte sich hinter einen Pfeiler der Dorfkirche und reihte sich unauffällig unter die ersten Trauergäste ein. Hinter dem Popen wurde der offene Sarg mit seiner verstorbenen Mutter von Nachbarn getragen. Es folgte die gesamte restliche Trauergemeinde. Sie gingen alle in die Dorfkirche, und der Sarg wurde vor dem Altar, immer noch offen, auf ein Podest gestellt. Er hatte mittlerweile auch Manolis ausgemacht, der ganz in der Nähe von ihm direkt hinter dem Sarg gegangen war. An seiner Seite schritten seine Frau und Anna, die ihm bereits aus der Ferne einen bösen Blick zugeworfen hatte. Darin lag nicht nur Verachtung, darin lag auch eine Kälte, die ihn erschauern ließ. Ihr waren seine Pläne bestens vertraut, und sie war es, die Maroula immer wieder ins Gewissen geredet hatte, Maßnahmen zum Schutz des Lageri-Grundstückes zu ergreifen. Er verspürte förmlich Hass gegen diese Frau, denn ohne sie wäre es nie so weit gekommen. Immer und immer wieder hatte sie versucht, Einfluss auf Maroula auszuüben, so als wäre sie selbst die Eigentümerin des Grundstückes.

Die Totenmesse dauerte fast eine Stunde, danach wurde der Sarg geschlossen und der Trauerzug ging zum Ortsfriedhof von Naoussa. Dort befand sich seit Generationen das Familiengrab der Familie Apostolopoulou. Es war eine Art Gruft, in der bereits einige Särge der Familie untergebracht waren. Nach einem erneuten Gebet nahm jeder noch einmal Abschied, dann wurden viele Hände geschüttelt.

Das wäre eigentlich sein Part gewesen, aber Sophia hatte das tapfer übernommen. So hatte sie sich auch um die symbolische griechische Totenspeise gekümmert, die Koliva – ein weißes Säckchen mit gekochten Weizenkörnern, welches zum Andenken an die Verstorbene jedem Trauergast ausgehändigt wurde. Anschließend verließen sie den Friedhof und gingen zum *Aliportas,* um noch gemeinsam einen Kaffee zu trinken. Der eigentliche Totenschmaus sollte 40 Tage nach der Beerdigung stattfinden.

Als alle Trauergäste gegangen waren, schritt Georgios auch zum Grab seiner Mutter und verharrte kurz. Er starrte auf den Sarg und musste sich zusammennehmen, nicht von seinen Gefühlen überwältigt zu werden. Er hätte es gerne anders gehabt, aber nun war es vorbei, und er musste nach vorne schauen. Sophia würdigte ihn keines Blickes, das traf ihn erneut hart, aber wie sollte sie auch anders. Er versuchte, nicht daran zu denken, und behielt stets Manolis im Blick, den er dann auch am Ausgang des Friedhofs ansprach.

»Hallo, Manolis«, stammelte er vor sich hin, ohne so recht zu wissen, wie er anfangen sollte. »Ich möchte gar nicht lange um den heißen Brei herumreden, aber da sich die Gelegenheit gerade bietet, wollte ich dich fragen, ob es schon einen Termin für die Testamentseröffnung gibt?«

Manolis drehte langsam seinen Kopf und warf einen vernichtenden Blick auf Georgios.

»Dass du dich tatsächlich traust, mich heute darauf anzusprechen«, antwortete er sichtlich erregt. »Aber was sollte man auch anderes von dir erwarten. Der Termin wird kommenden Mittwoch in der Kanzlei stattfinden, du bekommst das noch schriftlich von mir. So lange musst du dich noch gedulden, denn es hat da noch eine kleine Veränderung gegeben«, sagte er, und der Blick in Manolis Augen hatte etwas Triumphierendes. Dann ließ er Georgios einfach stehen.

Georgios zitterte, es hatte ihn viel Kraft gekostet, und er brauchte ein paar Minuten, um sich wieder zu fangen. Einerseits war er erleichtert, aber die letzte Bemerkung von Manolis hatte ihn auch erschrocken. Er hatte zwar nun endlich den Termin, aber was meinte Manolis nur mit ›kleine Veränderung‹? Außer ihm war keiner mehr da, also stand ihm jetzt alles zu. Weitere Verwandte gab es nicht. Vielleicht waren noch ein paar Freunde von Maroula im letzten Moment von ihr bedacht worden, und das musste jetzt noch amtlich gemacht werden.

Immerhin hatte er jetzt, was er wollte, und ging zurück zu seinem Auto. Einen Besuch im *Aliportas* wagte er nicht, denn dort müsste er sich der ganzen Trauergemeinde stellen. Nein, nichts wie weg hier und die Beerdigung vergessen. Am frühen Abend ging sein Boot nach Mykonos, und er würde zwei Tage auf andere Gedanken kommen. Außerdem wollte er vorher noch eine Sache erledigen, über die er gestern länger nachgedacht hatte. Seine nächtlichen Beobachtungen im Olivenhain all die letzten Jahre sollten ihm dabei zugutekommen.

KATHARINA WALDMANN
DRIOS, PAROS

Als sie auf das Grundstück von Adonis einfuhren, winkte ihnen Nektaria schon fröhlich entgegen. Sie hatte eine Flasche eisgekühlten Champagner in der Hand und machte sich sofort daran, drei Gläser einzuschenken. Schnell warf sie ihre Schürze zur Seite und kam mit einem Tablett in der Hand auf die fürstlich eingedeckte Terrasse.

»Endlich hast du es noch mal zu uns geschafft, ich dachte schon du magst meine Küche nicht mehr«, begrüßte Nektaria Katharina und umarmte sie überschwänglich. »Gut siehst du aus und hungrig.«

Katharinas Blicke hatten längst all die kleinen Schweinereien auf dem Tisch erfasst, und sie konnte es kaum erwarten, sich auf die vielen Leckerbissen zu stürzen.

»Wie kann man deine Küche nicht mögen? Solche Menschen müssen erst noch geboren werden«, antwortete sie und schielte in Richtung der Vorspeisen. »Auch wenn die Umstände nicht so erfreulich sind, so habe ich mich trotzdem riesig auf den Abend gefreut. Zum Glück hält das Leben ja noch diese wunderbaren Momente bereit.«

Sie stießen gemeinsam auf den Abend an, und Adonis ließ die Frauen kurz alleine, um sich frisch zu machen. Als er zurückkam, hatten sich die beiden bereits an den Tisch gesetzt, und er sah den Glanz in Katharinas Augen. Die frisch gemachten Blätterteigtaschen mit Schafskäse und Spinat sahen genauso gut aus wie die Auberginenröllchen mit Honig und frischem Thymian. Dazu gab es noch Spießchen aus gekochtem Oktopus mit Oliven und Kräutern sowie Nektarias berühmte Dolmadakia. Eine große Platte mit geröstetem Brot, beträufelt mit Olivenöl, Salz und Kräutern sowie einen frischen Salat mit vielen Kapern rundeten die Vorspeisen ab. Adonis sorgte dafür, dass der gut gekühlte Weißwein nicht ausging, und davon gab es reichlich.

Katharina probierte alles und musste aufpassen, dass für den Hauptgang noch genügend Hunger da war, aber sie konnte schon einiges verdrücken.

»Du musst ja den ganzen Tag in der Küche gestanden haben«, sagte sie zu Nektaria und steckte sich noch ein Auberginenröllchen in den Mund. »Es ist alles so köstlich, wie konnte ich nur so lange nicht bei euch vorbeischauen!«

»Ja, das ist wohl wahr, sie ist eine begnadete Köchin. Da muss ich höllisch aufpassen, dass ich nicht den ganzen Tag esse, wenn ich demnächst zu Hause bin«, sagte Adonis und prostete den beiden Frauen zu.

Katharina stutzte leicht und hielt inne. Hatte sie Adonis richtig verstanden? Was wollte er denn zu Hause, er war doch mit Leib und Seele Polizist? Oder hatte er sich mittlerweile doch mit dem Gedanken arrangiert, in Rente zu gehen? Doch bevor sie auf die Aussage etwas erwidern konnte, fing Nektaria an, den Tisch für den Hauptgang vorzubereiten, und sie stand auf um ihr zu helfen.

»Was hat Adonis da gerade gesagt?«, hakte Katerina nach, als sie mit Nektaria alleine in der Küche war. »Plant er endlich, seinen wohl verdienten Ruhestand anzutreten?«

»Ja, ich denke, ich habe ihn mittlerweile so weit, es hat ja auch lang genug gedauert. Er ist ganz schön angeschlagen, und ich möchte noch ein paar Jahre was von ihm haben«, antwortete sie, und räumte dabei ihre Spülmaschine ein. Dann überlegte sie einen Augenblick und schaute ungläubig zu Katharina auf. »Hat er mit dir noch gar nicht darüber gesprochen?«

»Bis jetzt noch nicht, aber dazu hatten wir auch heute gar keine Gelegenheit. Doch wenn ich jetzt so darüber nachdenke, hat er so eine Andeutung auf der Fahrt hierhin gemacht.«

»Na, dann warte mal ab, was er dir dazu zu sagen hat. Ich möchte da nicht vorgreifen, und jetzt gibt es erst mal Fleisch.«

Sie gingen zurück auf die Terrasse, in der Hand eine große Schüssel mit einem Lamm-Frikassee, das mit Spinat und Zitrone zubereitet war. Katharina brachte dazu Kartoffeln, in einer Brühe mit Kräutern und Zitrone gegart. Es duftete wunderbar, und Adonis hatte eine Flasche Rotwein vom Weingut Marossi aufgemacht, der vorzüglich zum Lamm passte. Er wirkte plötzlich sehr ernst, und als er den Rotwein eingeschenkt hatte, ergriff er das Wort.

»Liebe Katharina, ich habe ja schon auf der Fahrt hierher gesagt, dass ich noch etwas anderes mit dir besprechen möchte, und das will ich jetzt tun. Ich bin zu dem Schluss gekommen, dass vierzig Jahre bei der Polizei einfach genug sind, und werde in zwei Monaten aufhören«, sagte er und schaute dabei Nektaria liebevoll an. »Auch wenn es mir schwerfällt, aber ich möchte mich langsam mehr meinen Enkeln und natürlich Nektaria widmen, und hier im Haus ist auch vieles liegen geblieben. Der Polizeipräsident ist bereits informiert und hat mit mir einen Deal vereinbart. Ich muss ihm einen geeigneten Nachfolger oder eine geeignete Nachfolgerin präsentieren, ansonsten lässt er mich nicht gehen.« Er ließ das Gesagte erst einmal wirken und beobachtete Katharina dabei mit erwartungsvollen Augen. »Um es kurz zu machen, ich habe dich vorgeschlagen.«

Katharina hatte mit verzückter Mine zugehört und freute sich im ersten Moment über Adonis Entscheidung aufzuhören, wurde aber von der Ankündigung, seine Nachfolge antreten zu sollen, völlig überrumpelt. Einen kräftigen Schluck Rotwein im Mund hätte sie vor Schreck beinahe den gesamten Wein ausgeprustet. Sie schluckte mehrfach und stotterte verdattert: »Mich?«

»Ja, dich! Ich weiß, dass das alles sehr plötzlich kommt, aber ich könnte mir keine bessere Nachfolgerin vorstellen. Du kennst die Insel, du kennst die Menschen, und du hast dir einen ruhigeren Job verdient. Lass es dir einfach durch den Kopf gehen, du musst mir jetzt keine Antwort geben«, setzte er noch hinzu und hob das Glas für einen Trinkspruch.

Katharina prostete ihm zu und nahm erneut einen großen Schluck. Den brauchte sie jetzt! Wie oft hatte sie sich einen relaxteren Job gewünscht, und nun bot man ihr genauso etwas an.

»Danke, Adonis«, fasste sie sich schließlich wieder, »das ist ein unschlagbares Angebot, und du kannst dir sicher sein, das ich das ernsthaft überlegen werde. Und du sollst auch wissen, dass ich es als große Ehre empfinde, von dir vorgeschlagen zu werden, aber bitte lass mir etwas Zeit, darüber nachdenken. Ich habe ja noch ein paar Tage hier zu tun, da kann ich alles in Ruhe gedanklich durchspielen«, fügte sie hinzu.

Nektaria, die die Anspannung bei Katharina bemerkte, ergriff daraufhin das Wort und forderte sie auf, zunächst einmal darüber zu schlafen und nun endlich das Lamm-Frikassee zu probieren. Das ließ sich Katharina nicht zweimal sagen und schaufelte sich eine gehörige Portion auf ihren Teller. So würde sie das nie hinkriegen mit dem Abnehmen, dachte sie, und genoss jeden Bissen. Die Krönung des Abends kündigte sich durch einen Duft nach frischen Orangen an, der ihnen aus der Küche entgegenströmte. Katharina bemerkte es sofort und fächelte sich das fruchtige Aroma heftig zu.

»Ehrlich gesagt, hätte ich auch was vermisst, wenn Nektaria nicht dieses Dessert noch zubereitet hätte. Da habe ich mich schon den ganzen Tag drauf gefreut, auch wenn ich im Moment nicht weiß, wo ich das noch unterbringen soll.« Sie meinte damit den griechischen Orangenkuchen, dessen Rezept Nektaria von ihrer Heimatinsel Kreta mitgebracht hatte.

»Ja, das ist ein Muss nach jedem guten Essen, sie lässt sich immer die Orangen extra von Kreta liefern, als gäbe es hier nicht genauso gute Orangen«, antwortete Adonis und verdrehte die Augen.

»Kümmere dich nicht um Dinge, von denen du nichts verstehst«, schallte es aus der Küche, und Nektaria sagte weiter: »Die Orangen werden komplett zerkleinert, mit der Schale und dann unter den Kuchenteig gerührt, da ist es mir ganz wichtig, dass sie ein gutes Aroma haben und keinerlei Chemie eingesetzt wird.« Sie erschien nun mit dem Kuchen, den sie noch kurz warm gemacht hatten, und es war ein Hochgenuss und ein perfekter Abschluss des exzellenten Menüs.

Die beiden waren einfach erstklassige Gastgeber, alleine das machte den Job auf Paros interessant, dachte Katharina. Den ganzen Abend hatten sie kein Wort zu den aktuellen Ermittlungen gesagt, das hatten sie bewusst ausgeklammert. Doch als sie auf die Uhr schaute, musste sie zwangsläufig an den nächsten Morgen denken. Gegen acht hatte sie sich mit Filippos verabredet, das würde eine Herausforderung sein morgen früh. So bedankte sie sich noch einmal für den wunderschönen Abend und bestellte sich ein Taxi. Wenn alles gut ginge, blieben ihr noch fünf Stunden Schlaf.

Als das Taxi kam, drückte sie Adonis noch mal und wünschte ihm eine gute Nacht. Gut beschwipst und aufgewühlt fuhr sie dann in Richtung Naoussa. Schon auf der Fahrt freundete sie sich mehr und mehr mit dem Gedanken an, ihren Arbeitsplatz von Athen nach Paros zu verlagern.

ANNA VOLITATI
P.E.A. NAOUSSA

Anna hatte Georgios sofort erkannt, wie er da zusammengekauert zwischen den wartenden Patienten saß und nach dem Trauerzug Ausschau hielt. Er wirkte wie ein Fremder, der hier eigentlich nichts verloren hatte. Dieses Häufchen Elend, das so gar nicht nach seiner stolzen Mutter kam. Sie fixierte ihn und dachte nur, dass sie ihm haushoch überlegen war. Ob er wohl von Maroulas Plänen wusste? Aber wie sollte er von den letzten Wünschen seiner Mutter erfahren haben? Davon wussten doch nur noch sie und Manolis, und der hatte ihr mit Nachdruck versichert, keinem weiteren Menschen davon erzählt zu haben. Und selbst wenn es denn so wäre, jetzt ergab sich ja wieder eine vollkommen neue Situation. Sie hatte keine Ahnung, wie es mit dem Grundstück weitergehen sollte, aber sie wähnte sich in einer wesentlich besseren Position als er. Wäre da nur nicht Georgios Unberechenbarkeit, wenn es um seine eigenen Ziele ging. Nicht nur einmal hatte sie seine Abneigung zu spüren bekommen, als er noch bei Maroula wohnte und sie zu Besuch war. Häufig hatte sie ihn betrunken angetroffen, und sie war ihm stets aus dem Weg gegangen. Doch es war ihm nie gelungen, sie und Maroula auseinander zu bringen, zu sehr hatten sie beide die gleiche Vision. Sie durfte einfach nicht zulassen, dass jetzt die ganzen Bemühungen vollkommen umsonst gewesen sein sollten. Ungeduldig überschüttete sie Manolis mit all ihren Fragen und versuchte an den genauen Inhalt des Testamentes zu gelangen. Doch Manolis konnte und durfte zu diesem Zeitpunkt keine weiteren Inhalte weitergeben und sagte nur: »Ich möchte dich bitten, am Mittwoch zur Testamentseröffnung in meinem Büro zu erscheinen, dann wissen wir mehr.« Anna war verärgert, aber der Gesichtsausdruck von Manolis war eindeutig.

»Ich werde da sein, darauf verlass dich«, sagte sie nur und ging ein wenig beruhigter in die Kirche.

KATHARINA WALDMANN
ALIPORTAS, NAOUSSA

Katharina hatte ihr Handy auf sieben Uhr Weckzeit eingestellt und spürte schon beim ersten Klingeln, dass fünf Stunden Schlaf nach dem gestrigen Abend deutlich zu wenig waren. Aber die Pflicht rief, und sie würde sich nie die Blöße geben, zu spät zu einer Verabredung zu kommen. So löste sie sich ein Aspirin auf, um wenigstens einen etwas klareren Kopf zu bekommen, und stieg unter die Dusche. Das erfrischende Wasser auf der Haut tat ihr gut, und sie dachte mit Wohlwollen an den gelungenen Abend zurück. Sofort erhellte sich ihr Zustand, denn sie hatte auf einmal eine ganz neue Option für ihr weiteres Leben. Nur zunächst musste sie hier auf Paros ihre Fähigkeiten noch unter Beweis stellen, es galt, einen eiskalt geplanten Mord aufzuklären, und viel hatte sie noch nicht erreicht.

Während sie sich anzog, schaltete sie ihr Handy auf Empfang, welches sie ausnahmsweise letzte Nacht ausgeschaltet hatte. Sofort bemerkte sie, dass ein Anruf in Abwesenheit angezeigt wurde. Sie dachte an Filippos, der vielleicht schon unten auf sie wartete, doch beim zweiten Blick erkannte sie, dass keine Nummer angezeigt wurde, also musste jemand anderes versucht haben, sie zu erreichen. Während sie runter ins Café lief, um noch schnell einen Kaffee und ein Sandwich zu bestellen, drückte sie die Abhörtaste zu ihrer Mailbox. Eine ihr fremde Männerstimme hatte ihr mit einer unruhigen Stimme eine Botschaft auf die Mailbox gesprochen:

»In der Mordsache Jannis Kostatidis würde ich mir an Ihrer Stelle den Mann von Nora Parakoudi etwas näher unter die Lupe nehmen.«

Das war alles, und Katharina brauchte einen Moment, um zu begreifen. Sie war heute Morgen nicht die Schnellste, das realisierte sie gerade. Aber tatsächlich, nach diesem Satz war nur ein Klicken zu hören, der anonyme Anrufer hatte aufgelegt. Katharina war plötzlich hell wach, und während sie draußen an einem Tisch Platz nahm, hörte sie den Anruf nochmals ab. Es kommt Bewegung in die Sache, schoss es ihr durch den Kopf. Beim zweiten Abhören konzentrierte sie sich auf die Stimme, um ein erstes Gefühl für den anonymen Fremden zu bekommen. Die Stimme klang recht dumpf, und sie nahm an, dass der Anrufer ein Tuch vor die Muschel gehalten hatte, um seine Stimme zu verfremden. Wer war der anonyme Anrufer, und warum gab er sich nicht zu erkennen? Filippos war zwischenzeitlich zu ihr an den Tisch getreten, und Katharina bat ihn sofort, den Anruf abzuhören.

»Das passt doch sehr schön zu unserem heutigen Besuch. Mal sehen, was die treulose Gattin uns so zu erzählen hat. Vielleicht ist ihr Mann ja auch da, und wir können uns ihn direkt vornehmen. Wie war denn dein gestriger Abend? Siehst reichlich angeschlagen aus«, warf er noch hinterher und grinste sie frech an.

»Da mach du dir mal keine Sorgen, das sieht nur so aus, mir geht es bestens«, log sie und dachte an die Zeit, in der sie drei Tage durchmachen konnte, ohne dass man ihr das angesehen hätte. »Und bei dir, hat schon was angebissen? Du hast doch bestimmt nicht nur in deinem Zimmer gesessen?«

Filippos schmunzelte, und Katharina wusste, dass auch er einen zufriedenstellenden Abend gehabt hatte. Für sie war immer wichtig, dass ihre Mitarbeiter ein ausgewogenes Privatleben hatten, nur so konnten sie auch einen guten Job machen.

»Dann kommen wir mal zum Wesentlichen, wir sind ja nicht zum Vergnügen hier. Ich würde gerne mit dir unsere weitere Vorgehensweise besprechen«, schwenkte Katharina nun auf die sachliche Ebene um.

Sie besprachen im Detail, wie sie das Verhör durchführen wollten. Dann forderten sie noch zwei weitere Beamte aus Adonis Behörde an, sie zu Nora Parakoudi zu begleiten. Falls es zur Konfrontation mit ihrem Ehemann kommen sollte, wäre es besser, Unterstützung direkt vor Ort zu haben. Die beiden Kollegen sollten ihren Posten in der Nähe des Hauses beziehen. Anschließend besorgte Katharina noch die Notizen von Jannis, die sie am Tatort und in Jannis Zimmer vorgefunden hatte. Sie wollte Nora direkt damit konfrontieren und auch mit eventuellen Druckern im Hause vergleichen. Nachdem sie alles soweit arrangiert hatten, holte Filippos den von Adonis zur Verfügung gestellten Polizeiwagen, und sie fuhren zum Haus der Familie Parakoudi.

Das Haus lag am Ortseingang von Ambelas, nur ein paar Fahrminuten von Naoussa entfernt. Ein verschlafener kleiner Fischerort, der vom Rummel selbst zur Hochsaison bisher verschont geblieben war. Hier am Ortseingang standen ein paar vereinzelte größere Gebäude, die fast den Charakter von Bauernhöfen hatten. Die meisten hatten recht große Grundstücke, wo zur Selbstversorgung viel Gemüse sowie Wein angebaut wurde. So auch beim Haus der Parakoudis. Nachdem sie das Anwesen ausgemacht hatten, parkte Filippos den Wagen etwas abseits, und sie stiegen aus, um zunächst das Areal in Augenschein zu nehmen. Sie näherten sich langsam der Einfahrt und achteten darauf, noch nicht vom Haus aus gesehen zu werden. Im Schutz der groß angelegten Oleanderhecke schlichen sie in Richtung Haustür.

Ein gut sortierter Gemüsegarten tat sich auf, und viel verstreutes Kinderspielzeug lag direkt vor dem Haus. Personen konnte man keine draußen erkennen, lediglich ein verbeulter kleiner Micra stand in der Hofeinfahrt. Katharina und Filippos nickten sich kurz zu und klopften an die verschlossene Tür. Sie warteten ein paar Minuten, doch von Innen war keine Reaktion zu erkennen. Katharina hielt ihr Ohr direkt an die große Pforte und vernahm ein entferntes Schluchzen. Ihre Augen weiteten sich hinter ihrer großen Brille. Warum machte die Frau nicht auf, und warum weinte sie? War sie womöglich verletzt und schaffte es nicht zur Tür? Sie klopfte nun heftiger an die Haustür und rief energisch.

»Frau Parakoudi, wir bitten Sie dringend, uns zu öffnen. Wir sind von der Kriminalpolizei und müssen Ihnen ein paar wichtige Fragen stellen. Wir wissen, dass Sie da sind. Bitte kooperieren Sie mit uns, ansonsten müssen wir Sie zur Dienststelle nach Parikia abholen lassen. Das ist sicher nicht in Ihrem Sinne?«

Katharina wollte gerade Filippos das Signal zum Öffnen der Tür geben, als das Schluchzen näher kam und man hörte Schritte im Innern des Hauses. Kurz darauf zeigte sich eine Frau mittleren Alters in einem erbärmlichen Zustand an der Haustür. Sie wirkte verzweifelt, und ihr zerzaustes Haar unterstrich ihre momentane Lage.

»Kommen Sie rein, damit Sie Ihre Fragen stellen können. Ich habe schon mit Ihnen gerechnet«, sagte sie ohne sich einen Ausweis zeigen zu lassen. Sie vermied, die beiden direkt anzusehen, aber Katharina erkannte sofort die Angst der Frau. Sie steckte ihre Waffe wieder in ihr Halfter, um Nora nicht noch weiter zu verunsichern.

»Sie haben also schon vom Tod Jannis Kostatidis gehört?«, fragte Katharina ohne Umschweife.

»Ja, Angelos hat mich gestern Abend angerufen, aber er wollte mir keine weiteren Informationen geben. Er sagte mir nur, das Jannis unter sonderbaren Umständen ums Leben gekommen sei und die Kriminalpolizei ermittle. Ich zermürbe mir schon die ganze Zeit meinen Kopf.« Sie schlug beide Hände vors Gesicht und fing erneut an, hemmungslos zu weinen.

»Das hat Angelos schön ausgedrückt, Jannis wurde ermordet, und Sie scheinen hier eine nicht unwesentliche Rolle zu spielen«, antwortete Katharina mit voller Wucht.

Nora Parakoudi wich nun auch die letzte Farbe aus dem Gesicht, und sie starrte die beiden fassungslos an.

»Um Gottes Willen! Ich? Warum sollte ich damit zu tun haben, wir hätten uns doch heute treffen wollen. Ich habe mich so auf Jannis gefreut«, stammelte sie und ließ sich auf einen Sessel fallen.

»Das heißt an den Gerüchten ist was dran, und Sie geben ihr Verhältnis zu Jannis Kostatidis zu«, fragte Katharina im harschen Ton.

»Das wissen Sie doch eh schon alles, wahrscheinlich weiß das schon ganz Naoussa. Wie konnte ich nur so naiv sein ...«, schluchzte sie der Kommissarin entgegen.

»Wo waren Sie Samstagabend zwischen 23:00 Uhr und 01:00 nachts?« hakte Katharina direkt nach.

»Ich war hier mit meinen beiden Kindern, und das den ganzen Abend. Sie verdächtigen mich doch nicht wirklich, Jannis getötet zu haben?« fragte sie Katharina ängstlich.

Katharina reichte ihr ein Taschentuch und dachte sofort, dass Nora die Täterin nicht sein könnte. Sie wirkte so zierlich, fast zerbrechlich und hätte es wahrscheinlich rein körperlich schon nicht geschafft. Es sei denn, sie hätte Hilfe gehabt, aber da gab es am Tatort keinerlei Hinweise zu. Die Tat, und da waren sich alle einig, musste von einem kräftigen Einzeltäter ausgeführt worden sein, und danach sah Nora nun wirklich nicht aus.

Nachdem sich Nora wieder etwas gefangen hatte, erzählte sie von ihren regelmäßigen Treffen während der Sommermonate und warf Katharina einen wütenden Blick zu.

»Er war mein einziger Lichtblick während des Sommers hier in dieser Einöde. Ich hätte mich längst von meinem Mann getrennt, wären da nicht unsere beiden Kinder. Wenn er davon erfährt, dann Gnade mir Gott.«

Katharina zog ihre Stirn in Falten.

»Wir gehen davon aus, dass Ihr Mann längst von der Geschichte Wind bekommen hat …«, erwiderte sie mit einem fragenden Unterton. »Wir haben einen anonymen Hinweis erhalten, worin Ihr Mann der Tat beschuldigt wird«, sagte sie und beobachtete genau die Reaktion Noras. Ihr verheultes Gesicht verwandelte sich schlagartig in eine steinerne Maske, und sie sprang aus dem Sessel auf.

»Nie im Leben hat Erasmos was damit zu tun. Wenn er von dem Verhältnis gewusst hätte, dann würden sie jetzt im Mordfall Nora Parakoudi ermitteln, das können Sie mir glauben. Außerdem ist mein Mann seit Donnerstag auf Geschäftsreise in Athen. Ich erwarte ihn heute Abend zurück. Wenn er davon erfährt, tut er mir etwas an«, schluchzte sie erneut und schaute Katharina hilflos an.

»Keine Angst, wir werden Ihnen Personenschutz geben, aber wir müssen der Sache nachgehen, das ist doch bestimmt auch in ihrem Sinne? Wann und wie kommt Ihr Mann heute zurück?«

»Er kommt mit der Fähre um 19:00 Uhr aus Piräus«, antwortete Nora apathisch.

»Haben Sie die Möglichkeit, bei Freunden unterzukommen, bis wir die Angelegenheit überprüft haben?« Katharina, die Noras Ehemann nicht einschätzen konnte, musste auf Nummer sicher gehen. »Ansonsten bringen wir Sie mit ihren Kindern in einem Hotel unter.«

»Ja, ich werde meine Freundin anrufen und auch bei ihr für ein paar Tage wohnen können. Ich muss die Kinder aus der Schule abholen und nur ein paar Sachen packen«, antwortete sie.

»Machen Sie sich keine Sorgen«, Katharina legte nun einen etwas moderateren Tonfall ein, »wir werden Ihnen ab sofort einen Kollegen mit Wagen zur Verfügung stellen, den Sie rund um die Uhr in Anspruch nehmen können. Und noch was: Falls Ihr Mann sich meldet, sagen Sie ihm bitte, dass er sich umgehend mit mir in Verbindung setzen soll.«

Katharina reichte ihr eine Visitenkarte und zeigte ihr dann noch die beiden Botschaften, die sie am Tatort und in Jannis Zimmer vorgefunden hatten.

»So kalte Texte hätte ich nie geschrieben.« Nora schaute sich verächtlich die mit dem PC knapp verfassten Textzeilen an. »Wissen sie, das war so ein Spiel zwischen uns, und ich habe tatsächlich kleine Mitteilungen im *Aliportas* hinterlassen, aber immer nur handschriftlich. Wir haben zwar einen PC, aber den nutze ich recht wenig.«

Katharina ließ sich zur Sicherheit noch den PC zeigen und ließ Nora einen Ausdruck anfertigen, um diesen der Spurensicherung vorzulegen. Danach verabschiedeten sie sich von Nora mit den Worten, sich für weitere Fragen zur Verfügung zu halten.

Zurück in ihrem Wagen machte sich Katharina noch ein paar Notizen und wies Filippos an, den Ehemann am Abend in Parikia abzufangen. Sie wollte ihn direkt nach seiner Ankunft auf Paros verhören. Anschließend fuhren sie zurück ins *Aliportas*.

STEPHAN
ALIPORTAS, NAOUSSA

Das *Aliportas* war gut besucht, als Stephan gegen acht dort eintraf. Die drei Moselschleifen hatten sich schon einen Ouzo bestellt, um den Abend einzuläuten, und an allen Tischen gab es nur ein Thema. Die Geschichte rund um Jannis war nun auch bei den letzten Besuchern des Cafés angekommen, und die Gerüchteküche brodelte. Oben auf dem Adlerfirst saßen Seelchen und Paul zusammen mit Onkel Grete, einem Dauergast im *Aliportas*. Der hatte vor Jahren schon diesen Spitznamen bekommen, weil er Stephan mit seinem Buckel und Gehstock an seine alte Tante Grete erinnerte.

Vor ihnen lag eine Landkarte, und Onkel Grete erklärte Seelchen wild gestikulierend, wo Nora wohnte. Paul schien wenig Erfolg gehabt zu haben, sie von ihren kriminalistischen Aktionen abzuhalten, und blickte resigniert in die Runde. Ihm graute bestimmt schon vor dem heutigen Abend, wenn er noch los musste, um seine rührige Gattin bei ihren Recherchen zu begleiten. Onkel Grete hantierte mit der Karte und zeichnete den genauen Standort von Noras und Erasmos Haus ein. Was Seelchen wohl damit vorhatte? Wollte sie sich Erasmos persönlich vorknöpfen? Zuzutrauen wäre ihr das, dachte Stephan und schaute sich vergnügt die Diskussion an. Onkel Grete war immer eine gute Quelle für Insiderinformationen, weil er auch während der Wintermonate auf Paros verweilte und viele Kontakte zur einheimischen Bevölkerung hatte. Er kam eigentlich aus Hamburg, verbrachte aber, nachdem er in den Vorruhestand gegangen war, den größten Teil des Jahres auf Paros. Wenn Ende Oktober die letzten Touristen abgereist waren, rückten die verbliebenen Fremden viel enger mit den Paroanern zusammen. Pia, die ihre Augen überall hatte, sah sich auch schmunzelnd die Szenerie der drei an und drängelte, sich einen Tisch näher zu setzen. Dann könne sie besser deren Gespräche verfolgen. Doch leider war kein freier Platz in der Nähe frei, und sie beließen es dabei. Um sie herum gab es aber auch genug weitere spannende Konstellationen zu beobachten und zu belauschen.

Matt und Patsy zum Beispiel hatten einen großen Tisch zusammen mit Silberrücken und Hannah. Sie überschütteten Hannah mit guten Ratschlägen, die sie aber wegen ihres schlechten Englisch nur halbwegs verstand. Hannah sah aus wie durch den Wolf gedreht, der Tod von Jannis schien ihr tatsächlich recht nah zu gehen. Und der Verlust ihres abendlichen Begleiters rechtfertigte natürlich schon morgens den ein oder anderen Trauerwein. Silberrücken, der ganz in schwarz gekleidet war, massierte Hannah in seiner gutmütigen Art die ganz Zeit den Nacken und redete unentwegt auf sie ein, nicht so viel zu trinken. Er hatte wohl die Befürchtung, nun den Part von Jannis übernehmen und Hannah zu später Stunde immer in ihr Bett bringen zu müssen.

Die Fürsorge war groß, und man kümmerte sich schon untereinander hier in der Familie. Stephan schaute die Moselschleifen an, und sie überlegten, ob Silberrückens schwarzes Outfit wohl was mit dem Tod von Jannis zu tun hatte. Matt, der gerade ein weiteres »ena litro Krassí« bestellt hatte, bemühte sich erneut, in einem Kauderwelsch aus Deutsch und Englisch Hannah Trost zuzusprechen, doch sie hielt sich lieber an den Wein. Als sie schließlich beschlossen, zum Essen zu gehen, war bei Hannah schon ein ausreichendes Pensum an Alkohol erreicht, so dass sie nur mit Unterstützung von Silberrücken ins nahe gelegene Restaurant gelangte.

Das Moseltrio und Stephan hatten sich für den Abend einen Tisch bei Thomek bestellt, dem Vorgänger von Jannis im *Aliportas*. Nach jahrelanger Anstellung im Café hatte sich der ehemalige Kellner vor einigen Jahren selbst ein kleines Restaurant zugelegt. Dort kochte er mit seiner Lebensgefährtin Kleri griechisch-mediterran. Das kleine, mit viel Liebe eingerichtete Restaurant war jeden Abend voll ausgebucht, und das auch schon im Mai. Da zahlten sich die langjährigen Kontakte aus dem *Aliportas* aus. Außerdem hatte Thomek eine Gabe, die Tische mit den Gästen so zu besetzen, dass es im Lokal nie langweilig wurde. Der Ouzo zum Start in den Abend zeigte seine Wirkung, und der Appetit wurde langsam stärker. Sie zahlten und machten sich auf den kurzen Weg Richtung *Lou Lou*, so hieß das kleine Restaurant mitten in den quirligen Gassen von Naoussa.

Vorne weg trottete Pia mit Robert im Arm, dahinter folgten Heiner und Stephan. Pia hatte seit langem eine Gehbehinderung und konnte keine langen Strecken laufen. Das bedauerte sie immer, wenn sie auf Paros kleine Wanderungen machten. Vom *Aliportas* waren es lediglich fünf Minuten zu laufen, und Thomek erwartete sie schon am Eingang. Sie hatten sich einen Tisch im Innenraum des Restaurants reservieren lassen, denn von hier aus hatte man einen ausgiebigen Blick auf die kleine Gasse mit ihrem Treiben. Der Innenraum lag etwas höher, und eine eigenwillige Treppenkonstruktion führte in den Gastraum. In Deutschland wäre eine solche Treppe nie von der Baubehörde zugelassen worden, und so manchem Gast war sie hier im Lou Lou schon zum Verhängnis geworden. Das Problem bestand darin, dass wenn man das Lokal verlassen wollte, die Treppenstufen nach links weggingen. Falls man geradeaus lief, fiel man circa einen Meter ins Nichts. Thomek war das Problem durchaus bewusst und hatte seine Gäste stets im Blick. Da, wo es kritisch wurde, schritt er schnell ein, um unheilvolle Abstürze zu verhindern. Die kleine Speisekarte hatte immer eine ausgewogene Mischung aus Fisch und Fleischgerichten, und im Mai waren die Portionen für griechische Verhältnisse recht groß. Wie so üblich in Hellas bestellten sie verschiedene Vorspeisen, damit alle von den unterschiedlichen Speisen probieren konnten. Dazu gab es reichlich Wein, dafür sorgte Thomek.

Ihnen direkt gegenüber saß Browni mit ihrem frisch angereisten griechischen Lover. Browni hatte ihren Namen bekommen, weil sie mit ihrer dunklen, fast schwarzen Körperbräune auch als eine Kenianerin durchgegangen wäre. Pia rätselte seit Jahren, wie man in zwei bis drei Wochen Griechenland so schwarz werden konnte, aber bislang ohne Erfolg. Die dunkelhäutige Schwedin reiste stets immer ein paar Tage vor ihrem Freund an, der in Athen lebte. Da sie extrem viel Sport betrieb, war dann auch für ihren Freund ab sofort das eher behäbige griechische Leben vorbei. Früh morgens sah man ihn mit leicht gequältem Blick seiner eifrigen Partnerin hinterher joggen.

Nachdem sie die beiden begrüßt hatten, schmunzelte Pia nur. »Da müssen wir ja morgen sorgen, dass wir einen Platz in der Nähe der beiden am Strand ergattern, da gibt es bestimmt wieder was zu sehen«, flüsterte sie, und die ganze Truppe wusste, was ihr durch den Kopf ging.

»Du alte Spannerin«, flüsterte Heiner zurück, »lass die beiden doch ihren Spaß haben, die können sich doch beide zeigen.«

In der Tat hatte Browni eine sehr niedrige Hemmschwelle, denn während sie ihrem Liebhaber den Sonnenschutz auftrug, massierte sie ihn auch schon mal an Stellen, die zu einer Versteifung gewisser Gliedmaßen führte. Ihrem Freund war das höchst unangenehm, da aber die beiden immer nackt am Lageri lagen, bekamen das Spielchen dann natürlich auch einige Strandgäste mit.

An einem weiteren Tisch leuchteten ihnen Carmen und Frank entgegen. Ein mittelaltes Ehepaar, das, wie sie vermuteten, farbenblind sein musste. Ihr immer auf den neuesten Schrei abgestimmtes Outfit war meistens so bunt, dass man eine Sonnenbrille brauchte, um das auszuhalten. Deshalb hatte Pia sie auf die beiden Papageien getauft. Frank war, wenn sie denn am Lageri verweilten, häufig stundenlang verschwunden und kam irgendwann mit einem großen Strauß Blumen zurück. Die pflückte er im angrenzenden Hinterland und trug dabei meistens ein T-Shirt, aber kein Höschen, was schon zu wilden Spekulationen geführt hatte. So soll es im Hinterland schon mal zu der ein oder anderen Begegnung mit anderen streunenden Spaziergängerinnen gekommen sein. Seine Gattin lag derweil lesend unter einem großen Sonnenschirm und freute sich über die Blumen. Jannis schien von den Eskapaden Franks gewusst zu haben, denn er hatte sich immer besonders eifrig um Carmen gekümmert, wenn sie im *Aliportas* war. Die letzten Jahre sah man die beiden fast gar nicht mehr im Café, angeblich war Frank derart eifersüchtig, dass er Jannis Anblick nicht ertragen konnte.

»Mensch, von Franks Eifersucht habe ich der Kommissarin gar nichts erzählt. Das fällt mir erst jetzt ein, wo ich die beiden sehe«, warf Pia in die Runde. »Der hätte doch auch ein Motiv, oder?«

»Das kannst du ja immer noch machen, die scheint ja noch einige Zeit in Naoussa zu verbringen«, antwortete Robert darauf.

Endlich kam ihr Essen, und sie schlemmten die neuen Kreationen, die Thomek mit seiner Gattin für diese Saison ausgesucht hatte. Tischübergreifend wurde dabei die ganze Zeit geredet, man war ja unter sich in diesem kleinen intimen Gastraum. Als der größte Ansturm vorbei war, gesellte sich Thomek noch dazu, um eine erste Rückmeldung zu seinem neuen Speiseplan zu bekommen. Das war ihm immer ganz wichtig, es war noch früh genug für kleinere Änderungen, bevor der Betrieb so richtig losging. Aber auch im *Lou Lou* beherrschte ein Thema den ganzen Abend, und das war der Mord an Jannis. Das ließ sie alle nicht los, er schien ihnen allen zu fehlen, und alle waren sich bewusst, dass dieser Urlaub so schnell nicht in Vergessenheit geraten würde.

GEORGIOS APOSTOLOPOULOS
MYKONOS

Georgios hatte seinen kleinen Koffer für ein paar Tage Mykonos schnell gepackt und konnte es kaum erwarten, Paros für einige Zeit zu verlassen. Noch einmal auf andere Gedanken kommen und endlich noch mal durchschlafen, so war sein Plan. Schon auf der Fähre fühlte er sich deutlich besser, und als diese dann auch pünktlich im Hafen der Partyinsel anlegte, genoss er die ihm wohl bekannte Umgebung. Als er von Bord ging, verspürte er sofort eine gewisse Leichtigkeit und Erregung, als fiele die ganze Last der letzten Tage von ihm. Bereits an der Anlegestelle, auf der alten Kaimauer, hatte er einige gut aussehende Männer sitzen sehen, die ihm hinterher geschaut hatten. Er wollte Sex, und das schnell. Endlich wieder Leben spüren und er selber sein. Vom Hafen waren es nur einige Meter zu Fuß zu seiner Unterkunft oberhalb des Fähranlegers. Er hatte Stella gestern schon angerufen und ein Zimmer für zwei Nächte gebucht.

Auf dem kurzen Weg zum Hotel musste er auf einmal an die Worte von Manolis denken. Es hätte noch kleine Änderungen gegeben. Was das wohl bedeutete? Er hatte es verdrängt, ja, als belanglos abgetan, doch plötzlich wünschte er sich unbedingt, mit Kiriakos zu sprechen. Seltsam, warum war er da nicht früher drauf gekommen? Alle Änderungen im Testament, die das Grundstück betrafen, mussten auch im Grundbuchamt eingetragen werden. Damit musste die Akte über Kiriakos Schreibtisch gehen. Ohne Kiriakos Hinweis hätte er von den Plänen seiner Mutter bis zur Testamentseröffnung nichts erfahren. Ihm wurde auf einmal ganz heiß, und noch während er zum Hotel lief, wählte er Kiriakos Nummer.

Kiriakos war sofort am Telefon.

»Hallo, Kiriakos. Sorry, dass ich mich nach meinem letzten Besuch bei dir noch nicht gemeldet habe ...«, Georgios legte eine weinerliche Stimme auf, »aber wie du dir sicher denken kannst, war ich nach der Nachricht so geschockt, dass ich erst mal wieder zur Ruhe kommen musste. Wie geht es dir?«

Eine lange Pause entstand.

»Hey, Mann, bist du noch da?« Georgios rief ungeduldig in das Telefon. »Warum sagst du nichts?«

Kiriakos ließ sich Zeit. »Wo bist du?«, sagte er dann endlich mit ängstlicher Stimme. »Ich mache mir große Sorgen um dich. Ich habe heute Morgen von dem Mord an Jannis gehört. Schrecklich! Ich bin total durcheinander und wage kaum, dich zu fragen, aber ich muss es tun. Hast du irgendetwas damit zu tun?«

Georgios stockte, rang nach Atem, mit solch einer Frage hatte er nicht gerechnet, und brauchte eine ganze Weile für seine Antwort.

»Diese Frage stellst du mir nicht wirklich? Wie lange kennen wir uns? Traust du mir tatsächlich einen Mord zu?«, erwiderte er mit einem vorwurfsvollen Unterton in seiner Stimme.

Kiriakos suchte nach Worten, und Georgios spürte förmlich die Nervosität, die auf der anderen Seite der Leitung mitschwang.

»Nein, natürlich nicht, aber nach deinem Ausraster hier im Büro war ich mir nicht mehr sicher. Vergiss einfach meine Frage«, versuchte Kiriakos einzulenken.

Georgios spürte, dass Kiriakos zutiefst verunsichert war. Obwohl es ihm auf der Seele brannte, nach Änderungen im Testament zu fragen, verwarf er den Gedanken. Das war jetzt nicht der richtige Zeitpunkt. Hätte Kiriakos neue Informationen für ihn, so hätte er das jetzt gesagt, da war sich Georgios vollkommen sicher. So wechselte er schnell das Thema und berichtete von seinem Kurzbesuch auf Mykonos.

»Schön, wenn du auch hier sein könntest, wir haben lange nicht mehr zusammen einen Zug um die Häuser gemacht«, versuchte er, aus der angespannten Situation heraus zu kommen.

»Ja, das stimmt.« Auch Kiriakos schien erleichtert, nun über ein anderes Thema zu sprechen. »Aber im Moment habe ich leider keine Zeit. Melde dich einfach, wenn du zurück bist.« Dann legte er auf.

Georgios blickte sorgenvoll auf sein Handy und ärgerte sich, dass er angerufen hatte. Er war verwirrt und spürte, das Kiriakos ihm nicht glaubte. Aber wenn Kiriakos ihm unangenehm werden sollte, wusste er, was er zu tun hatte. Ihn hatte er in der Hand, und wenn es sein musste, dann würde er diese Karte auch ausspielen. Damit ließ er es bewenden und verdrängte jeden weiteren Gedanken an ihn. Er ging weiter ins Hotel, wo Stella ihn schon erwartete und ihm seinen Schlüssel aushändigte.

»Wie immer: Zimmer sieben, für zwei Nächte«, sagte sie und grinste ihn frech an. »Ich wünsche dir viel Spaß, aber den hast du hier ja immer bekommen«, rief sie ihm hinterher. Stella erlebte so einiges während der Saison, da war Georgios noch einer der harmloseren Gäste.

Georgios lächelte zurück und verschwand direkt auf sein Zimmer, um sich für den Abend fertig zu machen. Der Ablauf bei seinen Mykonos-Trips war am Abend stets gleich. Zunächst eine Kleinigkeit im Hafen essen, dann zum *Point* rüber, um die Lage zu sondieren. Falls er hier nichts Passendes fand, ging es weiter in *Adams Bar*. Von dort ging keiner alleine nach Hause. Heute musste er aber vorher noch zu einer guten alten Bekannten, die eine Apotheke auf der Insel führte. Diese hatte sich in den letzten Jahren einen recht lukrativen Nebenverdienst aufgebaut und versorgte die Szene mit allem, was das junge Partyvolk so brauchte. Aufputschmittel aller Art waren bei ihr zu bekommen, und besonders das jüngere Publikum hatte eine enorme Nachfrage nach Drogen. Mit diesen kleinen Helferchen konnte man dann zwei Wochen lang rund um die Uhr auf der Höhe sein, um ja kein Event zu verpassen. Bei der Apothekerin konnte man alles bekommen, man musste nur ein paar Tage vorher die Bestellung aufgeben. Sie hatte Georgios ihre Handynummer gegeben, und sie hatten sich im Hafen verabredet, um ihn mit neuen Beruhigungspillen zu versorgen. »Ich brauche sie nur für alle Fälle«, hatte Georgios ihr gesagt, aber er konnte längst nicht mehr ohne sie sein. Das interessierte die Apothekerin auch nicht, sie lieferte und bekam ihr Geld dafür.

Nachdem er seine rosa Pillen erhalten hatte, schlenderte er betont lässig ins *To Limani*, ein kleines Fischlokal, wo man noch zu einigermaßen zivilen Preisen gut essen konnte. Das Restaurant war stets gut besucht, aber zum Glück gab es noch ein paar freie Tische. Er suchte sich einen Tisch in der Ecke des Lokals, von wo er das gesamte Restaurant beobachten konnte. Das Lokal war in einem schwulen Reiseführer gelistet und somit fast ausschließlich mit Schwulen besetzt. Es galt besonders für Alleinreisende als erste Anlaufstelle, und das Personal kümmerte sich rührend um die meist männlichen Gäste. Georgios musterte aus seiner Ecke die einzelnen Tische, die fast alle auch nur mit Einzelpersonen besetzt waren. Schnell entdeckte er einen Mann, der in sein Beuteraster passte und ihm gefiel. Auf den ersten Blick schätzte er den dunkelblonden, circa dreißigjährigen Mann auf einen Franzosen, denn er hatte sich eine Flasche Sauvignons Blanc der gehobenen Preisklasse bestellt. Georgios knöpfte sich unauffällig sein Hemd weiter auf, damit seine dunkle Brust besser zur Geltung kam. Dann überlegte er sich, wie er wohl an den jungen Mann herankommen konnte. Doch während er noch nachdachte, kam ihm ein Kellner unverhofft zur Hilfe. Der hatte ihm schon aus der Küche zu verstehen gegeben, dass dieser Tisch vergeben war, doch Georgios hatte sich darüber hinweg gesetzt. Wer zuerst kommt, mahlt zuerst.

»Guten Abend, aber der Tisch in der Ecke ist leider reserviert. Darf ich Ihnen einen anderen Tisch anbieten?«, fragte der Kellner höflich. »Ich hätte da links noch einen, wenn Ihnen das passen würde«, sprach er weiter und deutet auf einen Tisch direkt neben dem Franzosen. Georgios fühlte sich nicht angesprochen, warum stand kein Schild ›Reserviert‹ auf dem Tisch? Doch hier schien ihm das Schicksal zur Hilfe zu kommen, und somit war er sofort mit dem Vorschlag einverstanden. Er setzte sich umgehend an den anderen Tisch und lächelte dem vermeintlichen Franzosen direkt ins Gesicht. Er platzierte sich so, dass sie sich gegenüber saßen, damit er weiter an der Kontaktaufnahme arbeiten konnte. Georgios hatte sich schnell eine Strategie überlegt, war sich nur noch nicht sicher, wie er den Franzosen ansprechen sollte. Er sprach zwar für griechische Verhältnisse ein gutes Englisch, doch aus Erfahrung taten das viele Franzosen eben nicht. Er musste es ganz einfach versuchen, und so fragte er den jungen Franzosen, ob er den ausgewählten Wein empfehlen könne. Der vermeintliche Franzose saß ja nun auch nicht ›nur‹ zum Essen hier und reagierte prompt. Sofort bot er Georgios an, den Wein zu probieren, und hielt ihm sein Glas hin. Damit war das Eis gebrochen, und nach ein paar weiteren Höflichkeitsfloskeln ging Georgios dann aufs Ganze und fragte, ob er sich mit an den Tisch setzen könne. Zu zweit mache ein Abendessen doch viel mehr Spaß, und er könne zum Ausgleich auch ein paar Gerichte empfehlen. Der Franzose entpuppte sich dann als Belgier, was die Sache aber keinesfalls weniger attraktiv machte.

Georgios bestellte eine gemischte Vorspeisenlatte und imponierte bei seiner neuen Bekanntschaft mit einer guten Auswahl an griechischen Speisen. Nach dem Essen bot er Alex, so hieß seine neue Errungenschaft, eine kleine Stadtführung an, die dann unweigerlich in seinem Hotel enden sollte. Er fühlte sich endlich vollkommen gelöst, kein Gedanke an die Ereignisse der letzten Tage, und mit jedem Glas Wein wurde er lockerer. Die Vorfälle in Naoussa hatte er ausgeblendet, jetzt war er ganz der Jäger, der seine Beute nur noch in seine Höhle locken musste. Doch locken brauchte er Alex nicht, der junge Belgier hatte bereits beim Aufbruch aus dem Lokal signalisiert, dass er einem Schäferstündchen nicht abgeneigt wäre.

So schlenderten die beiden lässig zum *Point* und bestellten sich ein Bier. Hier herrschte bereits eine ziemliche Enge, und als sie sich unter die Leute mischten, legte Georgios vorsichtig den Arm um Alex Hüfte. Alex schien darauf gewartet zu haben und ließ es sofort zu, und damit war die letzte Hürde genommen. Georgios zahlte, ohne Alex groß zu fragen, und sie verließen das *Point* in Richtung Hafen. Ihre Schritte wurden immer schneller, und Georgios spürte ein wahnsinniges Verlangen nach Sex. Er gierte danach, so als müsste er sich die ganzen Ereignisse der letzten Tage aus dem Leib vögeln. Er war jetzt nicht mehr zu bremsen, und sein Blick hatte etwas Animalisches, fast Unheimliches. Als sie das Hotelzimmer betraten, brach dann auch der totale Macho bei ihm durch. Er warf seinen Begleiter direkt aufs Bett und zog sich ohne Umschweife aus.

Alex, der nicht weniger Lust verspürte, schien zunächst auch davon angetan zu sein, und gab sich Georgios begierig hin. Das steigerte sein Verlangen noch mehr, und so bekam er die ersten Abwehrversuche des jungen Belgiers gar nicht mit. Er war jetzt nicht mehr aufzuhalten, er wollte Sex, ohne lange zu fackeln. Wie in Rage drängte er Alex Schenkel auseinander und drang direkt heftig in ihn ein. Sein junger Lover schrie auf und versuchte, sich unter seiner Last zu befreien, doch Georgios war wie von Sinnen, und Alex Befreiungsversuche stachelten seine Lust noch weiter an. Der Belgier wehrte sich immer heftiger und schrie Georgios auf Englisch an. Schließlich gelang es ihm, sich zur Seite zu wälzen, und ehe sich Georgios überhaupt besinnen konnte, raffte er seine Sachen zusammen und verschwand ins Badezimmer.

Erst jetzt begriff Georgios die Situation. Was war in ihn gefahren, wie konnte er nur so brutal sein? Er sprang auf und klopfte an die verschlossene Badezimmertür.

»Hey, sorry, ich dachte, das macht dir Spaß«, versuchte er die Situation zu retten. »Wenn ich zu grob war, tut es mir leid. Bitte lass uns reden.« Doch es kam keinerlei Rückmeldung aus dem Bad. Er versuchte es weiter an der Tür, immer noch in der Hoffnung, seine neue Errungenschaft beruhigen zu können. Als dann aber immer noch keine Reaktion erfolgte, kam ihm der Gedanke, dass Alex vielleicht über das Fenster auf den Balkon geflohen war. Er hielt sein Ohr an die Tür, und in diesem Moment schlug der verärgerte Lover die Tür mit voller Wucht nach außen auf. Georgios hatte keine Zeit, um auszuweichen, und die Tür knallte ihm mit voller Breitseite ins Gesicht. Alex stürmte heraus, riss seine Tasche von Georgios Bett und schrie nur »You fucking Bastard! You need help! You are crazy!« und verschwand aus dem Hotelzimmer.

Georgios blieb nackt zurück und kam erst wieder zu sich, als er das Blut bemerkte, welches ihm aus der Nase tropfte. Er schmiss schnell die Tür zu und hoffte nur, dass die anderen Hotelgäste nichts mitbekommen hatten. Dann ging er ins Bad und begutachtete sein demoliertes Nasenbein. Auch das noch, so hatte er sich den Abend nun wirklich nicht vorgestellt. Er merkte, dass er zu zittern anfing. Wie hatte das passieren können? Was hatte ihn geritten, so unüberlegt zu handeln? Unweigerlich ging er zum Kühlschrank, griff nach einer Flasche Wein und nahm einen kräftigen Schluck. Der kalte Wein tat gut, und sofort nahm er einen weiteren kräftigen Schluck aus der Flasche.

Es dauerte nicht lange, und er hatte die Hälfte der Flasche geleert. Aber anstatt sich zu beruhigen, wurde er zunehmend unzufriedener und nervöser. Jetzt liefen selbst seine Liebesabenteuer aus dem Ruder, die eigentlich als Entspannung gedacht waren. Er machte sich Vorwürfe, verlor sich mehr und mehr in Selbstmitleid, und je mehr er trank, desto stärker steigerte er sich in eine innere Unruhe. Zum Glück hatte er ja noch seine Beruhigungsmittel, und wieder griff er zu seiner Jackentasche, wo sich die Schachtel mit dem Diazepam befand. Ohne lange zu überlegen, nahm er gleich zwei der rosa Pillen und spülte sie mit einem weiteren Schluck Wein herunter.

Schon nach wenigen Minuten begannen die Tabletten zu wirken, und er schlief nackt auf dem Bett ein. Die ganze Aufregung hatten zur Folge, dass schon nach kurzer Zeit die Bilder der letzten Tage in heftige Alpträume umgesetzt wurden. Georgios wälzte sich stöhnend und schweißgebadet hin und her. Er schrie mehrfach auf, und an ruhigen Schlaf, den er sich so gewünscht hatte, war nicht zu denken. Irgendwann in den frühen Morgenstunden fiel er dann vollkommen erschöpft in einen Tiefschlaf und wurde erst wach, als Stella laut an der Tür klopfte. Sie wollte sich nur vergewissern, ob alles in Ordnung sei, nachdem ihr Hotelgäste von einem Streit in Georgios Zimmer berichtet hatten. Georgios raffte sich kurz auf, und gab ihr Entwarnung, schlief anschließend aber sofort wieder ein. Er wäre nicht in der Lage gewesen, zu diesem Zeitpunkt aufzustehen.

FILIPPOS PANOS
PARIKIA, PAROS

Filippos steckte sich die Liste mit den Fährverbindungen von Piräus nach Paros ein und machte sich auf den Weg nach Parikia. Mit ihm zwei Beamte aus Adonis Team zur Unterstützung. Er wollte frühzeitig am Fähranleger sein, um auf Erasmos zu warten. Der sollte dann direkt zum Verhör nach Naoussa gebracht werden, so hatte er es mit Katharina besprochen. Um 19:00 Uhr sollte die Blue Star aus Piräus kommend anlegen, auf der Erasmos von seiner Geschäftsreise zurückerwartet wurde. Filippos hatte sich im zuständigen Hafenbüro bereits eine Liste der Passagiere ausdrucken lassen, aber er konnte keinen Passagier mit dem Namen Erasmos Parakoudis auf der Liste finden. Das musste zunächst nichts heißen, denn die Erfassung der einzelnen Passagiere wurde nicht an allen Ticketverkaufsstellen konsequent durchgeführt. Das wusste Filippos, und deshalb war er noch guten Mutes, den Verdächtigen einer Vernehmung heute noch zuzuführen.

So stand er mit seinen zwei Begleitern direkt an der Rampe, als die ersten Passagiere das Schiff verließen. Jeder einzelne musste an dem Dreierteam vorbei, und wäre Erasmos dabei gewesen, hätte man ihn sofort erkannt. Aber auch als der letzte Passagier die Rampe herunter kam, war immer noch kein Erasmos dabei. Da schien doch irgendetwas nicht zu stimmen, bemerkte einer der Polizeibeamten, und auch Filippos musste eingestehen, dass der Gesuchte nicht an Bord gewesen war. Er rief Katharina an, um weitere Anweisungen zu bekommen.

»Hallo, Katharina, ich muss dich leider enttäuschen, aber mit der Vernehmung wird das heute nichts mehr«, sagte er. »Unser Freund war leider nicht an Bord. Was soll ich jetzt machen?«

Die Kommissarin dachte einen Moment nach und antwortete: »Ich werde den Burschen zur Fahndung ausschreiben und parallel dazu seine Frau noch mal besuchen. Vielleicht hat sie uns doch nicht ganz die

Wahrheit gesagt. Komm du zurück nach Naoussa, in Parikia kannst du jetzt erst mal nichts mehr tun. Bitte prüfe aber noch mal nach, ob er vielleicht auf einem anderen Schiff eingecheckt hat.«

Filippos ging daraufhin sofort in das Hafenbüro und ließ sich im Computer die Passagierlisten der Schiffe aus Piräus zeigen, die heute noch in Parakia einlaufen sollten. Aber als auch das keinen Erfolg brachte, fuhren er und seine beiden Begleiter zurück ins Aliportas.

Katharina saß im Innenraum des Cafés zusammen mit Adonis, und sie schienen sich angeregt zu unterhalten. Als sie Filippos sahen, unterbrachen sie ihr Gespräch und winkten ihn direkt an ihren Tisch.

»Ja, das wäre auch zu schön gewesen, wenn wir unseren Hauptverdächtigen heute noch dingfest gemacht hätten«, sagte sie zur Begrüßung und bot ihm einen Stuhl in ihrer provisorischen Arbeitsecke an. »Nora ist vollkommen aufgelöst, das arme Ding. Ich habe sie mir gerade noch mal vorgenommen«, sprach sie weiter und kramte nach ihren Aufzeichnungen. Während sie die handschriftlichen Notizen durchging, sagte sie mit überzeugter Stimme: »Ich habe den Eindruck, sie weiß wirklich nicht, wo ihr Mann sich gerade rumtreibt. Sie macht auf mich einen glaubwürdigen Eindruck, und mein Gefühl täuscht mich selten.« Dabei unterstrich sie diese Aussage mit einem kräftigen Nicken. »Jetzt können wir nur warten und auf die Mithilfe des gesamten Polizeiapparates hoffen. Ich habe schon ein Bild und eine Personenbeschreibung an alle Häfen und Dienststellen schicken lassen. Mehr können wir im Moment nicht tun.«

Filippos hörte aufmerksam zu, wurde aber durch das Klingeln von Katharinas Handy abgelenkt. Die Kommissarin beachtete hingegen zunächst ihr Handy nicht, erst als sie auf die Nummer schaute, nahm sie blitzschnell den Anruf entgegen.

»Katharina Waldmann hier, was haben Sie mir noch zu sagen?«, sprach sie in ihr Telefon und flüsterte Adonis und Filippos zu, dass es sich um Nora handelte. Dann sprang sie plötzlich auf, und Filippos realisierte sofort, dass sie noch einen Einsatz vor sich hatten. »Gut, bleiben Sie zu Hause, wir sind in ein paar Minuten bei Ihnen«, sagte Katharina und blickte zu ihren Kollegen hinüber. »Noras Mann ist gerade zu Hause aufgetaucht. Vielleicht ist er ja geschwommen«, witzelte sie. »Er scheint noch nichts zu wissen, und Nora ist in heller Panik. Lasst uns sofort aufbrechen, bevor noch was Schlimmes passiert.«

Noch während sie sprach, griff sie nach ihrer Tasche und packte ihr Notebook ein. »Bitte ruf die beiden Kollegen von heute Morgen an, wir nehmen zur Sicherheit Verstärkung mit», wies sie Filippos an. »Wir treffen uns in 5 Minuten an Adonis Wagen.«

Adonis nickte zustimmend, und kurze Zeit später waren sie auf dem Weg nach Ambelas. Es war mittlerweile dunkel geworden, und sie mussten aufpassen auf der unbeleuchteten Straße, die Abzweigung zum Haus der Parakoudis nicht zu verpassen. Der Dienstwagen mit den beiden Kollegen folgte ihnen in kurzem Abstand. Wie bereits bei ihrem ersten Besuch ließen sie die Fahrzeuge abseits des Hauses stehen und liefen hastig den Schotterweg zu dem Gebäude zu Fuß weiter. Als sie sich der Eingangstür bis auf wenige Meter genähert hatten, lauschten sie kurz, aber bis auf einen lärmenden Fernseher war nichts Weiteres zu hören.

Die Kommissarin klopfte an der Tür, und als hätte Nora auf sie gewartet, wurde ihr sofort geöffnet. Nora stand mit weit aufgerissenen Augen im Eingang, und man konnte ihre Angst förmlich spüren.

»Kommen Sie rein, mein Mann ist im Bad. Ich habe ihm noch nichts gesagt. Bitte bringen Sie mich nachher von hier weg. Meine Kinder sind bei meiner Freundin«, rief sie angsterfüllt Katharina entgegen.

Die drei Polizeibeamten betraten den Hausflur, während die beiden anderen Kollegen draußen Posten bezogen. Nora bat die drei ins Wohnzimmer, als Erasmos von oben wissen wollte, wer denn da gekommen sei. Bevor Katharina reagieren konnte, antwortete Nora mit zitternder Stimme: »Die Polizei ist hier, bitte komme runter, die wollen mit dir reden.«

Danach herrschte Stille, und die Anspannung, die sich einstellte, war kaum auszuhalten. Die Kommissarin hatte ihre Dienstwaffe gezogen und winkte Filippos zu, sie abzusichern. Sie wollte nicht länger warten, sie wollte nach oben laufen, um Erasmos zu stellen, bevor er sich aus dem Staub machte. Doch dann hörten sie gemächliche Schritte auf der Treppe.

Noras Ehemann erschien im Türrahmen, sein Haar war feucht, und er trug eine Jogginghose. Er erschrak zunächst, als er die Waffe sah, kam dann aber langsam näher und gab allen freundlich die Hand.

»Was wird das hier? Ein Überfallkommando zu so später Stunde hier in meinem Haus? Was verschafft mir die Ehre«, fragte er mit vorwurfvoller Stimme.

Katharina ergriff sofort das Wort, stellte sich und ihr Team vor und zeigte dabei auch ihren Dienstausweis. Ihre Waffe hielt sie immer noch im Anschlag, um auch weiterhin schnell reagieren zu können. Als Erasmos erkannte, dass es sich um die Mordkommission handelte, zuckte er kurz und blickte erstaunt in die Runde. Diesen Moment nutzte die Kommissarin aus und konfrontierte ihn direkt mit dem Mord an Jannis und dem anonymen Anrufer, der sie auf seine Spur gebracht hatte.

Das war zu viel für Erasmos. Sein bis dahin recht gelassenes Verhalten kippte, und er begann, nervös im Zimmer hin und her zu laufen. Katharina hielt ihn fest im Blick und war auf alles gefasst. Erasmos war ein kräftiger Mann, und sie wollte sich auf keinen Fall einem Überraschungsangriff aussetzen. Er wirkte völlig überfordert, damit hatte er wohl nicht gerechnet. Katharina setzte direkt nach und fragte ihn, wo er denn die letzten Tage gewesen sei. Dabei gab sie ihm unverblümt zu verstehen, dass er ihr ein lückenloses Alibi liefern musste, ansonsten müsse sie ihn mit zur Polizeistation nach Parikia nehmen. Er schaute mit zorniger Miene zu seiner Frau herüber.

»Ich war geschäftlich unterwegs, das wird Ihnen doch wohl meine Frau gesagt haben«, sagte er merklich gereizt.

»Ja, das hat sie auch«, erwiderte die Kommissarin. »Aber angeblich waren Sie in Athen und wollten heute Abend aus Piräus zurückkommen, wo Sie meine Kollegen in Parikia auch freundlich in Empfang genommen hätten«, sprach sie ruhig weiter. »Da Sie aber weder auf der Blue Star um 19:00 Uhr noch auf einem anderen Schiff aus Piräus waren, müssen wir annehmen, dass sie nicht in Athen waren. Liege ich da so falsch?«, setzte sie noch nach und warf ihren Kopf in den Nacken.

Erasmus begann zu stottern, so hochgradig aufgeregt schien er zu sein, und fuchtelte mit beiden Armen in der Luft herum »Jetzt komme ich wegen dir noch in eine solche Lage.« Er machte einen Satz in Richtung Nora, und Filippos schmiss sich geistesgegenwärtig dazwischen. Derart aufgehalten schrie er seine Frau weiter an: »Nur weil meine Frau seit Jahren mit diesem Kellner rumvögelt, werde ich hier des Mordes verdächtigt. Ja, Grund genug hätte ich wohl gehabt, diesen Kerl zu ermorden, aber ich bringe mich doch nicht deswegen um Kopf und Kragen. Das hätte dir wohl so gepasst«, ereiferte er sich weiter in Richtung seiner Frau.

Katharina war ebenfalls zwischen die beiden gesprungen und wies Erasmos energisch an, sich zu beruhigen und hinzusetzen. Nora, die bisher nur starr dagesessen hatte, sackte vollkommen in sich zusammen und klammerte sich an ein Kissen.

»Hast du tatsächlich geglaubt, ich hätte bis jetzt nichts von deinen geheimen Treffen mit diesem Dandy mitbekommen?«, sagte Erasmos weiter. »Ich weiß es schon länger und hätte dich auch in den nächsten Tagen damit konfrontiert«. Er machte eine längere Pause, und seine Stimme nahm jetzt eine melancholische Note an. »Ich wollte nur nicht, dass die Kinder es mitbekommen, und da habe ich mir eben anders geholfen«, ergänzte er und verzog sein Gesicht zu einer trotzigen Fratze. »Ich bin schon vor zwei Tagen nach Paros zurückgekommen, war aber das ganze Wochenende bei einer Bekannten. Wir kennen uns schon seit dem letzten Sommer und haben ein Verhältnis«, sprudelte es aus ihm raus. Im letzten Satz schwang unverkennbar ein wenig Stolz mit. »Leider kann ich Ihnen aber den Namen der Person nicht sagen, da sie noch verheiratet ist«, bemerkte Erasmos noch kurz und warf Nora einen verächtlichen Blick zu.

Die Kommissarin hatte Erasmos die ganze Zeit aufmerksam beobachtet, reichte ihm Zettel und Stift und forderte ihn auf, den Namen und die Adresse der Bekannten aufzuschreiben.

»Wir könnten das umgehend und unauffällig überprüfen, dann wären Sie erst einmal aus der Schusslinie«, versuchte sie ihn zu überreden. »Ich würde mir das an Ihrer Stelle noch einmal überlegen.« Sie blickte zu den beiden Kollegen und hoffte auf ein Einlenken, damit sie endlich Feierabend machen konnten, dann sagte sie noch: »Bitte stellen Sie uns außerdem noch eine Liste weiterer Zeugen für das Wochenende zusammen, falls es welche gibt.« Dann warteten sie einige Minuten, um dem überraschte Ehemann Zeit für eine Entscheidung geben, dieser machte jedoch keinerlei Anstalten, ihnen den Namen seiner Freundin zu benennen, und Katharina sagte schließlich: »Und noch was, wir werden Ihre Frau jetzt mitnehmen, damit Sie nicht gemeinsam heute im Haus bleiben müssen. Bitte reißen Sie sich zusammen und klären die Angelegenheit wie zwei erwachsenen Menschen«, fügte sie hinzu und blickte Noras Ehemann dabei direkt ins Gesicht.

»Machen Sie sich keine Umstände, ich fahre sowieso und suche mir ein Hotelzimmer, jetzt, wo alles raus ist. Die ganze Heuchelei hängt mir schon lange zum Halse raus, und hier will ich keine Nacht mehr bleiben«, erwiderte er verbittert. »Ich werde schnell noch ein paar Sachen packen, und dann bin ich weg.«

Die Kommissarin stellte sich ihm entgegen und blickte ihn mit ernster Miene an.

»So einfach ist das nicht. Sie scheinen den Ernst der Lage noch nicht begriffen zu haben. Sie stehen unter Mordverdacht. Entweder Sie geben uns jetzt den Namen ihrer Freundin, oder ich nehme Sie vorläufig fest.«

Erasmos lief rot an, und man merkte, wie er mit sich kämpfte, doch er konnte oder wollte sich nicht dazu durchringen, den Namen seiner angeblichen Geliebten zu benennen. Schließlich platzte Katharina der Kragen, und sie rief die beiden wartenden Kollegen, um den Verdächtigen nach Parikia in die Zelle zu bringen.

»Vielleicht überlegen Sie sich heute Nacht die Sache noch einmal, ich bin auf jeden Fall immer für Sie erreichbar.« Sie gab ihm ihre Visitenkarte. »Abführen!«

Endlich Schicht für heute und ab zurück nach Naoussa, dachte sie, doch vorher kümmerte sie sich noch um Nora. Sie bot ihr an, einen Arzt vorbeizuschicken, aber diese lehnte das Angebot ab. Für alle Fälle ließ sie ihr die Nummer einer Ärztin da, falls sie doch noch Hilfe benötigten sollte, und verließ das Haus.

Die beiden wartenden Beamten nahmen den Verdächtigen entgegen und wollten gerade nach Parikia starten, als die Kommissarin ihn noch fragte, wer denn wohl der anonyme Anrufer gewesen sein könnte. Doch der überwältigte Ehemann konnte keinen klaren Gedanken mehr fassen und hatte keine Idee, wer ihm das eingebrockt hatte. Sie würde ihm morgen noch einmal in neutraler Umgebung den Anruf vorspielen, um der Sache auf den Grund zu gehen. Warum hatte sich der Anrufer nicht zu erkennen gegeben? Oder versuchte hier jemand, die Polizei auf eine falsche Fährte zu schicken? Ein interessanter Gedanke, dachte sie, und hoffte das Erasmos anhand der Stimme vielleicht doch noch eine Person erkennen konnte.

Als sich die Anspannung langsam löste, spürte sie, wie müde und auch niedergeschlagen sie war. Die einzige heiße Spur, die sie im Moment hatten, war für sie nicht eindeutig. Ihr Gespür sagte ihr eher, dass Noras Gatte nicht der Mörder war. Warum gab er ihr nicht die Adresse seines Alibis? Das hätte es für alle Beteiligten einfacher gemacht. Aber vielleicht bekam sie ja schon morgen früh einen Anruf. Eine Nacht in der spartanischen Zelle hatte schon ganz andere Kaliber weich gekocht.

»So ist das eben in unserem Job«, rief sie Filippos zu, der auch betrübt wirkte und bedächtig vor ihr her ging. »Jetzt haben wir uns aber noch ein Gläschen Wein verdient, oder was meinst du?«, munterte Katharina ihn auf. »Komm, ich lade dich ein, im Agora noch einen Absacker zu nehmen, falls du deine kostbare Freizeit mit deiner alten Chefin überhaupt verbringen möchtest? Adonis, du bist natürlich mit eingeladen, wenn du möchtest.«

»Danke, danke, aber ich bin froh, wenn ich im Bett liege, das war ein verdammt anstrengender Tag«, winkte er ab. »Ich setzte euch in Naoussa ab und fahre dann direkt nach Drios.«

Filippos dunkle Miene erhellte sich zu einem Lächeln, eine Runde im alten Hafen, das ließ er sich nicht zweimal sagen.

Es war mittlerweile kurz vor elf, und der alte Hafen war gut besucht. Die letzten beiden Tage war es fast windstill, und alle Restaurants hatten draußen die Tische eingedeckt. Ein buntes Meer von unterschiedlichen Tischen und Stühlen, damit man die jeweiligen Restaurants auch auseinander halten konnte. Bei ruhigen Wetter konnte man hier stundenlang sitzen und zuschauen, wie die Fischer mit ihren Booten in das alte, mit Marmor gefasste Hafenbecken ein- und ausliefen. Die Musik der kleinen Bars war um diese Jahreszeit noch sehr dezent und nie zu laut. Dazu waren im Mai auch noch zu wenige Gäste auf Paros. Ab Ende Juni wurden die Anlagen dann zunehmend lauter gedreht, und der ganze Hafen wurde zu einer einzigen Partymeile. Die beiden Kollegen setzten sich an einen kleinen Tisch ins Agora, der angesagtesten Bar am Platz. Die Preise hier standen denen von Mykonos in nichts nach, aber es war einfach ein nettes Plätzchen, und das hatte halt seinen Preis. Ab sofort wurde nicht mehr über den Fall gesprochen, das war ein ungeschriebenes Gesetz, und meistens hielt sich das Team auch daran. Katharina überlegte kurz, ob sie Filippos von ihrer neuen Lebensperspektive berichten sollte, entschied sich dann aber doch dagegen. Es wäre noch zu früh und würde nur Unruhe in die momentanen Ermittlungen bringen. Und im Übrigen musste sie sich auch erst einmal selber zu einer Entscheidung durchringen.

So tranken sie noch ein Glas Wein zusammen, bevor Katharina sich verabschiedete und todmüde in Richtung Aliportas verschwand. Filippos blieb noch, denn der Abend war noch jung, und er genoss die Zeit auf Paros. Es war für ihn eine willkommene Abwechslung zu dem tristen Athen, dahin würde er noch früh genug wieder zurückkommen.

STEPHAN
NAOUSSA, PAROS

Stephan und die drei Moselschleifen hatten köstlich gegessen und schwärmten überschwänglich vom frischen Zucchinisalat mit Kapern und Anchovis, als sie das Lou Lou verließen. Jetzt stand erst einmal eine Runde durch den alten Hafen an, bevor es danach im Aliportas noch einen Greek Coffee mit etwas Süßem gab. Rund um das Hafenbecken blieb immer eine kleine Gasse für den nächtlichen Besucherstrom, der um diese Zeit seine Runden drehten.

Im Aliportas hatte sich wie immer fast die ganze Familie eingefunden, um den Abend ausklingen zu lassen. Und wie jeden Tag gab es auch einige Neuankömmlinge, die über das Wochenende angereist waren. Einer davon war die Adilette, den sie so getauft hatten, weil er den ganzen Urlaub nur Klamotten von Adidas trug. Es sah meist ziemlich albern aus, denn so ganz frisch war Tobi auch nicht mehr. Aber dafür wussten alle nach dem Urlaub immer, was die neueste Kollektion von Adidas so zu bieten hatte. Jetzt würde es jedes Wochenende voller werden.

Sie fanden noch ein Plätzchen in der Nähe des alten Kiosks, deren Besitzer gerade dabei waren, Feierabend zu machen. Das war allabendlich ein rühriges Schauspiel, denn die Besitzer waren ein steinaltes Ehepaar, das schon seit Jahrzehnten diesen Kiosk führte. Diese bunten Fleckchen im griechischen Straßenbild sind Kommunikationszentren und Anlaufstellen für alles und sind in Griechenland eine dankbare Einnahmequelle. Es werden begrenzt Lizenzen vergeben, und die Besitzer behalten sie meist ein Leben lang. Stephan war aufgefallen, das in vielen Lehrbüchern von Sprachkursen das erste Kapitel »To Periptero« hieß – Der Kiosk. Das zeigt ein wenig, welchen Stellenwert ein Kiosk in Griechenland hat. So war es auch bei dem alten Ehepaar, sie hatten in jungen Jahren den Kiosk übernommen, und er war zu ihrem Lebensinhalt geworden. Die beiden gingen gerade im Schneckentempo um den Kiosk und verriegelten ihn mit einer alten Kette. Das geschah jeden Abend zur gleichen Zeit, dabei wurde kein Wort gesprochen. Mit Hilfe eines alten Stuhls half Sie ihm immer, die beiden Luken herunter zu holen, um den Kiosk komplett dicht zu machen. Wenn man dabei zusah, wollte man immer sofort hinspringen und helfen, aber das hatten schon einige Touristen versucht und wurden barsch abgewiesen. Die beiden schienen recht religiös zu sein, denn während der ganzen Prozedur bekreuzigten sie sich ständig, und man hatte oft den Eindruck, dass ihnen das laute Geschehen im Aliportas absolut gegen den Strich ging. Dabei war es jetzt zu dieser Jahreszeit noch harmlos, und Stephan wollte gar nicht wissen, wie dieses alte Pärchen mit dem Treiben im Juli und August klar kam. Als die beiden schließlich alles erledigt hatten, gingen sie Hand in Hand zu ihrer Wohnung, die direkt gegenüber im ersten Stock eines alten Hauses lag. Oft saßen sie dann zu später Stunde noch auf der großen Terrasse gegenüber dem Aliportas und schauten grimmig auf die lebhafte Touristenschar.

Sie bestellten sich ihren Kaffee, und Heiner, der schnurstracks zur Kuchentheke gelaufen war, orderte ein paar Erdbeertörtchen, die immer gerne genommen wurden. Diese bestanden aus einer Sahne-Joghurtcreme sowie frischen Erdbeeren, und es gab sie nicht jeden Tag. Sie hatten Glück, noch ein paar zu ergattern, denn um diese Zeit waren sie meistens schon alle aufgeputzt. Während sie ihre Törtchen genüsslich in sich hinein stopften, sagte Pia plötzlich:

»Komisch, Onkel Grete sitzt gar nicht auf seinem Platz, und Seelchen müsste eigentlich auch längst hier sein.«

Sie schauten sich alle an, Pia hatte Recht, der Platz direkt neben dem Eingang zum Café war leer, hier saß sonst jeden Abend um diese Zeit Onkel Grete.

»Der wird sich doch wohl nicht von unserer Miss Marple hat anstecken lassen und ist mit Seelchen auf Spurensuche?«, rutschte es Pia heraus.

»Denkbare wäre das«, sagte Heiner, »so wie er den beiden gestern die Adresse und die Lage von Erasmos Haus erklärt hat. Seelchen hat ihn dann wahrscheinlich so lange bearbeitet, bis er nicht mehr anders konnte.«

Das war das richtige Thema zu so später Stunde, und sie malten sich laut lachend aus, wie das Trio wohl nachts durch Ambelas schlich.

»Schön, euch fröhlich zu sehen neben all den tragischen Ereignissen.« Angelos, der durch das Lachen aufmerksam geworden war, kam an ihren Tisch. »Lasst mich mitlachen. Ich kann ein wenig Spaß gebrauchen.«

Sie schilderten ihm immer noch schmunzelnd kurz ihre Vorstellungen von dem kriminalistischen Trio.

»Ich glaube, so falsch liegt ihr da nicht. Die drei waren bis um 23:00 noch hier …«, Angelos Stimme klang nüchtern, »und sind tatsächlich nach Ambelas aufgebrochen. Paul sagte nur, sie hätten noch was Wichtiges zu erledigen. Silberrücken war übrigens auch dabei.«

Damit ließ er sie allein, denn er wurde ins Café gerufen.

Stephan, der die ganze Zeit mitgelacht hatte, kam plötzlich der laute Abgang von Georgios wieder in den Sinn. Komisch, dass er sich noch nicht bei ihm gemeldet hatte. Bestimmt war ihm das peinlich gestern, so betrunken durch das Lokal zu torkeln. Er nahm sich fest vor, am nächsten Morgen mit ihm zu telefonieren und ihn zur Rede zu stellen.

NORA PARAKOUDI
AMBELAS, PAROS

Nora war direkt, nachdem Katharina mit ihrem Team und ihrem Mann das Haus verlassen hatte, ins Bett gegangen. Sie war so erschöpft, dass sie, ohne sich auszuziehen, in einen tiefen Schlaf fiel. Die Ungewissheit des Tages, wo ihr Mann sich befand, und auch die Angst, dass er ihr etwas antuen könnte, hatten stark an ihren Nerven gezerrt.

Sie war glücklich, dass ihre beiden Kinder gut untergebracht waren und nichts von dem ganzen Spektakel mitbekommen hatten. So konnte sie jetzt erst einmal ausschlafen. Morgen würde sich zwar nichts geändert haben an der Tatsache, dass Jannis tot war, aber sie konnte wenigstens etwas neue Kraft tanken. Sie hatte die Haustür gut verschlossen, denn ihr war schon etwas mulmig zumute. Sie war allein in dem großen Haus, und der Mörder von Jannis lief noch frei herum.

Doch die ersehnte Ruhe sollte nicht lange andauern. Tief in ihr Laken eingehüllt wurde sie gegen 1:00 Uhr aus ihren Träumen gerissen. Zunächst nahm sie nur unterschwellig ein Scheppern war, und sie verharrte abwartend im Halbschlaf. Doch dann, als es ein zweites Mal klapperte, erschrak sie fürchterlich. Sie erstarrte förmlich, versteckte sich instinktiv noch tiefer in ihrem Laken und lauschte. Ihr Atem stockte, und sie spürte, wie ihr heiß wurde.

Sie war jetzt hellwach und horchte angestrengt nach draußen. Das Schlafzimmer lag im ersten Stock, und Nora hatte das Fenster aufgelassen. Es war vollkommen windstill, die Gardinen hingen bewegungslos im Fenster. Der Wind konnte also nicht der Auslöser gewesen sein, dachte sie. Vielleicht war es aber auch nur eine Katze, davon gab es hier wahrlich genug, versuchte sie sich zu beruhigen. Dann wagte sie sich mit dem Kopf unter dem Laken hervor und stieg vorsichtig aus dem Bett. Peinlichst darauf bedacht, keinen Lärm zu machen, schlich sie langsam durch das Zimmer. Gott sei Dank lag ihr Handy in Reichweite, und die Karte von

Katharina hatte sie in weiser Voraussicht gleich neben ihr Bett gelegt. Sie tastete sich wie in Zeitlupe bis zum Fenster vor, immer noch auf weitere Geräusche lauschend.

Plötzlich nahm sie aus ihrem Garten ganz leise ein Rascheln wahr. Sie lugte vorsichtig aus dem Fenster, um irgendetwas erkennen zu können. Dabei achtete sie darauf, möglichst nicht von unten gesehen zu werden. Doch es war fast stockfinster, denn es gab keinen Mond, der die Umgebung erhellt hätte, und schon nach kurzer Zeit schmerzten ihr die Augen. Lediglich von einer weit entfernten Straßenlaterne kam ein leichter Lichtschimmer bis aufs Grundstück. Nora sackte plötzlich zusammen, als sie glaubte, einen Schatten gesehen zu haben, und begann furchtbar zu zittern.

Sie konzentrierte sich auf die Stelle des vermeintlichen Schattens, und tatsächlich sah sie die Umrisse einer Person hinter einem großen Oleanderbusch. Ganz eindeutig, das war keine Einbildung, und Nora bemerkte, wie ihr Herz zu rasen anfing. Was sollte sie jetzt tun? Ihre Gedanken überschlugen sich, und fast automatisch griff sie nach ihrem Handy und tippte mit zitternder Hand die Nummer von Katharina ein. Dann bewegte sie sich schleichend weg vom Fenster ins Treppenhaus, damit der unliebsame Besucher sie nicht hören konnte. Es kam ihr vor wie eine Ewigkeit, bis sich Katharina schlaftrunken am Telefon meldete.

»Bitte kommen Sie sofort«, brach es aus ihr heraus, und sie musste sich zur Ruhe zwingen bevor sie weiter stotternd in ihr Handy flüsterte, »hier im Hof ist jemand. Ich habe fürchterliche Angst.«

Katharina brauchte ein paar Atemzüge, um zu begreifen, wer am anderen Ende des Telefons war, sprang dann aber sofort aus dem Bett und war voll da.

»Beruhigen Sie sich und versuchen Sie, sich zu verstecken. Wir sind ganz schnell bei Ihnen.«

Während sie in ihre Klamotten stieg, wählte sie sofort die Handynummer von Filippos und gab ihm klare Anweisungen, sie in fünf Minuten abzuholen. Sie würden in kürzester Zeit in Ambelas sein.

Nora steckte das Handy in ihre Hosentasche und schlich zurück zum Fenster. Verstecken konnte sie sich immer noch, sie bevorzugte das Geschehen von hier oben aus im Auge zu behalten. Ihr Blick wanderte erneut zu dem Oleanderbusch, aber sie konnte trotz großer Anstrengung keinen Schatten mehr erkennen. Langsam wagte sie sich mit dem Kopf etwas weiter aus dem Fenster, um die Haustür einsehen zu können, als sie vor Schreck fast laut geschrien hätte. Da unten standen drei Gestalten direkt vor ihrer Eingangstür und schienen zu überlegen, wie sie ins Hausinnere gelangen konnten.

Nora schnappte nach Luft. Wie lange würde Kommissarin Waldmann wohl brauchen, um bei ihr zu sein? In Gedanken fuhr sie die kurze Strecke ab, und ohne weiter nachzudenken, ergriff sie eine Wasserflasche, die neben ihrem Bett stand. Dann dachte sie an Katharinas Worte, sich zu verstecken. Hektisch zog sie sich vom Fenster zurück, auf der Suche nach einem geeigneten Versteck. Dann passierte es, sie rutschte aus und stieß gegen eine Kommode, auf der eine Vase stand. Mit einem lauten Knall zersprang das gute Stück in tausend Scherben, während Nora mit weit aufgerissenem Mund und starr vor Schreck einen Schrei unterdrückte.

Jetzt wussten sie, dass jemand da war! Die Wasserflasche fest umklammert, wollte sie sich gerade im Badezimmer verbarrikadieren, als es heftig an der Tür klopfte.

»Machen Sie auf, wir wollen mit Ihnen reden. Es geht um Jannis«, rief fordernd eine Frauenstimme.

Nora stockte der Atem, fast hätte sie die Wasserflasche in ihrer Hand zerdrückt, so groß war ihre Anspannung. Katharina müsste doch längst da sein, wo blieb sie denn nur? Doch die unliebsamen Gäste waren ungeduldig und klopften erneut heftig an der Tür.

»Wir wissen, dass Sie da sind. Machen Sie sofort auf, ansonsten machen wir es. Wir haben nicht die ganze Nacht Zeit.«

Nora wusste, dass es nur ein paar Minuten von Naoussa bis Ambelas waren, es konnte sich also nur noch um einen Moment handeln, bis sie Hilfe bekam. Ihr blieb jetzt nur noch, die fremden Besucher so lange hinzuhalten. Schnell rannte sie die Treppe hinunter, um den zusätzlichen Riegel vor die Haustür zu schieben, als ihr mit einem lauten Knall die Tür mit voller Wucht entgegen kam. Instinktiv schlug sie mit voller Kraft die Wasserflasche auf alles, was ihr in diesem Augenblick in den Weg kam, und erwischte einen der drei Eindringlinge. Dann rannte sie so schnell sie konnte zurück die Treppe hinauf, schloss sich ins Badezimmer ein und wartete, dass man sie hier oben aufspürte. Sie verkoch sich in der äußersten Ecke des Bades, wickelte sich ein Handtuch um ihren Kopf und horchte... Doch widererwartend blieb es ruhig, es waren keine Schritte auf der Treppe zu hören, es tat sich nichts. Zusammengekauert wartete sie so eine ganze Weile, und es kam ihr unendlich lang vor, bevor sie langsam das schützende Handtuch von ihren Kopf wegnahm und sie ein lautes Winseln aus dem Erdgeschoß vernahm. Und zum Glück war da noch ein weiteres Geräusch, was sie endlich wieder durchatmen ließ – sie hörte ein Auto. Das musste die Kommissarin sein – Rettung in letzter Sekunde.

In der Tat erreichten Katharina und Filippos in diesem Moment das Grundstück der Parakoudis, und sie hätten fast den am Wegrand geparkten Wagen gerammt. Filippos riss gerade noch rechtzeitig das Steuer herum und setzte das Polizeifahrzeug in einen Busch am Rande der Zufahrt. Sie sprangen sofort aus dem Wagen und liefen mit gezückter Pistole auf das geparkte Fahrzeug zu, in dem zusammengesunken eine Person saß.

»Kommen Sie mit erhobenen Armen raus und stellen Sie sich mit gespreizten Beinen vor das Fahrzeug. Die Arme immer schön oben«, befahl Katharina laut.

Aber aus dem Wagen war nur ein Ächzen zu vernehmen, und als Filippos die Taschenlampe auf das Auto hielt, erkannte er, mit wem sie es zu tun hatten. Erschrocken bis aufs Mark, saß Onkel Grete zitternd in dem alten Wagen und stammelte nur vor sich hin: »Gehen Sie schnell zum Haus, bevor schlimmeres passiert. Ich kann ihnen sowieso nicht weglaufen«, und zeigte auf seine Krücken.

Katharina reagierte spontan, zog schnell den Autoschlüssel aus dem Schloss, damit Onkel Grete nicht verduften konnte. Anschließend rannten sie und Filippos den Weg zum Haus hinauf. Die Haustür schien offenzustehen, und es brannte Licht im Eingangsbereich. Erst als sie näher kamen, sahen sie das ganze Elend in seinem vollen Ausmaß. Blutüberströmt lag Silberrücken wimmernd auf dem Boden, während Seelchen ihn lauthals zu beruhigen versuchte.

»Was ist hier los? Was machen Sie hier im Haus der Parakoudis?«, schrie Katharina die beiden an. »Wo ist Nora? Was haben Sie mit ihr gemacht?«

Nora hatte mittlerweile mitbekommen, dass Katharina eingetroffen war, und öffnete vorsichtig die Badezimmertür. Sie lugte die Treppe hinunter, und als sie die beiden Beamten erblickte, rief sie: »Danke, dass Sie so schnell gekommen sind. Ich habe Todesangst gehabt. Was wollen diese Menschen von mir? Als hätte ich nicht genug durchgemacht die letzten Tage.«

»Ja, das hätten wir auch gerne gewusst, da gibt es einiges zu klären.« Erst jetzt erkannte Katharina, dass es einen dritten gab, der vollkommen aufgelöst in der Ecke des Flurs stand. Es war Paul, Seelchens Mann, dem seine rote Gesichtsfarbe gänzlich abhandengekommen war.

»Hätte ich mich bloß nicht auf diese Aktion eingelassen«, sprach er zu sich selbst. »Aber jetzt ist es zu spät, jetzt haben wir den Salat.«

»Ach, sei doch still«, fuhr ihm Seelchen direkt über den Mund. »Wir wollten doch nur mit Erasmos Parakoudis reden, aber die hat ja nicht aufgemacht.« Dabei deutet sie abwertend auf Nora.

»Das gibt Ihnen aber noch lange kein Recht, hier einfach einzudringen. Das wird eine Anzeige wegen Hausfriedensbruch geben und vielleicht noch mehr. Dafür werde ich sorgen. Aber jetzt müssen wir uns erst einmal um Ihren Kompagnon kümmern, den scheint es ja kräftig erwischt zu haben. Wir müssen ihn zu einem Arzt bringen.«

Filippos hatte sich bereits daran gemacht, die Haustür provisorisch wieder einzusetzen, und fragte Nora, ob sie im Haus bleiben wolle. Sie bejahte.

»Ich werde eine Schlaftablette nehmen, dann bekomme ich nichts mehr mit. Und noch mal vielen Dank für Ihren schnellen Einsatz«, fügte sie erschöpft hinzu. Dann musste sie Katharina noch versprechen, sich morgen früh bei ihr zu melden.

Das nächtliche Einbrechertrio wurde für den nächsten Tag ins Polizeipräsidium von Parikia bestellt, wo man die Anzeige aufnehmen würde und den entstandenen Schaden beziffern wollte. Anschließend packten sie Silberrücken zu zweit unter den Armen und brachten ihn zum Fahrzeug. Seine Nase sah böse aus, davon würde er die nächsten Wochen noch was haben, aber das hatte er sich ja selber eingebrockt. Seelchen war unterdessen schweigend zum Fahrzeug von Onkel Grete gegangen. Die Niederlage hatte ihr die Sprache verschlagen, und das kam weiß Gott selten vor. Paul trabte brav hinterher und stieg schweigend in den Wagen ein.

Als beide Fahrzeuge das Grundstück verlassen hatten, kehrte endlich Ruhe ein, und Nora konnte ihren so dringend benötigen Schlaf nachholen.

GEORGIOS APOSTOLOPOULOS
PARIKIA, PAROS

Um vierzehn Uhr kam Georgios langsam zu sich. Er hatte wieder einmal einen fürchterlichen Kater, und das Diazepam wirkte nach. Sein Gehirn arbeitete in Zeitlupe, und erst langsam erinnerte er sich, wo er sich befand und was gestern passiert war. Außerdem war es total stickig in dem kleinen Zimmer, denn in der Raserei gestern Nacht, hatte er vergessen, die Klimaanlage einzuschalten. Er taumelte apathisch zum Fenster und riss es weit auf, dann schaffte er es bis zur Dusche und ließ kaltes Wasser über seinen Körper laufen. Die beiden Tage hatte er sich vollkommen anders vorgestellt. Er könnte jetzt zusammen mit Alex am Strand liegen, und sie hätten eine zweite gemeinsame Nacht vor sich gehabt. Das wäre die richtige Entspannung vor der anstehenden Testamentseröffnung gewesen. Jetzt fühlte er sich noch elender, als vor seiner Abreise. Was sollte er jetzt tun, sollte er Alex suchen und sich entschuldigen? Doch so wie der in Rage war gestern, wäre es wohl besser, sich nicht in den Bars sehen zu lassen. Er überlegte hin und her, wie er vielleicht doch noch was aus dem Mykonos-Besuch machen konnte, aber er kam zu keinem brauchbaren Ergebnis. Er entschied sich für die Rückreise nach Naoussa und würde sich bis zum nächsten Tag in seiner kleinen Wohnung einschließen. Hier konnte er sich mental am besten auf den Termin bei Manolis vorbereiten.

Das Ticket war schnell umgebucht, und am späten Nachmittag ging eine Fähre zurück nach Parikia. Von dort fuhr er auf direktem Wege nach Lefkes. In seiner Wohnung stand noch unberührt das ganze Material, das er sich letzte Woche bei der Baustoff-Handlung besorgt hatte. Eigentlich hätte der kleine Verkaufsraum in seiner Wohnung längst renoviert sein sollen, denn ab dem letzten Wochenende galt der Sommerfahrplan. Ab jetzt fuhren wieder die Busse von Parikia und Naoussa nach Lefkes. Die brachten täglich neue Touristen in das kleine Dörfchen, und da wäre schon das ein oder andere Geschäft möglich gewesen. Aber wann hätte er das tun sollen – und außerdem würde er den Laden ab Mittwoch nicht mehr brauchen, malte er sich aus. Endlich konnte er dann raus aus diesem Loch und sich eine anständige Wohnung leisten. So igelte er sich ein und fieberte dem kommenden Mittwoch entgegen. Er rechnete damit, dass außer ihm auch noch Sophia bei Manolis erscheinen würde. Dass eventuell noch weitere Personen im Testament bedacht sein könnten, konnte er sich nicht vorstellen. Nur der Hinweis von Manolis, das es noch kleinerer Änderungen gegeben hatte, ließ ihm keine Ruhe.

Je näher der Termin rückte, desto häufiger dachte er darüber nach, was das wohl sein könnte. Selbst sein Besuch im Aliportas hatte ihm darauf keinen Hinweis gegeben. Ob Stephan ihn wohl erkannt hatte, wie er taumelnd das Café verließ? Er würde bestimmt nachhaken, was da mit ihm losgewesen sei, da war sich Georgios sicher. Doch er wollte im Moment nicht mit ihm reden, das war ihm zu kompliziert. Stephan konnte so beharrlich sein, und womöglich würde er sich um Kopf und Kragen reden. Doch er wusste, dass er Stephan nicht aus dem Wege gehen konnte. Er musste sich vorbereiten auf das unvermeidliche Gespräch.

Georgios Unruhe wurde immer größer und gipfelte darin, dass er in seiner Wohnung anfing, hin und her zu laufen, an Schlaf war wieder einmal nicht zu denken. Zum Glück gab es ja die kleinen Glückspillen, und wieder erlag er dem Drang nach den gefährlichen Tabletten. Georgios verbrachte so den ganzen Dienstag mit Nichtstun, und war heilfroh als Mittwochmorgen endlich der Termin zur Testamentseröffnung anstand.

Der Termin war für elf Uhr angesetzt, und Georgios lechzte danach, endlich nach Parikia aufzubrechen. Die Kanzlei von Manolis lag am Ortsrand in Richtung des Flughafens, und er würde circa zwanzig Minuten bis dahin brauchen. Um zehn hielt ihn nichts mehr in seiner Wohnung, und er startete in Richtung der Inselhauptstadt. Das hatte zur Folge, dass er viel zu früh dort ankam. Er parkte seinen alten Peugeot in der Nähe von Manolis Haus in einer Reihe weiterer Fahrzeuge und wartete. Erst kurz vor elf wollte er ins Haus gehen, damit er sich nicht Manolis alleine aussetzen musste, denn das wäre ihm unangenehm gewesen.

Es vergingen zehn Minuten, als er Sophia kommen sah, und er erschrak, als er eine weitere Person an der Seite von Sophia erblickte: Anna! Was wollte die hier? War das die kleine Änderung, von der Manolis erzählt hatte? Hatte seine Mutter etwa Anna in ihrem Testament mit berücksichtigt? Georgios wurde es heiß und kalt, Anna war nicht zu unterschätzen. Sie war eine Kämpferin, mit der er sich nicht gerne anlegen wollte. Wie oft hatte er sie bei seiner Mutter erlebt, wie sie versuchte, Maroula zu beeinflussen. Ihr ständiges Gerede von Umweltschutz und Verantwortung der Natur gegenüber war ihm schon auf den Geist gegangen, als er noch zu Hause wohnte. Was wollte diese Frau heute hier, wo es doch um eine reine Familienangelegenheit ging? Er würde es gleich erfahren und konzentrierte sich jetzt auf den Termin, verdrängte alle Ängste, um nicht zu unsicher zu wirken. Er war der alleinige Sohn, ihm gehörte jetzt das Erbe!

Fünf vor elf sprang er aus dem Auto und ging das kurze Stück zum Grundstück des Juristen. Die Eingangstür stand auf, und er meldete sich im Sekretariat an.

»Guten Tag, Herr Apostolopoulos, bitte nehmen Sie im Besucherzimmer Platz, die anderen Erben sind schon alle da. Wir werden gleich mit der Testamentseröffnung beginnen.«

Georgios folgte der Aufforderung von Manolis Sekretärin und nahm mit Unbehagen einen Platz neben den beiden Frauen ein. Man begrüßte sich kalt. Es herrschte eisige Stille zwischen den beiden Parteien, und Georgios spürte, wie ihm die Panik langsam den Hals hoch kroch. Hätte er doch nur eine seiner Beruhigungspillen dabei, er hätte sich sofort eine eingeworfen. Er versuchte ruhig zu wirken, aber innerlich bebte er vor Unruhe.

Endlich ging die Tür auf, und Manolis betrat den Raum mit einem Ordner in der Hand. Er begrüßte zunächst die beiden Frauen herzlich, dann gab er Georgios förmlich die Hand. Langsam und bedacht setzte er sich an seinen großen Schreibtisch.

»Ich möchte euch alle zu der heutigen Testamentseröffnung begrüßen, in dem wir den letzten Willen unserer lieben Freundin und Mutter Maroula Apostolopoulou besprechen wollen«, eröffnete er den offiziellen

Teil. »Ich werde das handschriftlich von Maroula verfasste Testament zunächst vorlesen, damit jeder von euch den Inhalt genau kennt, danach können wir über rechtliche Fragen und Ansprüche sprechen. Seid ihr damit einverstanden?«

Er wartete kurz die Zustimmung aller Beteiligten ab und holte tief Luft.

»Mein letzter Wille ...«, begann Manolis nun das Testament zu verlesen. »Ich, Maroula Apostolopoulou, lege in diesem Dokument meinen letzten Willen fest und beauftrage Herrn Manolis Spadaris alle Rechtsmittel einzusetzen, die zur Durchsetzung dieses Testaments notwendig sind. Gleichzeitig möchte ich in diesem Dokument auch ein lang gehütetes Geheimnis niederschreiben, das nur mir und meinem verstorbenen Mann bekannt war. Ich habe einen unehelichen Sohn mit Namen Jannis Kostatidis, den ich direkt nach der Geburt im Jahre 1973 zur Adoption freigegeben habe. Das habe ich mein Leben lang zutiefst bereut und möchte mit meinem letzten Willen auch einen Teil meiner großen Schuld an meinem Sohn wiedergutmachen.«

Manolis unterbrach seine Ausführungen nach diesem Satz, um den Anwesenden Zeit zu geben, diese Enthüllung zu verarbeiten. Umso erstaunter musste er feststellen, dass nur Sophia eine merkliche Reaktion zeigte. Sie blickte mit weit aufgerissenen Augen in die Runde und stieß ein spontanes »Nein« aus, so als wollte sie das Gehörte nicht wahrhaben. Die Ablehnung wurde dadurch unterstrichen, dass sie sich mehrfach bekreuzigte. Georgios schien fast unberührt von Maroulas Botschaft, was Manolis sofort auffiel und in ihm ein gewisses Unbehagen auslöste. Wusste er etwa schon von der Existenz seines Halbbruders? Fast schien es ihm so. Oder war es nur die Anspannung, die ihn so kühl wirken ließ? Grübelnd nahm er wieder die Urkunde zur Hand und las in seinem Text weiter.

»Doch zunächst lege ich fest, dass meine langjährige Freundin Sophia Kabaz, die mir stets zur Seite stand, das Vorderhaus am Lageri bekommt. Sie hat mit mir gelebt und gelitten und soll mit ihrem guten Geist die Erinnerungen an dieses Haus aufrechterhalten.«

Sophia, die von Maroulas Geheimnis ziemlich verwirrt war, schossen die Tränen in die Augen und schluchzte ungehemmt los. Anna und Georgios saßen derweil regungslos auf ihren Stühlen und warteten gespannt auf die weiteren Ausführungen. Für Georgios war es keine Überraschung, dass seine Mutter Sophia bedacht hatte, damit hatte er schon gerechnet, und seine Vermutungen wurden bestätigt. Aber das war ja nur der kleinste Teil des Erbes. Wichtig war, was mit dem Grundstück passieren sollte. Aber Manolis wartete noch einen Moment, damit er sicher sein konnte, dass alle Anwesenden seinen Worten weiter folgten. Dann las er weiter.

»Doch kommen wir nun zur wichtigsten und schwierigsten Entscheidung, die ich am Ende meines Lebens noch treffen musste.«

Endlich, jetzt war es soweit! Jetzt würde er bekommen, worauf er solange gehofft hatte. Georgios war gespannt wie eine Feder und erwartete sehnsüchtig die weiteren Worte Manolis.

»Mein geliebtes Lageri-Grundstück vermache ich zu gleichen Teilen meinem ersten Sohn Jannis und meiner Mitstreiterin Anna Volitati, damit die Zentrale ihrer Umweltschutzorganisation zum Lageri verlegt werden kann. Ich habe mich nach langen Beratungen zu diesem Schritt entschieden, weil nur so die Erhaltung des Lageri-Grundstücks in seiner ursprünglichen Form sichergestellt ist. Es ist einer meiner sehnlichsten Wünsche, dass dieses Naturwunder in der jetzigen Form der Nachwelt erhalten bleibt. Daher wird auch mein gesamtes Barvermögen in Höhe von 2,5 Millionen Euro zu gleichen Teilen an Anna und Jannis gehen. Ich hoffe, dass Jannis und Anna einen gemeinsamen Weg finden, meinen letzten Wunsch entsprechend umzusetzen.«

Manolis hatte den letzten Satz kaum beendet, als Georgios plötzlich aufsprang und wild gestikulierend zu schreien begann. Es traf ihn wie ein Geschoss, und für ein paar Minuten war er nicht zu beruhigen. Manolis musste mit lauter Stimme um Ruhe bitten, damit er weiter machen konnte.

»Ich bin noch nicht am Ende meiner Ausführungen. Bitte habt noch einen Moment Geduld. Außerdem haben uns die Ereignisse der letzten Tage ja eingeholt, so dass sich weitere Änderungen ergeben haben. Hört aber hier zunächst die letzten Zeilen von Maroulas Testament.«

Er bat sie, sich wieder hinzusetzen, und fuhr fort.

»Meinen zweiten Sohn Georgios habe ich in meinem Testament nicht berücksichtig. Er wird sich somit mit seinem Pflichtteil begnügen müssen. Sein Lebensstil und besonders seine Lebenseinstellung zu der von mir so geschätzten Landschaft haben mich zu diesem schwierigen Entschluss bewogen. Möge Gott euch bei allen Entscheidungen zu den neuen Aufgaben begleiten. In Liebe und Dankbarkeit Maroula Apostolopoulou. Naoussa, im Mai 2011.«

Manolis legte das Schriftstück langsam zur Seite, blickte alle drei an, ergriff dann erneut das Wort und sprach mit fester Stimme weiter.

»Wie wir seit kurzem wissen, ist Jannis tot! Ermordet auf dem Lageri-Grundstück! Daraus ergibt sich eine Änderung in der Erbfolge. Georgios erhält somit die Hälfte des Erbes, welches für Jannis bestimmt war, die andere Hälfte bleibt unberührt bei Anna.«

Seine Stimme war lauter geworden und sein Blick richtete sich zornig auf Georgios.

»So ist leider die Rechtslage, auch wenn deine Mutter das unbedingt verhindern wollte«, ergänzte er noch. Die letzten Worte waren ihm zuwider, das merkten alle, aber so war nun mal die neue Situation. Er erinnerte sich an den letzten Besuch bei Maroula, wie energisch sie kurz vor ihrem Tod noch die Änderung in ihrem Testament festgelegt hatte. Das mit Jannis Tod, das konnte doch kein Zufall sein, und wieder kam ihm der Gedanke, dass Georgios schon vorher von seinem Halbbruder gewusst hatte. Ob er auch von Maroulas Testament Wind bekommen hatte? Nein, das konnte nicht sein. Wer sollte ihm die Informationen gegeben haben? Manolis war erschöpft, so sehr hatte ihn das Verlesen des Testamentes angestrengt, und er verdrängte den Gedanken. Trotzdem nahm er sich vor, der Kommissarin aus Athen von seiner Vermutung zu berichten.

Dann ließ er seinen Blick erneut in die Runde schweifen und sah, dass Georgios wie erstarrt auf seinem Sitz saß. Anna saß mit triumphierender Miene neben ihm und genoss, dass ihre jahrelangen Bemühungen nicht umsonst gewesen waren. Sie hatte die Alte doch noch in letzter Sekunde dazu bewegen können, die richtige Entscheidung zu treffen. Nur Georgios warf sie einen eisigen Blich zu und wusste in diesem Moment, dass er sich nicht so einfach damit zufrieden geben würde. Das musste schon schwer zu ertragen sein für ihn, erst von der eigenen Mutter verstoßen und jetzt kam Sie ihm noch dazwischen. Und dabei sollte er doch froh sein, denn würde Jannis noch leben, wäre er so gut wie leer ausgegangen. Aber Georgios würde sie schon in den Griff bekommen, das spürte sie, und deshalb lag etwas Triumphierendes in ihren Augen.

Als Manolis schließlich fragte, ob sie das Erbe annehme, sagte mit fester Stimme:

»Selbstverständlich, Manolis, ich nehme das Erbe an und bin mir der Verantwortung voll bewusst. Ich werde das Erbe im Sinne von Maroula fortführen. Danke Maroula, Danke.«

Georgios, der bis jetzt still auf seinem Platz verweilt hatte, wollte aufstehen und etwas sagen, aber seine Stimme versagte. Zu sehr hatte ihn die vermeintliche kleine Änderung aufgewühlt, sie hatte ihm förmlich die Sprache verschlagen. Er mit Anna, wie sollte das gut gehen? Sie würde bei allen Entscheidungen mitreden und mit aller Macht den Verkauf des Grundstückes verhindern wollen. Er begriff langsam, was da gerade passierte, und das haute ihm die Füße unter dem Leib weg. Er war vollkommen leer im Kopf, und sein Kreislauf spielte verrückt. Dabei wollte er doch schon am nächsten Tag mit Frank Felten von der Dreamroom GmbH das Grundstück besichtigen. Was sollte er dem jetzt sagen? Er war ausgebotet worden, er bekam zwar die Hälfte, aber er konnte keine alleinige Entscheidung treffen. An einen Verkauf des Grundstückes war nicht zu denken. Wut machte sich in ihm breit, und er wollte schreien, aber dazu hatte er keine Kraft. Wie ein alter Mann stand er schließlich auf und verließ Manolis Haus, ohne auch nur ein Wort zu sagen.

Draußen wurde ihm plötzlich speiübel und er musste sich vor Manolis Haustür heftig übergeben. Das zehrte noch mehr an seinen Kräften, und nur mit Mühe schaffte er es noch bis zu seinem Auto. Kreidebleich saß er eine Weile in seinem Wagen, nicht in der Lage, einen klaren Gedanken zu fassen. Schließlich startete er den Motor und fuhr Richtung Lefkes davon.

KATHARINA WALDMANN
PARIKIA, PAROS

Die letzte Nacht war für Katharina definitiv zu kurz gewesen, der nächtliche Einsatz in Ambelas hatte lange gedauert. Daher blieb sie an diesem Morgen etwas länger liegen, um wenigstens einigermaßen fit durch den Tag zu kommen. Gegen zehn wollte sie sich Erasmos noch einmal vornehmen, er sollte sich den anonymen Anrufer anhören. Vielleicht erkannte er ja doch noch die Stimme des Unbekannten, und sie bekämen einen neuen Hinweis. Die Kollegen aus Parikia hatten den Anruf mehrmals hintereinander aufgezeichnet, damit man ihn sich widerholt anhören konnte. Außerdem erhoffte sie sich einen redseligeren Erasmus nach einer Nacht in der kleinen Zelle. Das hatte ihm bestimmt zugesetzt.

Auch Filippos wirkte unausgeschlafen an diesem Morgen, und sie tranken noch einen gemeinsamen Kaffee, bevor sie sich nach Parikia aufmachten, wo Adonis schon auf sie wartete.

»Kalimera sas«, begrüßte er die beiden und ergänzte:»Ihr seht ja ganz schön mitgenommen aus. Aber solch spektakuläre Fälle haben wir ja Gott sei Dank so gut wie nie hier auf Paros. Da brauchst du keine Angst zu haben, Katharina.«

Die Kommissarin zuckte zusammen, denn Filippos wusste ja noch nichts und warf ihr einen fragenden Blick zu.

Verdammt, dachte sie, hätte ich Filippos doch gestern von dem Angebot erzählt. Es auf diese Weise zu erfahren, ist nicht gerade glücklich. Filippos war ihr engster Kollege und hatte ein Recht darauf, es aus erster Hand zu erfahren. So rettete sie die Situation, indem sie sagte: »Ich will auch hoffen, dass das so bleibt, ansonsten müsste ich mir ja ein neues Urlaubsdomizil suchen.« Dabei warf sie Adonis einen strengen Blick zu, und erst jetzt bemerkte er, dass er sich verplappert hatte. »Aber jetzt möchte ich Erasmos den Anruf vorspielen, ist der eigentlich schon hier?«, wechselte sie schnell das Thema. Noras Ehemann saß bereits seit einiger

Zeit im Verhörraum des Präsidiums und schien ziemlich durcheinander zu sein. Wie Katharina schon vermutete, hatte ihm die Nacht in der Zelle reichlich zu schaffen gemacht, und er erklärte sich sofort bereit, der Polizei zu helfen. Katharina bat ihn in das Büro von Adonis, wo sie eine Lautsprecherbox an einen MP3-Player angeschlossen hatten.

»Bitte konzentrieren Sie sich auf die Stimme des Anrufers und hören Sie sich den Text mehrfach an«, sagte sie zu Erasmos und schaltete den MP3 Player ein.

Erasmos setzte sich einen Kopfhörer auf und hörte angestrengt zu. Er ließ sich die kurze Sequenz mehrfach vorspielen, bevor er sich dazu äußerte. Auch Katharina und Filippos hatten sich einen Kopfhörer aufgesetzt und waren ganz Ohr, als Katharina plötzlich dachte, die Stimme irgendwo schon einmal gehört zu haben. Doch sie konnte sich beim besten Willen nicht mehr daran erinnern, wo das gewesen sein konnte.

Schließlich legte Erasmos den Kopfhörer zur Seite, schüttelte den Kopf und sagte: »Ich kenne die Stimme, da bin ich mir ziemlich sicher, und ich glaube auch, dass ich die Stimme hier von Paros kenne. Aber ich habe beim besten Willen im Moment kein Gesicht dazu. Kann ich die Aufzeichnung hier behalten, damit ich sie später noch mal anhören kann?«

Katharina hatte Erasmos während der Anhörung genau beobachtet und war sich zunächst nicht sicher, ob sie ihm tatsächlich trauen konnte.

»Gute Idee! Und strengen sie sich an. Ich möchte noch heute von Ihnen den anonymen Anrufer und den Namen ihrer Geliebten erfahren«, sagte sie mit energischer Stimme. »Sie wollen doch bestimmt nicht noch eine Nacht in unserem LuxusApartment verbringen, oder? Helfen Sie uns! Wir ermitteln in einen Mordfall, und Sie sitzen bereits tief in der Scheiße. Bitte geben Sie uns den Namen ihrer Bekannten, damit wir das überprüfen können«, ergänzte sie noch und schaute ihm dabei direkt in die Augen.

Erasmos wurde unruhig, und die Schweißtropfen trieften aus seinem Gesicht, so dass die Kommissarin ihm ein Taschentuch reichen musste. Er rang mit sich, das konnte man erkennen, aber er brachte keinen Laut über seine Lippen.

»Ich glaube, sie sollten mit uns kooperieren, umso schneller können sie ihre Zelle verlassen«, setzte sie noch nach und ließ ihn danach zurück in seine Zelle bringen.

»Verdammt, warum macht er sich das Leben so schwer? Wir müssen ihn stärker unter Druck setzen. Ab morgen werden wir härtere Bandagen anlegen«, sagte Katharina energisch und klopfte mit der Faust auf den Tisch. »Aber wir haben ja noch ein paar andere Hausaufgaben zu erledigen«, bemerkte sie und drehte sich zu Filippos. »Wie weit bist du eigentlich mit der Überprüfung aller Apotheken hier auf Paros? Das wollte ich dich schon gestern gefragt haben.«

Filippos griff in seine Labtoptasche und holte eine Liste hervor, worauf alle Apotheken der Insel aufgeführt waren. Es waren an die dreißig, und man sah, dass er bereits mit einigen davon Kontakt gehabt hatte. Zu den einzelnen Adressen gab es handschriftliche Kommentare.

»Da wollte ich mich heute intensiver drum kümmern, mit den drei Apotheken hier in Naoussa habe ich aber schon gesprochen. Leider war das Ergebnis jedes Mal negativ. Alle bestätigten mir einstimmig, Rohypnol schon lange nicht mehr im Sortiment zu haben. Heute gäbe es weit modernere Medikamente. Interessant war aber, dass zwei der Apotheker mich nach Mykonos verwiesen haben. Da scheint das Zeug auch heute noch hoch im Kurs zu stehen.«

Adonis, der die ganze Zeit schweigend zugehört hatte, ließ sich kurz die Liste von Filippos zeigen, gab aber keinen Kommentar dazu ab. Katharina stimmte dem Vorschlag Filippos zu, und sie vereinbarten, sich gegen 17:00 Uhr im Aliportas zur Lagebesprechung zu treffen. Sie selbst wollte heute die Aussagen der Gäste auswerten, um eventuelle neue Erkenntnisse zu bekommen.

Nachdem Filippos sich verabschiedet hatte, schaute Adonis Katharina reumütig an.

»Das von vorhin tut mir leid. Ich habe nicht mitbekommen, dass Filippos im Flur stand. Ansonsten hätte ich nie das Thema angesprochen. Ich hoffe, du bekommst jetzt keine Schwierigkeiten?«

Katharina lächelte ihn an.

»Nein, nein, das war nicht deine Schuld, ich hätte es Filippos längst sagen müssen. Das hatte ich auch vor. Aber gestern hat sich dazu einfach keine Gelegenheit geboten, und ich wollte es ihm nicht zwischen Tür und Angel sagen. Dazu mag ich Filippos zu sehr. Das werde ich heute Abend erledigen.«

»Daraus entnehme ich, dass du das Angebot annehmen wirst?«, fragte Adonis unverblümt und lächelte verschmitzt.

Katharina wurde verlegen, was recht selten der Fall war, aber das lag daran, dass sie mit sich immer noch zu keiner eindeutigen Entscheidung gekommen war. Sie hatte das Thema immer wieder verschoben, aber bisher war ja auch kaum Zeit gewesen, sich ernsthaft damit auseinander zu setzen. Dabei war ihr in ihrem Herzen längst klar, dass sie das Angebot annehmen würde. Sie fühlte sich einerseits von Adonis ein wenig in die Ecke gedrängt, aber es half ihr, endlich zu einer Entscheidung zu kommen, und so rang sie sich schließlich ein Ja ab.

Adonis jauchzte auf und umarmte sie spontan.

»Da fällt mir ein riesiger Felsbrocken vom Herzen, ich hätte keinen anderen Kandidaten hier haben wollen. Du bist für mich die einzige geeignete Nachfolgerin. Ich werde heute noch deine Entscheidung offiziell machen, damit alles in die Wege geleitet werden kann. Und noch was: das müssen wir feiern. Nektaria wird heute Abend was Leckeres kochen. Ich werde sie gleich anrufen.«

Die Kommissarin war erschrocken über ihre eigene Courage und versuchte, Adonis zu bremsen.

»Bitte warte mit der Bekanntgabe bis heute Abend, ich muss erst mit meinem Team darüber reden. Danach kannst du es in die weite Welt hinaus posaunen. Und wegen heute Abend, na klar. Es darf nur nicht so opulent wie letztens ausarten.«

Adonis brauchte Nektaria nur zu erwähnen, und schon lief Katharina das Wasser im Munde zusammen, und automatisch strich sie sich mit der Zunge über ihre Lippen.

Sie umarmten sich noch einmal beide, und Katharina war froh, dass es ausgesprochen war. Sie fühlte sich erleichtert und glücklich.

»Ich habe vielleicht sogar schon ein Haus für dich«, sagte Adonis noch. »Eine gute Freundin hier aus Ambelas zieht mit ihrem Mann nach Thessaloniki und will ihr Haus verkaufen. Sie hat jahrelang eine Apotheke in Parikia geführt, aber sie ist Mitte Sechzig und möchte es jetzt wie ich etwas ruhiger angehen lassen. Wenn du möchtest, kann ich dich die nächsten Tage mit ihr bekannt machen. Ich kenne das Anwesen, und es wird dir bestimmt gefallen. Sie sucht einen Käufer oder eine Käuferin, die zu dem Haus passt, und ich habe dich schon vorgeschlagen.«

Katharina war gerührt von der Fürsorge, die Adonis an den Tag legte.

»Das kommt zwar alles etwas schnell, aber eine Bleibe werde ich brauchen, und ich denke, auf deinen Geschmack kann ich mich verlassen. Gerne schaue ich mir das Haus an. Lass uns heute Abend drüber reden. Ich muss jetzt nach Naoussa, um die Vernehmungsprotokolle auszuwerten.«

Adonis war zufrieden, er hatte sein Ziel erreicht. Jetzt konnte er in Ruhe seinen Ausstieg aus seinem langen Arbeitsleben vorbereiten.

Katharina verabschiedete sich und fuhr mit einem Polizeifahrzeug aus Adonis Fuhrpark nach Naoussa.

STEPHAN
LEFKES, PAROS

Stephan hatte sich für den nächsten Tag mit den Moselschleifen gegen zehn am Busbahnhof verabredet. Sie wollten den alten Byzantinischen Wanderweg von Prodromos nach Lefkes laufen. Das musste jedes Jahr einmal sein, und es war jedes Jahr wieder ein Erlebnis. Ende Mai blühten hier etliche Kräuter, und man konnte auf dem Weg wilden Thymian, Oregano und Dill pflücken. Es roch auf dem gesamten Weg wie in einer Kräuterküche, denn durch die intensive Sonneneinstrahlung lagen die ätherischen Öle wie ein Schleier über dem antiken Steinweg. Wenn sie dann in Lefkes ankamen, machten sie meistens noch einen Abstecher zur alten Dorfkirche und dem wunderschönen Friedhof. Das war für Stephan der schönste Friedhof, den er je gesehen hatte. Hoch auf einem Hügel gelegen, hinter der großen, stolzen Kirche, mit einem wunderbaren Blick ins Tal. Der Blick ging weiter bis aufs Meer, ein Plätzchen, wo man so richtig die Seele baumeln lassen konnte.

Pia hatte sie bis Prodomos mit dem Auto gebracht und wollte sie später auch dort wieder abholen. Prodromos liegt circa 5 Km südöstlich von Naoussa, und von hier aus startete die kurze Wanderung. Pia hatte es nicht so mit Wandern und verbrachte den Tag währenddessen lieber in der Volos-Bucht, die schon im Zweiten Weltkrieg Schlagzeilen gemacht hatte. Im Sommer 1944 ist in dieser Bucht ein deutsches Minensuchboot auf eine englische Seemine gelaufen, und einige Besatzungsmitglieder wurden damals von griechischen Fischern gerettet. Von der kleinen Bucht aus konnte man direkt auf Naxos-Stadt schauen, und es wirkte so nah, als könnte man dorthin schwimmen.

Begleitet wurden sie von Heidrun, die schon als Kind Urlaub in Griechenland gemacht hatte und auch ein langjähriges Familienmitglied war. Sie verbrachte meistens mehrere Wochen auf verschiedenen Inseln der Ägäis, tauchte aber fast jedes Jahr Ende Mai auf Paros auf.

Es war keine große Sache, eine Strecke war gut in zwei Stunden zu schaffen, und besonders anstrengend war es auch nicht. Eine Wanderung, bei der man locker plaudern konnte, ohne aus der Puste zu kommen. Der Kopf war mittlerweile frei, und dadurch, dass man sich nur so selten sah, ging der Gesprächsstoff nie aus. Es war eine Vertrautheit, die sich über die Jahre entwickelt hatte, und gerade während dieser Wanderung wurden häufig interessante Themen angesprochen.

In Lefkes angekommen, machten sie eine kurze Rast auf dem kleinen intimen Dorfplatz. Der lag inmitten des kleinen Ortes, wo viele seiner verwinkelten Gässchen zusammenkamen. In den ersten Jahren hatte Stephan sich hier regelmäßig verlaufen, mittlerweile passierte das aber nicht mehr. Das lag auch daran, dass hier ganz in der Nähe Georgios Laden lag, in dem er häufig während der letzten Urlaube vorbeigeschaut hatte. Das hatte er auch für heute geplant, wenn Georgios sich schon nicht meldete, so wollte er wenigstens kurz Hallo sagen. Heiner und Robert wollten in dem Café solange auf ihn warten. Stephan lief die kleine weiß gekalkte Gasse hinunter, in der Georgios Laden lag, und war gespannt, was Georgios alles an neuen Ausstellungsstücken in diesem Jahr anzubieten hatte.

Als er sich bis auf wenige Meter dem Laden genähert hatte, musste er leider feststellen, dass Georgios noch gar nicht geöffnet hatte. Das war seltsam, hatte Georgios ihm doch selber erzählt, dass gerade in der Vormittagszeit die besten Geschäfte liefen. Da war es noch nicht so heiß, und viele nutzten den Vormittag für die Wanderung und für eine Besichtigungstour durch Lefkes. Sein Wagen stand quer in der kleinen Einfahrt, er musste also im Haus sein, dachte Stephan und klopfte an der Tür. Er wartete eine Zeit, aber es tat sich nichts, obwohl er im Hintergrund ein Radio hörte. Vielleicht hatte er ihn nicht gehört, überlegte Stephan und lief um den kleinen Laden herum zum Hinterausgang. Von hier aus konnte man in den dazugehörigen Wohnraum blicken. Er hielt sich beide Hände seitlich an die Augen und legte seinen Kopf an das Fenster – und erschrak.

In dem kleinen Wohnraum lagen unzählige leere Flaschen Wein und inmitten dieses Chaos Georgios und schien tief zu schlafen. Was war bloß mit ihm los, dass er sich so gehen ließ? Stephan überlegte zuerst, später nochmal wieder zu kommen, doch dann entschied er sich, Georgios zu wecken, um mit ihm zu reden. Jetzt war er einmal da, da wollte er die Chance nutzen. Die Hintertür war nicht verschlossen, und so betrat er den Wohnraum. Georgios war kaum ansprechbar, und als Stephan ihn schließlich soweit hatte, dass er aufrecht sitzen konnte, schauten ihn verständnislose Augen an. Seine Stimme lallte, und er wollte wissen, was Stephan von ihm wolle. Es schien so, als ob er ihn gar nicht erkannte, so viel Alkohol hatte er noch in seinem Körper. Dabei fielen ihm immer wieder die Augen zu, und er drohte, seitlich weg zu kippen. Urplötzlich wurde er furchtbar wütend und begann, wild um sich zu schlagen, doch seine Bewegungen liefen ins Leere.

»Alles scheiße«, faselte er mit erregter Stimme. »Die Alte hat mich ihr Leben lang betrogen. Und jetzt wollte sie mir auch noch einen Bastard vor die Nase setzen«, stammelte er und schaute Stephan dabei traurig an. »Doch da hat sie sich wohl verrechnet, Jannis ist tot, und das ist gut so. Jannis ist tot, tot, tot ...«, schrie er förmlich, und seine Augen sprühten vor Hass.

Stephan wich zurück – was redete Georgios da, was in aller Welt wollte er ihm sagen? Er hatte seinen Freund zwar schon oft betrunken erlebt, aber das hier machte ihm Angst. Was hatte er mit dem Tod von Jannis zu tun? Er wollte ihn fragen, doch Georgios war nach diesem Ausbruch zusammen gebrochen und schlief bereits wieder tief und fest. Das hatte jetzt keinen Zweck, besann sich Stephan und kehrte bedrückt zur Platia zurück. Vielleicht konnte Katharina ihm das ja erklären?

Der Rückweg nach Prodromos würde ihm guttun nach diesem traurigen Vorfall, und bevor sie sich aufmachten, kauften sie noch ein paar Mandelplätzchen in einer kleinen Bäckerei am Ortsausgang. Wie verabredet stand Pia am Ende des Weges bereit, um sie in ihr Auto aufzunehmen und zurück zur Volos-Bucht zu fahren. Die Straße dorthin führte durch den kleinen Ort Prodromos, einen leichten Hügel hinauf, an dem noch viel Landwirtschaft betrieben wurde. Zur Linken erstreckte sich die große Volos-Bucht, die im Mai aber oft total verdreckt war. Um an den schöneren Teil zu gelangen, musste man geradeaus weiter einen Schotterweg hinauffahren. Von dort waren es nur ein paar Meter bis in die kleine Kiesbucht mit freiem Blick auf Naxos. Der Strandabschnitt wurde im linken Teil von einer steilen Felswand begrenzt, die aus einem ziemlich weichen Gestein bestand. Das wurde von vielen Strandbesuchern zerkleinert und mit Meerwasser gemischt, um eine Art Peeling-Creme zu bekommen. Damit schmierte man sich dann ein, und an manchen Tagen wirkten die mit der gräulichen Steinmasse eingeriebenen Menschen wie von einem fremden Planeten. Angeblich sollte das einen glatten Teint fördern.

Die vier beschränkten sich aufs Schwimmen, was hier besonders schön war, weil man diesen herrlichen Blick auf Naxos hatte. Das Wasser war immer etwas kälter als in Naoussa, wegen der starken Strömung zwischen den beiden Inseln. Das erfrischte aber richtig nach der Wanderung und brachte sie wieder in Schwung. So gegen fünf stellte sich eine leichte Müdigkeit ein, und sie beschlossen, zurück nach Naoussa zu fahren.

Um diese Uhrzeit war es im Haus der Sorakis meistens totenstill, denn man schlief, und das Leben begann dann erst wieder so gegen sechs. Deshalb ging Stephan leise die Treppe zu seinem Apartment hoch und öffnete die Tür zu seiner Terrasse. Jetzt ein kaltes Bier und ein Nickerchen, dachte er sich und öffnetet den Kühlschrank. Von dort lachte ihn ein Teller mit selbstgemachtem Spanakopita an, und er stieß einen kleinen Freudenschrei aus. Die mussten von Irini sein, einer göttlichen Köchin, die wusste, dass er ihre Spinattaschen liebte. Es waren Blätterteigtaschen, die mit Spinat, Pinienkernen und Schafskäse gefüllt waren, und es gab nichts Schöneres zu einem kalten Bier. So genoss er, auf der Terrasse sitzend, seinen kleinen Imbiss und schaute über die Große Kirche hinweg auf die Küste. Der Tag wäre umso schöner gewesen, wenn er nicht dieses Erlebnis mit Georgios gehabt hätte. Dann legte er sich mit einem Buch aufs Bett und schlief kurze Zeit später ein. Das konnte er zu Hause nie, um diese Zeit schlafen, aber hier auf Paros funktionierte es, und es war unglaublich erholsam.

Wach wurde er von einer rauschenden Wasserleitung aus der unteren Etage. Das Leben im Haus war wiedererwacht, denn von unten war ein lautes Geschnatter zu hören. Dimitra telefonierte, und eine weitere Person schien zu duschen. Als würde die Wasserleitung durch sein Bett gehen, so rauschte es im ganzen Haus, aber so waren halt griechische Installationen. Der Grund war, dass die Leitungen in griechischen Häusern meistens ohne Schallbrücken direkt auf die Wand gelegt wurden. Aber man konnte ja nicht alles haben, dachte er nur und drehte sich noch mal auf die Seite.

Stephan hatte noch eine Stunde Zeit, bevor er ins Aliportas aufbrechen wollte, um wie gewohnt mit einem kleinen Ouzo in den Abend zu starten.

Pia winkte ihm schon hektisch entgegen, als er kurz vor acht im Aliportas aufschlug, und zeigte auf einen Tisch, an den sich eine große Menschentraube versammelt hatte. Zunächst konnte er nicht erkennen, was sich da abspielte, aber als er näher kam, sah er eine Gestalt in der Mitte lebhaft erzählen. Im ersten Augenblick dachte Stephan, Hannibal Lecter säße leibhaftig im Aliportas, denn das Gesicht des Erzählers war mit einer Nasenmaske versehen. Erst beim zweiten Hinsehen erkannte er, um wen es sich handelte.

Silberrücken musste wohl mächtig was auf seinen Rüssel bekommen haben, so wie der aussah, aber er schien es sichtlich zu genießen, endlich einmal im Mittelpunkt zu stehen.

»Da hast du was verpasst«, begrüßten ihn die Moselschleifen. »Ein regelrechtes Drama hat sich da in Ambelas abgespielt. Silberrücken hat das gerade mit tränenerstickter Stimme zum Besten gegeben. Ich glaube, wir sollten mal für den Sammeln, damit er sich seinen Zinken wieder richten lassen kann.«

Stephan konnte sich ein Lachen nicht verkneifen, das sah so unwirklich aus mit der Maske. Neben Silberrücken rutschte Seelchen unruhig auf ihren Stuhl hin und her und ergänzte Silberrückens Ausführungen mit kleinen Kommentaren. Sie stand heute mal nicht im Mittelpunkt, damit hatte sie sichtlich zu kämpfen. Auch Onkel Grete hatte seinen Adlersitz verlassen und sich mit in die Mitte gesetzt. Er gehörte schließlich dazu und hatte einen wesentlichen Beitrag zu der Aktion geleistet, indem er das Einsatzfahrzeug gefahren hatte. Nur Paul saß teilnahmslos am Rande der großen Gruppe und wirkte wie immer etwas verloren.

Alle vier hatten sich eine Anzeige wegen Hausfriedensbruch eingefangen, und die entstandenen Kosten für die defekte Haustüre und den Polizeieinsatz waren auch nicht von schlechten Eltern. Das würde ihre Urlaubskasse ganz schön belasten. Bis auf Silberrückens demolierter Nase hatten sie nicht viel erreicht, und ob Erasmos nun der Mörder war, wussten sie auch nicht. Nur das er im Knast saß, das hatten sie mit bekommen. Das betonte Seelchen noch mal am Ende ihres Dramas und ließ bei ihnen den Verdacht aufkommen, dass sie bereits weitere kriminalistische Einsätze im Kopf hatte.

»Ich glaube, die plant schon wieder den nächsten Coup. Ob Silberrücken wohl noch mal mitmacht?« sagte Robert, und sie lachten alle laut los.

GEORGIOS APOSTOLOPOULOS
LEFKES, PAROS

Wie in Trance wankte Georgios durch seine unaufgeräumte Wohnung, nachdem er endlich wieder zu sich gekommen war. Von Stephans Besuch hatte er so gut wie nichts mitbekommen, der viele Wein nach der Niederlage bei Manolis hatte für manche schwarze Löcher in seinem Gedächtnis gesorgt. Zum Glück war er gestern nicht seiner Verzweiflung erlegen und hatte den Wagen die Böschung hinab gesteuert. Aber dazu hätte ihm letztendlich auch der Mut gefehlt. Sollte denn alles umsonst gewesen sein? Was hatte er alles auf sich genommen, und jetzt dieses Desaster. Er hätte es besser wissen müssen, machte er sich Vorwürfe, er hatte seine Mutter schlichtweg unterschätzt. Zu oft hatte sie ihm signalisiert, wie wichtig ihr das Grundstück war. Und seitdem Anna sie bei ihren Bemühungen unterstützt hatte, war es noch schlimmer geworden. Diese verdammte Ökoschlampe hatte ihm das eingebrockt und versaute ihm jetzt den Rest seines Lebens. Sie war an allem Schuld.

Je mehr er sich in den Gedanken reinsteigerte, desto mehr begann er Anna zu hassen. Eine unendliche Wut kochte in ihm, und seine Niedergeschlagenheit ließ langsam nach. Er konzentrierte alle Rachegefühle auf Anna, das half ihm ein wenig, aus dem verzweifelten Gedankengut heraus zu kommen. Ganz langsam kam seine Energie zurück, und er kam mehr und mehr zu dem Schluss, dass er das so nicht hinnehmen konnte. Die Gedanken in seinem Kopf überschlugen sich, und er suchte nach einer Lösung, doch er war zu angeschlagen, um eine konkrete Vorgehensweise zu beschließen. Er musste jetzt erst mal zur Ruhe kommen, dann würde er einen Plan entwerfen. So schnell würde er sich nicht geschlagen geben. Dieser Frau musste man Einhalt gebieten wegen dem, was sie ihm angetan hatte. Noch heute Abend würde er einen Schlachtplan ausarbeiten, wie immer der auch aussehen sollte.

Er hatte noch gar nicht bemerkt, dass sein Anrufbeantworter blinkte, als er versuchte, etwas Ordnung in sein Heim zu bringen. Er erkannte sofort die Nummer des Anrufers. Frank Felten, der umtriebige Immobilienmakler, hoffte, nun endlich ins Geschäft zu kommen, und wollte wissen, wann sie sich denn am nächsten Morgen am Lageri treffen konnten. Auch das noch. Georgios konnte und wollte diesem Typen nicht seine Niederlage erklären und so blieb ihm nur, auf Zeit zu spielen. So rief er ihn zurück und sagte nur kurz, dass er sich noch etwas gedulden müsse. Es gäbe da noch ein paar Formalitäten zu erledigen, aber danach stände dem Deal nichts mehr im Wege. Doch Frank Felten ließ sich nicht so einfach abspeisen, dazu war er zu lange in diesem Business unterwegs. Er war schon die ganze Zeit hingehalten worden, und seine Firma saß ihm im Nacken. Die machte Druck und erwartete endlich positive Resultate. Er beharrte auf einen Termin, und Georgios wurde wütend.

»Entweder Sie gedulden sich noch eine Weile, oder ich nehme Kontakt zu Ihrer Konkurrenz auf«, drohte er in der Hoffnung, die alte Schmeißfliege endlich los zu sein. Das half tatsächlich, und Frank Felten lenkte mürrisch ein. Sie verständigten sich darauf, das Georgios ihn, sobald die Lage klar wäre, anriefe.

Gott sei Dank, für die nächsten Tage würde er ihn in Ruhe lassen, aber was war dann? Egal, jetzt musste er sich erst einmal um Anna kümmern. Eine ernst zu nehmende Gegnerin, die es ihm nicht leicht machen würde. Er überlegte hin und her, wie er wohl einen Kontakt zu ihr herstellen konnte. Er musste mit ihr reden, falls sie sich überhaupt darauf einließ. Er musste Kompromissbereitschaft oder besser Reue signalisieren, damit sie ihm vertraute. Das war eine große Herausforderung, aber das war seine einzige Chance. Und es musste schnell passieren, viel Zeit hatte er nicht.

Er goss sich ein Glas Wasser ein und nahm sich ein Stück Papier zur Hand. Dann spielte er verschiedene Varianten eines Treffens durch. Er brauchte einen Vorwand, der glaubwürdig erschien, und so langsam kristallisierte sich ein Plan in seinem Kopf heraus. Er schrieb seine Idee in Stichpunkten nieder und ging sie mehrfach durch, änderte ein paar Details und kam schließlich zu dem Schluss, dass es so funktionieren könnte.

Das größte Problem war, dass er glaubwürdig sein musste, aber er war ein guter Schauspieler, das würde er schon hinkriegen. Sein Hass schlug in Euphorie um und er konnte es kaum erwarten, sein Konzept in die Tat umzusetzen. Er würde sie schon zu einem Treffen bewegen, und das war die halbe Miete.

KATHARINA WALDMANN
ALIPORTAS, NAOUSSA

Katharina fühlte sich erleichtert und nahm die kurze Wegstrecke von Parikia nach Naoussa nun mit ganz anderen Augen wahr. Das würde in Zukunft ihr Lebensmittelpunkt sein, weg von dem stickigen Athen. Dort, wo sie bisher nur Urlaub gemacht hatte. Ihr wurde es warm ums Herz, und mehr und mehr kamen innere Freude und Zufriedenheit auf. Sie ließ die Seitenscheibe ein wenig herunter und genoss den warmen Fahrtwind, der in ihr Auto drang. Jetzt war es ausgesprochen, jetzt konnte sie mit der Planung ihres Umzuges beginnen. Heute Abend würde sie den ersten Schritt dazu einläuten. Sie freute sich schon wieder auf ein gutes Essen bei Adonis, doch heute durfte es nicht so üppig ausfallen. Noch einmal so einen Kater konnte sie sich nicht erlauben.

Im Aliportas war es ruhig, denn es gab an diesem Morgen keine Beerdigung und die meisten Touristen waren unterwegs. Bis zum frühen Nachmittag konnte sie jetzt hier in Ruhe arbeiten. Am späteren Nachmittag wollte sie dann mit Filippos dessen neue Erkenntnisse besprechen. Sie setzte sich in den Innenraum des Cafés und nahm sich sorgfältig die Protokolle vor, die sie während der Vernehmungen am Tag ihrer Ankunft aufgezeichnet hatte. Immer und immer wieder ging sie ihre Notizen durch in der Hoffnung auf neue Hinweise, die sie eventuell auf eine neue Spur hätte bringen können. Doch es war ziemlich deprimierend, sie konnte beim besten Willen nichts Neues entdecken. Der einzige Lichtblick war der anonyme Anrufer. Diese Spur musste dringend weiter verfolgt werden. Sie hoffte immer noch, dass Erasmos sich meldete und ihr einen entscheidenden Hinweis gab.

Gegen Zwei machte sie eine Pause, nachdem Angelos ihr einen frischen Salat angeboten hatte. Er schien sich mittlerweile etwas gefasst zu haben und wollte natürlich auch den neuesten Stand der Ermittlungen wissen. Katharina gab ihm kurz einen Lagebericht und spontan kam ihr die Idee, ihm auch den Anrufer vorzuspielen. Im Aliportas kamen viele Leute zusammen, und Angelos kannte außerdem Gott und die Welt.

»Wir haben eine erste Spur, ausgelöst durch einen anonymen Anrufer. Ich möchte dich bitten, dir die Stimme einmal genau anzuhören, vielleicht erkennst du den Anrufer ja«, sagte die Kommissarin und stellte ihren Salat zur Seite, reichte ihm das Handy und lehnte sich zurück in ihren Stuhl. Angelos Miene war angespannt, und sie beobachtete, wie er sich voll auf die Stimme des Anrufers konzentrierte. Er schien sich nicht ganz sicher zu sein, aber Katharina ahnte anhand seines Gesichtsausdruckes, dass er jemanden erkannt hatte.

Angelos hörte sich den Anruf ein zweites Mal an, dann lockerten sich seine Gesichtszüge. Er schien den unbekannten Anrufer eindeutig identifiziert zu haben.

»Wenn mich nicht alles täuscht, ist das Georgios Apostolopoulou«, sagte er und sprach dann mehr zu sich selbst: »Komisch, was hat der mit der Sache zu tun?«

»Bist du sicher, Angelos, ganz sicher?«, fragte Katharina nach. Ein erster Hoffnungsschimmer keimte auf, sie war plötzlich voll bei der Sache.

»Ziemlich sicher, und du müsstest dich auch an ihn erinnern, besonders an seinen Abgang. Er war kürzlich hier im Aliportas und hat doch fast einen ganzen Tisch beim Verlassen des Cafés abgeräumt.«

Die Kommissarin zog ihre Stirn in Falten und überlegte einen Moment.

»Ja, du hast Recht, da war was. Ich habe zwar keine Person von vorne gesehen, aber ich habe ihn von hinten gesehen, als er die Gläser umgeworfen hat. Stephan hat mir von ihm erzählt. Dass er in Kürze ein großes Erbe antreten wird, weil seine Mutter gestorben ist. Die Besitzerin von dem Grundstück, wo wir Jannis gefunden haben.« Eine Pause entstand, und in Katharinas Kopf wirbelten die Gedanken durcheinander. Sie wurde plötzlich ganz hektisch. Konnte das ein Zufall sein, überlegte sie und kramte nach ihrem Handy.

»Angelos, warum steckt uns Georgios diese Botschaft und gibt sich nicht zu erkennen? Könntest du dir einen Grund vorstellen?« Sie tippte hektisch. »Wir müssen uns schnellstens diesen Georgios vorknöpfen. Wo kann ich diesen Typen finden?«

Bevor Angelos antworten konnte, hatte Katharina bereits Filippos Nummer gewählt und bat ihn, umgehend ins Aliportas zu kommen, wo immer er auch gerade unterwegs war. Dann ließ sie sich die Adresse von Georgios in Lefkes aufschreiben.

»Das war ein Glücksgriff, dass ich dir dieses Telefonat vorgespielt habe. Da hätte ich auch eher drauf kommen können. Wir werden heute noch diesem Burschen einen Besuch abstatten,und ihn mit dem Anruf konfrontieren. Sobald Filippos hier eintrudelt, werden wir Richtung Lefkes aufbrechen.« Sie lehnte sich erleichtert zurück, endlich gab es einen ersten brauchbaren Hinweis.

Ungeduldig wartete sie auf ihren Kollegen, als Stephan am Café vorbei ging und ihr zuwinkte. Die Kommissarin hatte jetzt überhaupt keine Zeit für entspannten Smalltalk, Filippos musste jeden Moment eintreffen, doch Stephan hatte schon Kurs auf sie genommen.

»Hallo, Stephan, ich bin gerade auf dem Sprung«, sagte sie freundlich, aber bestimmt. »Ich muss dringend noch etwas abklären, für unsere Ermittlungen.«

»Was gibt's denn so Eiliges«, fragte er neugierig. »Ich wollte dich nur kurz was fragen, vielleicht kannst du mir ja helfen. Ich wollte wissen, ob es irgendeine Verbindung von Georgios zu Jannis gibt?«

Katharina, die gar nicht richtig zugehört hatte und sich auf kein längeres Gespräch einlassen wollte, schaute auf und wurde hellhörig.

»Wie kommst du darauf?« Ihre Stimme hatte einen merkwürdigen Unterton. »Setz dich, ich möchte wissen, warum du das fragst?«

Stephan zuckte, der Ton hatte ihn erschreckt, und er spürte erstmals, dass es auch eine andere Katharina gab. Er nahm sich brav einen Stuhl und erzählte seiner Freundin ausführlich von seinem Besuch bei Georgios, und dass er sich große Sorgen mache.

»Na, da sind wir ja auf der richtigen Fährte. Genau darum habe ich jetzt keine Zeit. Ich warte auf Filippos, denn wir werden heute noch diesem Georgios einen Besuch abstatten. Er muss uns einiges erklären.«

Während sie das sagte, hielt sie Stephan ihr Handy hin. »Hier, höre dir diesen Anruf einmal an und sage mir, wer das ist.«

Stephan drückte die Abhörtaste, und obwohl er nur Wortfetzen des griechischen Textes verstand, war ihm schon nach ein paar Sekunden klar, dass es sich um Georgios handelte.

»Was ist bloß los mit dem? Warum tut er das?«, sagte er vollkommen fassungslos und legte das Telefon kopfschüttelnd zur Seite.

»Die Frage werden wir ihm sicher stellen, und zwar heute noch«, gab ihm Katharina zur Antwort und sprang auf. Filippos war gerade vorgefahren und winkte ihr aus dem Fahrzeug zu.

ANNA VOLITATI
P.E.A.

Anna konnte selbst zwei Tage nach der Testamentseröffnung immer noch nicht so richtig begreifen, welches Glück ihr durch Maroulas Erbe beschert worden war. Sie musste aufpassen, nicht zu überschwänglich mit dem Thema umzugehen, doch sie konnte ihre Erregung darüber kaum zurückhalten. Ihr langersehnter Lebenstraum war endlich Wirklichkeit geworden, die alte Apostolopoulou hatte doch noch in letzter Sekunde die richtigen Weichen gestellt. Jetzt konnte sie keiner mehr aufhalten. So machte sie sich auch direkt daran, einen Plan für den Umzug ihrer Organisation zu entwickeln. Für den heutigen Abend hatte sie ihre beiden Mitarbeiter sowie alle ehrenamtlich tätigen Mitstreiter zu einem Gespräch eingeladen, indem sie ihnen die freudige Entwicklung mitteilen wollte. Danach hatte sie alle zum Essen eingeladen, um das Ereignis gebührend zu feiern. Dazu sollte auch Sophia kommen, denn sie sollte von Anfang an mit in die Organisation eingebunden werden, zumal ihr ein Teil des Anwesens nun gehörte. Das war Anna zwar ein Dorn im Auge, aber das war ja nur eine Frage der Zeit. Sophia war schließlich auch nicht mehr die Jüngste. Endlich hatte sie genügend Geld, um die Organisation auf eine solide Basis zu stellen. Jetzt konnte sie sich auf das Wesentliche konzentrieren und musste nicht mehr so viel Zeit für das Einsammeln von Spendengeldern verschwenden.

Ganz kurz flackerte ihr Georgios durch den Kopf, und sie verspürte neben all den Glücksgefühlen ein leichtes Unbehagen. Ob er sich wohl mit den Tatsachen abfinden würde, oder musste sie sich auf weitere Probleme mit ihm einstellen? Aber da hatte sie schon ganz andere Kämpfe ausgestanden, den würde sie schon in die Schranken weisen. Jetzt konnte ihr niemand mehr ihr Lebenswerk zerstören.

KATHARINA WALDMANN
LEFKES, PAROS

Katharina warf sich auf den Beifahrersitz und ihre Stimme überschlug sich fast, als sie Filippos von den neuesten Entwicklungen berichtete.

»Mein Gott, so sportlich, da scheint ja wirklich Gefahr im Verzug zu sein«, schmunzelte er und hielt ihr die Liste der Apotheken auf Paros vor die Nase. »Ich wollte dir eigentlich von meinen Ermittlungen berichten«, sprach er weiter, und die Kommissarin sah, dass er zu den jeweiligen Adressen etliche handschriftliche Bemerkungen gemacht hatte.

»Lass uns da später drüber reden«, unterbrach ihn Katherina, »jetzt müssen wir erst einmal dringend nach Lefkes. Du kannst den Motor direkt wieder starten, wir statten unserem anonymen Anrufer einen Überraschungsbesuch ab. Ich weiß jetzt, wer das ist.«

Noch vor der Abfahrt berichtete sie ihm von der Unterhaltung mit Angelos, und gleich darauf waren sie aus Naoussa raus und Richtung Lefkes unterwegs.

»Was machen wir denn, wenn er sich weigert und uns nicht in sein Haus lässt?«, fragte Filippos. »Wir haben keinen Hausdurchsuchungsbeschluss.«

»Dann laden wir ihn noch heute aufs Präsidium vor, da muss er erscheinen, ansonsten können wir ihn abholen lassen.«

Filippos gab Gas, und sie brauchten etwa fünfzehn Minuten bis zum Ortseingang von Lefkes. Angelos hatte ihnen den Weg genau beschrieben, und so fanden sie schnell den kleinen Laden, der aber verschlossen war. Katharina klopfte mehrfach heftig an die Haustür, und nach einer Weile hörte sie, wie sich jemand daran machte zu öffnen. Vollkommen verschlafen erschien Georgios an der Tür und fragte mürrisch. was sie von ihm wollten.

»Guten Tag, mein Name ist Katharina Waldmann, ich bin von der Kriminalpolizei. Wir hätten da ein paar Fragen an sie, zu den Ermittlungen im Mordfall Jannis Kostatidis. Dürfen wir reinkommen?«

Georgios schaute sie einen Augenblick ungläubig an und taumelte einen Schritt zurück, fing sich aber recht schnell wieder am Türrahmen.

»Ja, kommen sie rein. Ich weiß zwar nicht, wie ich ihnen dabei helfen kann, aber das werden sie mir ja bestimmt sagen«, stotterte er und machte den Weg frei zu seinem kleinen Wohnraum. »Bitte stören sie sich nicht an der Unordnung, ich bin gerade dabei, meinen Laden zu renovieren«, rief er den beiden noch zu, als sie den Laden betraten.

Katharina stellte schnell noch ihren Kollegen vor, dann ging sie direkt aufs Ganze. Ihre Stimme wurde lauter und ihre großen Augen fixierten Georgios ganz genau.

»Herr Apostolopoulou, ich will gar nicht lange um den heißen Brei herum reden. Sie sind als anonymer Anrufer im Mordfall Jannis Kostatidis identifiziert worden, in dem Sie der Polizei einen Hinweis zu Erasmos Parakoudis gegeben haben. Ist das richtig? Waren sie der Anrufer?«

Georgios war so überrascht, dass er zunächst gar nicht antworten konnte, als Katharina einen Schritt auf ihn zuging und nachsetzte.

»Überlegen Sie sich genau, was Sie sagen, es ist ein Leichtes, eine Stimmprobe von Ihnen mit dem anonymen Anrufer im Labor vergleichen zu lassen. Aber eigentlich ist das gar nicht mehr nötig, denn wir haben zwei unabhängige Zeugen, die Sie eindeutig erkannt haben.«

Georgios Gedanken rasten, er war überrumpelt, und sein Gehirn brauchte Zeit, um auf Touren zu kommen. Das lag wohl an der Nachwirkung seiner Beruhigungsmittel. Trotzdem war ihm sofort klar, dass Katharina Recht hatte. Es gab heute technische Möglichkeiten, eine Stimme zweifelsfrei genau zuzuordnen, also hatte leugnen keinen Sinn. Schwerfällig entschied er sich für eine Antwort.

»Ja, das war ich«, gab er zögerlich nickend zu. »Diesem Macho traue ich alles zu, der ist unberechenbar, ja gewalttätig! Es war reiner Zufall, dass ich die Liebestreffen seiner Frau mit Jannis in unserem Schuppen mitbekommen habe, aber nach der Entdeckung kann er es nur gewesen sein«, fuhr er fort. »Wie würden Sie reagieren, wenn Sie dahinter kämen, dass Ihr Partner ständig fremdgeht? Ich habe mir Sorgen um Nora gemacht, die war in der Vergangenheit häufig den Gewaltattacken ihres Ehemanns ausgesetzt. Das wusste doch das ganze Dorf!« Seine Stimme war nun merklich erregt, als er noch nachschob: »Sind sie dem Hinweis denn auch nachgegangen?«

»Warum haben Sie uns nicht ganz normal angerufen und uns von ihren Beobachtungen erzählt? Es geht schließlich um einen Mord?«, hakte Katharina nach.

»Ganz einfach, ich wollte nicht in die Geschichte hineingezogen werden, aber es war wohl ein Fehler«, räumte Georgios kleinlaut ein. Er hatte sich jetzt wieder voll im Griff, keine Spur mehr von Müdigkeit. Bloß keinen Fehler machen, hämmerte es in seinem Kopf.

Der Kommissarin schien das zunächst plausibel, doch sie wollte es genauer wissen. »Was heißt denn hier reiner Zufall? Was hat sie Nachts in diese einsame Gegend verschlagen?«, fragte sie bestimmt nach.

Georgios wurde es heiß, und er biss sich fest auf die Zähne, um eine aufkommende Panik zu unterdrücken. Doch dann legte er einen traurigen Blick auf und erwiderte mit leiser Stimme: »Wissen Sie, ich hatte nicht das beste Verhältnis zu meiner Mutter und bin schon lange nicht mehr bei ihr gewesen. Doch zum Schwimmen bin ich oft, meist am späten Abend, zum Lageri gekommen, und manchmal habe ich dann in dem alten Schuppen übernachtet. Davon hat meine Mutter nichts mitbekommen, doch eines Abends war meine Schlafstätte schon belegt, und raten Sie mal von wem?«

»Gut, das wäre ja dann geklärt«, gab sich die Kommissarin fürs Erste zufrieden. »Bitte kommen Sie morgen noch ins Präsidium, damit wir Ihre Aussage protokollieren können. Übrigens, wir sind dem Hinweis nachgegangen und die Ermittlungen laufen noch. An Ihrer Stelle wäre ich in Zukunft aber etwas vorsichtiger mit solchen Verdächtigungen. Es kann Ihnen durchaus noch passieren, dass Herr Parakoudis Sie wegen Verleumdung anzeigt, wenn er als Täter ausscheidet. Wie ist es denn mit Ihnen, haben Sie Jannis Kostatidis gekannt? Sie haben ihn schließlich mehrfach auf ihrem Grundstück gesehen, da kennt man sich doch?« Katharina unterstrich ihre Frage, indem sie ihn provozierend ansah. »Und wo wir schon dabei sind: Wo waren Sie in der Nacht von Samstag auf Sonntag, so zwischen Mitternacht und drei Uhr morgens?«

Georgios traf der letzte Satz wie ein Schlag, und fast hätte es ihn umgehauen. Die Direktheit, mit die Polizeibeamtin vorging, machte ihm zu schaffen. Aber er war gespannt wie eine Feder und spürte, dass er jetzt keinerlei Unsicherheit zulassen durfte. Jetzt kamen ihm wieder seine schauspielerischen Fähigkeiten zugute, und er setzte eine überraschte und etwas verärgerte Miene auf.

»Soll das heißen, sie verdächten mich?«, fragte er, die Kommissarin plötzlich grimmig anschauend.

»Das soll zunächst einmal gar nichts heißen, aber wir müssen Ihnen diese Frage stellen«, antwortete Katharina.

Georgios senkte seinen Blick zu Boden und setzte sich schwerfällig auf einen Stuhl. Er wirkte bedrückt, als er antwortete.

»Und um ihre Frage zu beantworten ...«, seine Stimme nahm jetzt einen stotternden, fast weinerlichen Unterton an, »klar kannte ich Jannis. Flüchtig, aus dem Aliportas eben, wie man einen Kellner halt so kennt. Ich hätte ihn bestimmt besser gekannt, wenn mir bewusst gewesen wäre, dass er mein Halbbruder war. Aber dafür ist es ja jetzt leider zu spät.«

»Was?« Katharina zuckte zusammen wie vom Blitz getroffen.. »Jannis war mit ihnen verwandt?«, brach es förmlich aus ihr heraus, und sie schaute fragend zu Filippos.

»Genau! Aber das hat mir, und wohl allen anderen auch, leider meine liebe Mutter verschwiegen. Schade, aber so war sie halt. Jetzt ist es zu spät. Und jetzt zu meinem Alibi.« Georgios tat einen Augenblick so, als überlege er, wo er denn in dem fraglichen Zeitraum gewesen war, kam dann aber ganz schnell mit einer Antwort. »Da muss ich sie leider enttäuschen, aber Samstagnacht war ich bei Alekos und habe dort die Nacht verbracht. Ich habe an dem Abend dort gegessen, einiges getrunken und auch getanzt. Fragen sie den Wirt. Der heißt Alekos Gorgoulis, und der kann das bestätigen. Seine Taverne ist am Ortseingang von Naoussa.«

Katharina notierte sich die Adresse und verabschiedete sich nochmals mit dem Hinweis, dass Georgios das Protokoll noch unterschreiben musste. Beim Verlassen des Hauses streifte ihr Blick noch die angebrochene Tablettenschachtel auf dem Küchenschrank, und sie merkte sich den

Namen des Medikamentes. Dann statteten die beiden noch der Taverne Alekos einen Besuch ab, um das Alibi von Georgios direkt zu überprüfen.

Alekos, ein redseliger Grieche, war gerade dabei, sein Restaurant für eine größere Gesellschaft herzurichten, und rief ihnen entgegen, dass sein Lokal noch geschlossen sei. Erst als Filippos ihm ihr Anliegen vorbrachte, hielt er inne und überlegte einen Moment.

»Ja, Georgios war hier, daran kann ich mich erinnern. Ich habe mich noch gewundert, was der in meinem Lokal macht. Der war nur ganz selten bei mir in den letzten Jahren. Und der war ziemlich aufgekratzt, denn er hat getanzt, der hatte direkt ein paar Weiber um sich rum. Aber wie lange der hier war, kann ich Ihnen beim besten Willen nicht mehr sagen. Der Laden war bis zum Bersten voll, und ich hatte alle Hände voll zu tun.«

Der Kommissarin war das zu vage, und sie versuchte nochmal, den Zeitraum etwas enger einzugrenzen. Aber mit Sicherheit konnte Alekos nur bestätigen, dass Georgios etwas gegessen habe und erst weit nach Mitternacht mit der Tanzerei begonnen wurde.

Katharina ließ es dabei bewenden, und wieder einmal machte sich Enttäuschung in ihr breit.

»Verdammt«, sagte sie zu Filippos, »wieder nichts Konkretes. Was hältst du von dem Typ, diesem Georgios?«

»Komischer Kauz, wirkte mir am Anfang ziemlich daneben. So als hätte er Drogen genommen.«

»Ja, das ist mir auch aufgefallen. Hast du die Tabletten auf dem Küchenschrank gesehen? Da lagen mehrere Schachteln. Ich habe mir den Namen gemerkt: Lexotanil. Habe ich noch nie gehört. Versuche doch mal rauszukriegen, was das ist. Vielleicht nimmt der ja tatsächlich Drogen?« Sie verdrehte ihre Augen und fuhr fort: »Du bist doch mittlerweile mit allen Apotheken dieser Insel vertraut, die müssten das Zeug doch kennen?« Dann blieb sie plötzlich stehen und schlug sich mit der Hand auf ihre Stirn. »Und jetzt ist mir auch die Verbindung zu Jannis klar, nach der Stephan mich gefragt hat! Ich habe die ganze Zeit überlegt, was er wohl meinte? Ist schon der Hammer, einen Bruder zu haben, und nichts davon zu wissen. Vielleicht war er deswegen so angeschlagen?«, überlegte sie laut. »Aber lass uns zurück ins Aliportas fahren, dann können wir die Ergebnisse des heutigen Tages in Ruhe sortieren und den Plan für Morgen besprechen«, ‚schlug sie vor und klopfte Filippos mütterlich auf die Schulter. »Das war doch sehr ergiebig heute, da gibt es noch einiges aufzuarbeiten und dazu brauche ich einen guten Frappé«, lachte sie und schob plötzlich mit unsicherer Stimme hinterher: »Ja, und dann habe ich da noch einen ganz anderen Punkt, den ich unbedingt mit dir besprechen möchte.«

Filippos hatte nur mit einem Ohr zugehört, während sie in den Wagen eingestiegen waren und Richtung Naoussa fuhren. Erst als Katharina den letzten Satz aussprach, blickte er plötzlich auf, so als wollte er unbedingt sofort wissen, was das denn sei. Aber Katharina vertröstete ihn auf später, sie wollte erst das Dienstliche für heute erledigen, und dann würde sie Filippos in ihre neuen, privaten Pläne einweihen.

STEPHAN
NAOUSSA, PAROS

Silberrücken gab an diesem Abend noch mehrfach seine Geschichte zum Besten, so dass schließlich ganz Paros von dem gewagten Einsatz wusste. Immer wenn sich neue Zuhörer um ihn scharrten, fing er erneut mit seiner Story an, und wirkte zunehmend professioneller. Man gönnte ihm seinen Auftritt, machte sich dann aber wie jeden Abend daran, eine wichtige Entscheidung zu treffen, und zwar wo man an diesem Abend Essen könnte. Man einigte sich auf das Melina. Eines der Lokale, die es schon seit mehr als zwanzig Jahren gab und immer noch unter der gleichen Leitung geführt wurde. Stephan kannte das Restaurant und seinen Besitzer seit vielen Jahren, und er hatte es geschafft, über diesen langen Zeitraum immer gutes Essen zu liefern. Im Mai, wenn noch nicht genügend Gäste auf der Insel waren, wurde im Melina zur Begrüßung immer Souma an die Gäste verteilt, und Jorge, der Besitzer, trank fast an jedem Tisch mit. Stephan hatte bis heute nicht begriffen, wie man das Jahre lang aushalten konnte, aber vielleicht waren griechische Lebern ja robuster als andere.

Sie suchten sich einen Tisch, und Jorge winkte ihnen von weitem fröhlich zu. Sofort wurde ein Kellner angewiesen, ihnen eine Kanne Souma an den Tisch zu bringen. Jorge war gebürtiger Kreter und hatte das Lokal vor einigen Jahren von seinem Vater übernommen. Den hatte Stephan noch gut in Erinnerung, wie er allabendlich in typisch kretischer Tracht alle weiblichen Gäste persönlich begrüßte. Er hatte vor Jahren einmal ein Bild davon gemacht und das Jorge später nach dem Tod seines Vaters geschenkt. Hoch im Kurs stand im Melina ein Fleischgericht, das auf der Speisekarte als Pork in Lemonsauce verkauft wurde. Es war eine Art Eintopf, der aus Schweinefleisch und Kartoffeln bestand. Dabei wurden die Kartoffel in einer Brühe aus Zitronen und Kräutern gekocht und nahmen einen ganz besonders fruchtigen Geschmack an. Die drei Moselschleifen hatten sich für Lammkoteletts mit Salat entschieden.

Sie hatten alle reichlich Hunger und waren genüsslich mit ihren Speisen beschäftigt, als sie schon aus der Ferne eine größere Gruppe aufs Melina zusteuern sahen. Es war Wojtyla in Begleitung von Hannah und einer ganzen Schar der Paros-Familie. Wojtyla trug ein schwarzes Jackett und ein weißes Hemd mit Stehkragen, wie es üblicherweise von katholischen Priestern getragen wird.

»Der wird doch hier keine Abendmesse zelebrieren wollen?«, bemerkte Pia trocken, während sie genüsslich ihr letztes Lammkotelett abnagte.

»Na, das könnte doch ganz lustig werden, dann hätte er endlich mal eine tragende Rolle«, erwiderte Stephan, und in dem Moment hatte die Truppe sie schon gesehen und schwenkten auf ihren Tisch zu.

Während sie sich alle lautstark begrüßten und die Truppe sich um sie herum niederließ, trat Wojtyla mit toternster Miene an ihren Tisch. Er war blass, obwohl er schon ein paar Stunden Sonne genossen hatte, und begann leise zu sprechen.

»Schön, dass ich euch treffe. Ich habe mir heute überlegt, im Andenken an unseren Jannis zu einer Prozession zum Lageri aufzurufen«, sagte er und blickte dabei in den Himmel. »Ich denke, das sind wir Jannis schuldig, und ich würde mich freuen, wenn ihr dabei wäret.« Er machte einen tiefen Seufzer, bevor er erneut mit ernster Stimme weiter sprach: »Wir wollen morgen früh gegen neun vom Aliportas aus starten und dann zum Olivenhain am Lageri laufen. Dort werde ich dann eine Messe für Jannis abhalten.« Seine Gestik war theatralisch, und der schwarze Anzug unterstrich die gesamte Dramaturgie. Dann griff er in eine Tasche und zog vier Zettel heraus, die er ihnen auf den Tisch legte. »Diesen Psalm hab ich für die Wanderung ausgesucht, da könnt ihr euch ja dann schon mal mit vertraut machen. Und ich bitte um angemessene Kleidung.«

Nachdem er diesen letzten Satz ausgesprochen hatte, drehte er sich um und ließ sie verdattert an ihrem Tisch zurück. Stephan und den Moselschleifen hatte es im ersten Moment die Sprache verschlagen, und Pia ließ vor Schreck ihren Knochen fallen, so überrascht waren sie von Wojtylas Vorschlag.

»Na, so langsam nimmt das komische Züge an hier auf Paros«, brach Robert das Schweigen und konnte sich sein Lachen nicht verkneifen. »Immer mehr Mauerblümchen aus unserer Truppe wittern ihre große Chance. Jetzt fängt Wojtyla auch noch an. Ich habe jedenfalls kein Beerdigungs-Outfit mit und gehe da auch nicht hin.«

Das war ein klares Statement, und Stephan konnte Robert nur beipflichten.

»Aber warum denn, so was werden wir so schnell nicht wieder geboten bekommen«, warf Pia ein. »Also wenn ich richtig laufen könnte, wäre ich dabei«, überlegte sie schmunzelnd und hoffte, dass ihr jemand zustimmte. »Nur um Wojtyla mal in seinem Element zu sehen, das wäre es mir schon wert. Vielleicht fahre ich mit dem Auto zum Lageri und höre mir wenigstens die Messe an.« Sie blinzelte Stephan zu, in der Hoffnung, ihn wenigstens für das Abenteuer begeistern zu können, als ihnen Jorge eine große Platte mit griechischem Joghurt und Honig reichte.

Damit war das Thema dann erst mal abgehakt, und nachdem sie bezahlt hatten, brachen sie zu ihrem Spaziergang durch den alten Hafen auf. Zu später Stunde im Aliportas konnte es Wojtyla dann nicht lassen, den ausgewählten Psalm mit einigen bereits gewonnen Pilgern lautstark zu üben. Der schaurige Gesang des bunt zusammen gewürfelten Trüppchens war weit über das Aliportas hinaus zu hören, und sie hofften alle nur, dass sich das jetzt nicht jeden Abend wiederholen würde.

KATHARINA WALDMANN
ALIPORTAS, NAOUSSA

Im Aliportas herrschte entspannte Nachmittagsstimmung, als Katharina mit Filippos eintraf. Sie setzten sich sofort in ihre Arbeitsecke und bestellten sich erst einmal den lang ersehnten Frappé. Nach einer kleinen Weile konnte Filippos nun endlich von seiner Apothekenrecherche berichten.

»War gar nicht so einfach, an alle Apotheken ranzukommen, aber mittlerweile habe ich alle erreicht bis auf eine, die wird gerade verkauft«, begann er und holte seine Aufzeichnungen hervor. »Ich habe aber den Namen der Besitzerin, falls wir wirklich eine hundertprozentige Kontrolle machen wollen Das Ergebnis ist recht eindeutig! Alle haben mir klar gesagt, dass sie kein Rohypnol mehr verkaufen und teilweise auch nie verkauft haben«, fuhr er fort und zeigte seiner Chefin die gesamte Liste.

Katharina überlegte einen Moment und trank einen kräftigen Schluck ihres Frappé, bevor sie kühl erwiderte: »Das heißt wir können davon ausgehen, dass der Mörder sich das Rohypnol anderswo besorgt hat?« Sie wirkte etwas entnervt.

Filippos blieb cool und antwortete triumphierend nach einer kurzen Pause: »Mehrere Apotheker haben mir eine Telefonnummer in Mykonos gegeben, die uns vielleicht weiterhelfen könnte. Über diese Nummer kann man wohl auf nicht ganz legalem Wege an das Zeug ran kommen«, sagte er stolz und grinste seine Chefin breit an. »Das passt doch zu unseren bisherigen Erkenntnissen, dass Rohypnol dort in der Partyszene geschluckt wird. Angeblich haben Patienten ihnen diese Nummer gegeben.«

Katharina hatte ungeduldig zugehört, ordnete ihre Gedanken und plötzlich erhellte sich ihre Miene zu einem schelmischen Grinsen.

»Ja, dann, mein Lieber ...« Sie nahm noch einen Schluck Frappé, lehnte sich mit verschränkten Armen zurück und sagte: »Dann wirst du dich wohl auf einen Trip nach Mykonos einstellen müssen. Misch dich ruhig mal unter die Jungs und kriege raus, wer das Zeug da verkauft. Das ist unsere wichtigste Spur, und da müssen wir oder besser du dran bleiben.« Sie warf ihm blinzelnd einen Kussmund zu.

»Das ist doch wohl nicht dein Ernst, Katharina?« Filippos schüttelte energisch seinen Kopf, und seine Augen waren weit aufgerissen. »Ich soll mich unter all die Tunten wagen?« Er war aufgesprungen, erst jetzt wurde ihm klar was das bedeutete.

Doch seine Chefin blieb ganz gelassen und gab nur trocken zurück: »Na, ich hätte ja wohl kaum eine Chance, in den Schwulenkneipen an solche Informationen zu kommen, oder? Und so wie du aussiehst, kriegst du alles ...«

»Das halt ich nicht aus, das glaubt mir doch keiner«, antwortete Fillipos wohl wissend, dass sein Einsatz auf der Nachbarinsel längst besiegelt war.

»Das kriegst du schon hin.« Katharina war es ernst damit. »Zieh dir was Nettes an und stelle dich nicht so verkrampft an. Und noch was: Nehme je ein Foto von Erasmos und Georgios mit. Falls wir es schaffen, den oder die Verkäufer ausfindig zu machen, lege ihnen die Bilder vor. Auch wenn Georgios ein Alibi hat, sicher ist sicher.«

Filippos blickte resigniert und wusste, dass Widerrede zwecklos war. Katharina hatte entschieden, dass er auf Mykonos ermitteln sollte, und das hatte er dann auch zu tun.

»Bitte besorge dir heute noch ein Fährticket, so dass du morgen Abend in die heiße Szene eintauchen kannst.« Filippos zuckte resigniert mit den Achseln. Die Kommissarin schlug daraufhin einen vertraulicheren Ton an und weihte Filippos in ihre neuen Pläne ein. Ausführlich berichtete sie von dem Angebot, das Adonis ihr gemacht hatte, und sie ließ auch ihre anfänglichen Zweifel nicht aus. Es war ihr wichtig, dass ihr engster Mitarbeiter ihre Entscheidung verstand, und Filippos tat das sehr wohl:

»Ich freue mich für dich und glaube mir, ein solches Angebot erhältst du nicht noch einmal. Ich an deiner Stelle würde sofort hier bleiben. Vielleicht brauchst du ja auch hier einen fähigen flexiblen Assistenten. Ich stände auf jeden Fall direkt zur Verfügung.«

Seine spontane Antwort überraschte Katharina nicht nur, sie war zutiefst berührt von der Reaktion ihres Kollegen und umarmte ihn herzlich.

»Schön, das so von dir zu hören, und mit dem Assistenten, das lass mich mal prüfen. Nach dem Motto *Never change a winning team* könnten wir dich ja vielleicht auch hier unterbringen. Aber lass mich erst einmal ankommen und die Lage sondieren. Mein Wechsel wäre frühestens zum 1. Juli, bis dahin muss ich meine Nachfolge in Athen organisieren.«

Filippos bestellte bei Angelos zwei Gläser Sekt, und die beiden stießen auf Katharinas Entscheidung an.

Es dämmerte mittlerweile, und die Kommissarin dachte mit Freude an den bevorstehenden Abend bei Adonis und Nektaria. Sie war in Feierlaune, obwohl ihr der Stand der Ermittlungen ziemliche Bauchschmerzen bereitete. Der heutige Tag hatte einige brisante Informationen gebracht, auf die man weiter aufbauen konnte. Georgios und der verschwiegene Halbbruder gingen ihr nicht mehr aus dem Kopf.

Sie hoffte über Filippos Trip nach Mykonos an die Bezugsquelle des Rohypnols zu kommen, und hatte sich für den nächsten Tag vorgenommen, nochmal zum Haus der Apostolopoulou zu fahren. Sie wollte mehr über Georgios erfahren und hatte da an Sophia gedacht. Die langjährige Haushaltshilfe hatte schließlich zur Familie gehört und konnte ihr bestimmt ein besseres Bild von ihm verschaffen.

Damit beendete sie ihren Arbeitstag und ging auf ihr kleines Zimmer, um sich für den Abend bei Adonis vorzubereiten. Sie zog sich ein luftiges Kleid an und schminkte sich, was sie selten tat. Aber sie wollte ihre gute Laune zum Ausdruck bringen, und dazu gehörte auch ein gutes Aussehen. Dann wollte sie noch einen Blumenstrauß besorgen, den sie in dem kleinen Blumenladen am Ortsausgang von Naoussa bestellt hatte. Frische Blumen waren rar in Griechenland, denn bei der Hitze hatten sie meistens nur eine kurze Lebensdauer. So saß sie kurze Zeit später in bester Stimmung in einem Taxi nach Drios, um mit Adonis ihre neue Jobperspektive zu besiegeln.

GEORGIOS APOSTOLOPOULOS
LEFKES, PAROS

Der Besuch der beiden Kriminalbeamten hatte Georgios ziemlich aufgewühlt. Es dauert eine ganze Zeit, bis sich die Anspannung bei ihm löste. Die kleinen rosa Pillen hatten ihm mal wieder dabei geholfen. Damit musste er doch rechnen, redete er sich immer wieder ein, aber er hatte ja ein eindeutiges Alibi. Und wenn es daran Zweifel gäbe, wären die Beamten längst schon wieder bei ihm aufgetaucht. Er beruhigte sich langsam wieder, und erneut flammten die Rachegefühle gegenüber Anna auf. Er holte seine Notizen hervor, in denen er grob seinen Plan skizziert hatte. Er würde sie zu einem klärenden Gespräch zu sich nach Hause einladen, um ihre Grundeinstellung zu ihrer zukünftigen Aufgabe abzuklopfen. Er hatte auch schon eine Idee, wie er sie dazu bewegen konnte. Wenn er sie erst einmal in seinem Haus hatte, dann musste sie sich dazu äußern, und dann hatte er vielleicht eine Chance, sie zu Zugeständnissen zu bewegen. Georgios musste es irgendwie schaffen, sie zu erreichen. Sie musste sich persönlich angesprochen fühlen, besser noch: sie musste sich persönlich berührt fühlen. Aber wie sollte er das hinkriegen bei der Eiseskälte zwischen ihnen? Dann kam ihm die Idee, dass ein handschriftlicher Brief die Lösung sein könnte. Er nahm einen Bogen Briefpapier aus seinem Schreibetui, in dem auch sein Füllhalter steckte, und begann einen Brief an Anna zu schreiben:

Hallo Anna,

du wunderst dich bestimmt, dass ich dir schreibe. Aber die letzten Tage haben mich sehr nachdenklich gestimmt. Entscheidend dazu beigetragen hat ein Abschiedsbrief von meiner Mutter, der mir in den letzten Tagen zugestellt wurde. Darin erläutert sie mir noch einmal sehr genau, warum sie mir das Grundstück nicht vermacht hat, und bittet mich um Verständnis und um Verzeihung. Es fällt mir zwar schwer, wie du dir sicherlich denken kannst, aber ich habe das zu akzeptieren und das werde ich auch tun. Eine letzte Bitte, die sie in diesem Brief an mich richtet, ist, dass ich mich mit dir versöhnen soll, und das möchte ich bei einem Treffen mit dir versuchen. Auch wenn ich zu meiner Mutter zuletzt ein gespanntes Verhältnis hatte, so möchte ich ihr diesen letzten Wunsch nicht abschlagen. Ich hoffe, du siehst das genauso, und ich würde mich freuen, wenn wir uns zu einem Gespräch bei mir treffen könnten.

Ich schlage den morgigen Nachmittag vor, so gegen sechzehn Uhr. Ich hoffe, du erfüllst mir diesen Wunsch und wirst kommen.

Gruß Georgios

Er las den Brief noch einige Male durch, bevor er ihn in einen Umschlag steckte und zuklebte. Er würde ihn noch heute im Haus seiner Mutter einwerfen. Von Angelos wusste er, dass Anna bereits ihr Quartier dort bezogen hatte. Anschließend machte er eine Checkliste, was er noch alles für den Besuch zu organisieren hatte.

KATHARINA WALDMANN
DRIOS, PAROS

Wie schon bei ihrem letzten Besuch bei Adonis war die Terrasse für ein üppiges Abendessen eingedeckt. Auch das war ein Privileg von Paros, im Sommer draußen mit freiem Blick aufs Meer zu essen. In Athen war es meistens viel zu laut und zu stickig, und es fehlte dieses ganz besondere goldgelbe Licht, welches gerade kurz vor Sonnenuntergang am schönsten ausfiel. Die Kommissarin verspürte bereits einen stattlichen Appetit, als sie an die Leckerbissen dachte. Nur das diesmal nicht für drei, sondern für vier Personen eingedeckt war. Nektaria stand in der Küche mit einer weiteren Frau, die Katharina nicht kannte. Die Unbekannte wurde ihr als Stella Koutzari vorgestellt, eine gute Bekannte ihrer Gastgeber, und es war kein Zufall, dass sie beim Abendessen mit dabei war. Schnell stellte sich heraus, dass es sich um die Apothekerin handelte, von der Filippos ihr berichtet hatte, deren Apotheke zum Verkauf anstand. Sie wollte Paros verlassen, und neben der Apotheke hatte sie auch noch ihr Privathaus zu verkaufen. Das war der eigentliche Grund, warum Adonis Stella eingeladen hatte.

Das traf sich ja gut, dachte Katharina, mal ganz abgesehen von der Option, dass sie vielleicht schon eine Bleibe hatte, konnte ihr die Apothekerin auch noch ein paar offene Fragen zum Mordfall Kostatidis beantworten. Stella stellte sich als eine sympathische, lustige Zeitgenossin vor, und Katharina kam recht schnell mit ihr ins Gespräch. Obwohl sie Stella am liebsten direkt auf die noch offenen Fragen angesprochen hätte, wollte sie nicht gleich mit der Tür ins Haus fallen, und so sprachen sie zunächst über das freiwerdende Haus. Stella erzählte von dem Objekt wie von einem Kind, sie schien sehr viel Herzblut hineingesteckt zu haben. Daher war es ihr auch so wichtig, die Person, die nach ihr dort wohnen sollte, vorher kennenzulernen. Man verabredete sich für den nächsten Tag am Nachmittag zu einer Besichtigung und beließ es dann auch an diesem

Abend dabei. Zunächst einmal musste das Anwesen schließlich Katharina gefallen, dann konnte man über weitere Details sprechen.

Zwischen der Vorspeisenplatte und dem Hauptgang ergriff Katharina dann aber die Chance, ihre fachlichen Fragen loszuwerden. Auf die Frage, ob die Apothekerin je Rohypnol verkauft hatte und ob sie wüsste, wo man es auf Paros bekommen könnte, schaute Stella sie verdutz an. Erst als Katharina ihr von dem aktuellen Fall berichtete, sprudelte sie los.

»Vor zwanzig Jahren wurde das oft als Beruhigungsmittel verschrieben, aber das machen die Ärzte schon lange nicht mehr. Ich habe es schon vor über fünf Jahren aus dem Sortiment genommen, und die meisten meiner Kollegen wohl auch«, sagte sie und wurde plötzlich nachdenklich. »Das wird auch schon lange nicht mehr angefragt, bis auf vorletzte Woche, da hatte ich tatsächlich einen Anrufer, der danach gefragt hat. Ja, ich erinnere mich noch genau, ich war gerade dabei, die letzten Regale auszuräumen ...«

»Kannst du dich an die Stimme erinnern?« Katharina hatte aufmerksam zugehört, aber als Stella von dem Anruf erzählte, schaute sie abrupt hoch und unterbrach sie. »War es ein Mann oder eine Frau?«, fragte sie hektisch, »und würdest du die Stimme wiedererkennen?«

»Schwer zu sagen, wenn du mich nicht darauf angesprochen hättest, hätte ich den Anruf schon längst wieder vergessen. Aber ich würde eher auf einen Mann tippen, obwohl die Stimmlage sehr hoch war.«

Katharina, jetzt ganz Kriminalistin, griff nach ihrer Tasche, kramte nach ihrem Handy und suchte auf ihrer Mailbox nach Georgios anonymen Anruf. Diese Gelegenheit bekam sie nicht noch einmal. Ihr Herz klopfte heftig. Dass ihr heute Abend eine solche Gelegenheit geboten würde, machte sie euphorisch. Ohne Stella groß zu fragen, hielt sie ihr das Handy ans Ohr.

»Bitte höre dir kurz die Stimme an und überlege, ob das der Anrufer sein könnte.«

Stella hörte sich mehrfach den Anruf an, aber ihre Gestik signalisierte eine große Unsicherheit.

»Tut mir leid, da müsste ich jetzt lügen, aber das scheint mir eher nicht der Anrufer zu sein«, sagte sie schließlich.

Mist, dachte Katharina, das wäre ja auch zu einfach gewesen, das mit Georgios hätte so schön gepasst. Aber sie hoffte, dass sie am nächsten Tag weitere Informationen von Sophia bekommen konnte. Die Kommissarin wollte auch nicht den ganzen Abend damit verbringen, ihren Fall zum Hauptthema zu machen, doch eine Frage lag ihr noch auf dem Herzen. So fragte sie Stella abschließend, wo man denn heute noch Rohypnol bekommen könne. Stella klärte sie auf, dass Rohypnol in einer veränderten Form auch heute noch als Beruhigungsmittel und zur Muskelentspannung erhältlich sei, nur nicht mehr in der ursprünglichen Form. Das würde fast nur noch zusammen mit Alkohol in der Partyszene geschluckt. Und auch Stella hatte davon gehört, dass man auf Mykonos alles kaufen könne.

Das Essen war wieder einmal einzigartig, und obwohl Katharina sich vorgenommen hatte, kürzer zu treten, war dieser Vorsatz schon nach kurzer Zeit verdrängt. Schon für die gefüllten Zucchinibällchen und den gedünsteten Oktopus hätte sie sterben können, aber als erst Nektaria den Stifado servierte, waren alle Leinen los. Adonis half noch dabei nach und goss immer wieder von dem kalten Weißwein ein, er war bestens gelaunt, schließlich feierten sie seine Nachfolgerin. Der Abend endete mit einem gemeinsamen Sirtaki auf der Terrasse, und Katharina tanzte, wie lange nicht mehr. Erst gegen drei bestellte Katharina schließlich ein Taxi und dachte mit Grauen an den bevorstehenden Tag.

Der fiel dann auch entsprechend aus. Filippos wies sie an, nicht auf sie zu warten und sich auf seinen Abstecher nach Mykonos vorzubereiten. Sie selbst wollte später, wenn es ihr Zustand zuließ, dann zu Sophia fahren.

Filippos Vorbereitungen waren schnell erledigt. Schwieriger war es, sich zu überlegen, wie er denn am besten an die besagte Apothekerin kommen konnte. Er wusste nur, dass sie mit illegalen Drogen handelte, und sein Ziel war es, sie mit den Fotos der beiden Verdächtigen zu konfrontieren. Ihm war schnell klar, dass er in die Szene eintauchen musste, um an die Informationen zu kommen. und das bescherte ihm ein wenig Magenschmerzen. Er sah verdammt gut aus, und es wäre nicht das erste Mal, dass ihm Männer ein eindeutiges Angebot machten. Aber auch das gehörte zu seinem Job, und er hatte nun mal einen Mord aufzuklären.

Und das mit allen Mitteln, die ihm zur Verfügung standen, eben auch mit körperlichem Einsatz.

Gegen zehn fuhr er schließlich nach Parikia, nachdem seine Chefin immer noch nicht erschienen war. Er wollte noch eine Kleinigkeit essen, bevor er die Zwölf-Uhr-Fähre nahm. Dann hatte er den Nachmittag zur Verfügung, um sich ein wenig umzuschauen. Am Abend würde er dann in das Nachtleben aufbrechen.

Es war ein wunderschöner Sommertag, und die See war sanft und glatt. Schade, dachte er, dass man auf den modernen Schnellfähren nicht mehr raus konnte, gerade wenn so schönes Wetter war. Aber es war nur eine Fahrt von gerade mal fünfzig Minuten, und bevor man überhaupt die blaue Ägäis genießen konnte, war man auch schon da. Im Hafen von Mykonos herrschte reges Treiben, und etwas außerhalb vor der Küste lag ein großes Kreuzfahrtschiff. Die Besatzung war gerade dabei, die kaufwütigen, meist amerikanischen Touristinnen an Land zu bringen, um sie zu den zahlreichen Schmuckgeschäften zu geleiten. Das war ein lohnendes Geschäft für die Ladenbesitzer, und man buhlte um jeden Passagier.

Filippos hatte sich zunächst für eine Nacht in einem kleinen Hotel oberhalb des Hafens eingebucht, mit der Option, eventuell zu verlängern. Er wollte seine kleine Reisetasche schnell dort abgeben, bevor er sich in ein Café in Klein-Venedig begeben würde. Dort war auch schon nachmittags was los, denn hier galt Sehen und Gesehenwerden, und das war der richtige Ort, um Kontakte zu knüpfen. Er kannte Mykonos von einem Besuch mit seiner Verflossenen, die wollte im letzten Sommer unbedingt hier Urlaub machen. Schon damals war ihm das ganze Getue auf die Nerven gegangen. Er selbst wäre viel lieber auf eine der ruhigeren Inseln wie Astipalea oder Amorgos gefahren, aber auch das mit Mykonos war eine Erfahrung wert. Sie hatten dann ganz schnell gemerkt, dass ihre Vorstellungen von Urlaub und auch vom Leben um Welten auseinander lagen. Jetzt war er wieder hier, und schon nach ein paar Minuten ereilte ihn genau dieses Gefühl wieder.

Er zog sich schnell um und machte sich auf nach Klein-Venedig, eine der schönsten Ecken auf Mykonos. Die Bars waren hier alle mit viel Liebe rausgeputzt, und man hatte das Gefühl, sie wollten sich alle übertreffen.

Viel strahlendes Weiß konnte man hier sehen, welches mit Farbtupfern in Form von Sitzkissen oder farbigen Stühlen entsprechend in Szene gesetzt wurde. Es sah nicht nur teuer aus, es war auch teuer, und man konnte ohne Anstrengung acht Euro für einen Frappé ausgeben. Hier war Mykonos ganz mondän und man trank oft bei klassischer Musik schon Champagner am Nachmittag.

Filippos suchte sich ein freies Plätzchen zwischen einer Schar bunter Partyvögel, die schon ein paar Gläser zu viel hatten. Das machte die Zunge locker, dachte er, und er erhoffte sich, schnell an die gewünschten Informationen zu gelangen. Er trug Shorts, die seine kräftigen behaarten Beine zur Geltung brachten, und ein Paar Flip-Flops. Dazu hatte er ein knappes Tank Top ausgewählt, und er bemerkte sofort, dass man auf den einzelnen Gast aufmerksam geworden war. Er spürte die Blicke auf sich gerichtet und musste sich zwingen, betont lässig zu bleiben, was ihm sichtlich schwer fiel. Es dauerte keine fünf Minuten, bis ihm ein Glas Champagner gebracht wurde und ihm ein junger Spanier zuprostete. Filippos lächelte gequält zurück und erhob das Glas für einen eisgekühlten Schluck. Das deutete der Spanier sofort als Zuspruch und setzte sich zu ihm. Er stellte sich als Louis vor, dass er mit einer ganzen Clique hier sei und gerade Leute für eine Party am Abend suche. Es sei eine private Party mit lauter geilen Leuten, und er würde sich freuen, wenn Filippos dazu kommen könne.

»Du wirst dich bestimmt amüsieren, so wie du aussiehst, da bin ich mir ganz sicher. Hier hast du schon mal die Adresse. Kann ich denn mit dir rechnen?«, fragte der Spanier ganz spontan und blickte Filippos tief in die Augen.

Filippos war ziemlich perplex von diesem Überraschungsangriff, aber er hatte schon oft davon gehört, dass die Schwulen nicht lange fackelten. Er bebte innerlich, blieb aber nach außen vollkommen gelassen und ergriff seine Chance.

»Ich habe gerade zwei Nächte Party hinter mir ...« antwortete er cool, »und bin ganz schön geschafft. Ich wollte eigentlich eine Nacht Pause einlegen, aber bei solch einem Angebot kann ich ja schlecht Nein sagen. Er blickte Louis lasziv an. »Dann bräuchte ich aber erst einmal ein paar

Muntermacher, ich möchte deine Gäste ja nicht enttäuschen. Kannst du mir vielleicht einen Tipp geben, wo ich die hier kriege?«

Während er die Frage stellte, hatte er sich unauffällig in den Schritt gefasst. Louis lächelte erfreut, ging, ohne zu antworten, zur Bar und kam mit einem Zettel zurück, auf den er eine Telefonnummer geschrieben hatte. Er reichte sie Filippos.

»Hier kriegst du deine Muntermacher und alles, was du sonst noch so brauchst. Bestelle einen schönen Gruß von Louis, dann geht das in Ordnung. Wir sehen uns gegen 23:00 Uhr, Darling.«

Filippos trank den letzten Rest seines Champagners und frohlockte innerlich. Ihm stand zwar der Schweiß auf der Stirn, aber er war stolz auf sich, diese Rolle so gut gespielt zu haben. So schnell hatte er nicht damit gerechnet, Erfolg zu haben, und obwohl er noch gar nicht wusste, ob das die gesuchte Informationsquelle war, fühlte er sich gut. Überzeugend hatte er den coolen Macho gegeben und es ausgehalten. Er wusste doch, dass er bei den Männern ankam, auch wenn ihn diese Erkenntnis immer etwas verlegen machte. Er winkte Louis noch einmal kurz zu und verließ dann erleichtert die Bar. Schade, dachte er nur, du wirst heute Abend lange auf mich warten, obwohl ihn die Party ja schon interessiert hätte. Er hatte schon davon gehört, dass es bei schwulen Partys oft hoch her gehen soll, aber das war ihm dann doch eine Nummer zu heiß.

GEORGIOS APOSTOLOPOULOS
LEFKES, PAROS

Georgios lief in seiner kleinen Wohnung ständig hin und her wie ein Tiger in einem Käfig. Es waren jetzt schon ein paar Stunden vergangen, seitdem er den Brief in seinem elterlichen Haus eingeworfen hatte. Sophia oder Anna müssten ihn längst gefunden haben. Warum meldet sich Anna nicht, dachte er die ganze Zeit und wurde dabei noch rastloser. Fast wäre er über den in seinem Wohnraum stehenden Ordner gestolpert, in dem er fein säuberlich alle Angebote der Dreamroom GmbH abgeheftet hatte. Mit jedem neuen Angebot waren die Preise weiter nach oben geklettert. Das musste Anna doch beeindrucken, und wenn sie gemeinsam das Stück Land zu Geld machten, konnte sie irgendwo anders ihre Organisation unterbringen. Immer und immer wieder schaute er auf seine Uhr und flehte fast das Telefon an, endlich einen Anruf zu erhalten. So verbrachte er fast den ganzen Nachmittag und traute sich nicht, aus dem Haus zu gehen, denn er hätte ja einen Anruf verpassen können.

Endlich gegen sieben klingelte sein Telefon. Es wurde keine Nummer angezeigt, er wusste also nicht, wer am anderen Ende der Leitung war. Er atmete tief durch, um seine Stimme in den Griff zu kriegen, und hob ab. Es war Anna, sein Puls schoss augenblicklich in die Höhe. Jetzt bloß keine Nervosität zeigen, er musste glaubhaft rüberkommen, sonst hätte er verloren. Doch Georgios überließ nichts dem Zufall. Er hatte das Telefonat vorher unzählige Male geprobt, und so legte er eine weinerliche Stimme auf.

»Schön, dass du mich anrufst, ich habe nicht wirklich damit gerechnet ...«Nach einer kurzen Pause fuhr er in beherrschtem Tonfall fort: »Ich schlafe schon seit Tagen nicht mehr. Ich glaube, ich habe alles falsch gemacht in meinem Leben, und jetzt die Quittung dafür bekommen.« Wieder eine wohlgesetzte Pause, auch wenn die ihm sehr viel Disziplin abverlangte. »Ich möchte nur noch mit mir wieder ins Reine kommen und den letzten Wunsch meiner Mutter erfüllen, ich hoffe du verstehst das, Anna?«

Am anderen Ende der Leitung war es zunächst still, Anna schien zu überlegen.

»Um ehrlich zu sein, traue ich dem Frieden nicht«, antwortete diese, »nach all den Ereignissen der letzten Monate. Wie kommt es zu dem plötzlichen Sinneswandel?«

Georgios Anspannung ließ etwas nach, als er bemerkte, dass Anna auf sein Anliegen einzugehen schien. Doch er hörte auch eine große Portion Wachsamkeit in ihrer Stimme.

»Ich verstehe dich«, erwiderte er und senkte seine Stimme – er war ein begnadeter Schauspieler, wenn es darauf ankam. »Das muss dir schwer fallen, mir zu glauben, das würde mir genauso gehen. Aber glaube mir, ich habe zutiefst unter der Abneigung meiner Mutter gelitten. Ich schlafe nur noch mit Beruhigungsmitteln und möchte endlich wieder meinen inneren Frieden finden. Bitte tue mir den Gefallen und lass uns das Kriegsbeil begraben.«

Wieder Stille am anderen Ende der Leitung. Anna schien mit sich zu ringen.

»Okay, Georgios, ich werde mich mit dir treffen«, sagte sie schließlich, »aber nur, um den von dir zitierten Abschiedsbrief zu sehen. Ich möchte wissen, was Maroula dir geschrieben hat. Versprichst du, mir diesen Brief zu zeigen?«

Georgios Blutdruck schnellte schlagartig in die Höhe, denn er spürte, dass er fast an seinem Ziel war. Wenn sie nur schon bei ihm wäre, dann säße die alte Ökoschlampe in der Falle.

»Natürlich werde ich dir den Brief zeigen, Anna.« Noch einmal legte er nach und antwortete mit fast schluchzender Stimme: »Und ich bin dir unendlich dankbar, dass du mir und auch Maroula diesen Wunsch erfüllst. Ich erwarte dich dann morgen gegen sechzehn Uhr bei mir.«

Als er aufgelegt hatte, stieß er einen Schrei aus, um den innerlichen Druck herauszulassen. Er konnte es noch gar nicht fassen, was ihm da gerade gelungen war. Jetzt musste er nur noch einmal ganz genau den Ablauf für morgen durchgehen. Den Plan hatte er schon lange im Kopf, aber bewusst damit gewartet, bis er die Zusage von seiner Erzfeindin hatte. Minutiös schrieb er Punkt für Punkt seiner Vorgehensweise auf, der mit der Ankunft von seiner Miterbin begann und mit der Hoffnung auf Annas Einlenken enden sollte. Er war jetzt wie besessen und hatte nur noch ein Ziel, Anna von ihrem Vorhaben abzubringen, um für sich noch etwas herauszuholen.

KATHARINA WALDMANN
LAGERI, NAOUSSA

Nach der dritten Aspirin stabilisierte sich Katharinas Zustand, und sie bestellte sich einen Fahrer, der sie zum Lageri bringen sollte. Sie hatte sich bei Sophia angemeldet und wurde dort bereits erwartet. Wie immer war die Haushälterin in der Küche und damit beschäftigt, einen Kuchen zuzubereiten. Sie wirkte ziemlich aufgekratzt und fragte die Kommissarin nach dem Grund ihres Besuches. Sie war der Meinung, alles bereits zu dem Mordfall gesagt zu haben. Erst als Katharina angab, über Georgios reden zu wollen, schaute sie überrascht auf. Sophia setzte sich hin, goss den beiden eine Tasse Kaffee ein und seufzte tief.

»Eine traurige, aber für mich auch durchaus angenehme Geschichte«, fing sie an und berichtete von der zunehmenden Entfremdung eines Menschen, den sie wie ihren eigenen Sohn großgezogen hatte. »Der Junge hat sich alles verspielt, und Maroula hatte ihn schon lange aufgegeben. Auch wenn ich ihre Kälte gegenüber Georgios nicht immer geteilt habe, jetzt verstehe ich besser, warum sie so gehandelt hat.«

Sie erzählte Katharina ausführlich von Georgios schlechtem Verhältnis zu seiner verstorbenen Mutter, und dass sie ihn enterbt hatte. Dass seine Mutter seinen Lebensstil, seine Drogen und seine Gier nach Geld verabscheut habe.

»Aber dank der guten Maroula habe ich nun eine lebenslange Bleibe, und das Grundstück wird auch erhalten, da hat die Gute für gesorgt«, sagte sie und lächelte gütig dabei. »Auch wenn jetzt doch alles ganz anders kommt, als Maroula es geplant hat, aber das Vorderhaus ist mein, und da kann keiner mehr ran. Das hat mir Manolis versichert«, sprach sie trotzig weiter und bekreuzigte sich dabei. »Ich hoffe nur, dass ich mit dieser Anna klar komme, die hat sich hier schon ganz schön breit gemacht, und dass die beiden sich jetzt zusammenraufen«, ergänzte sie noch und stand auf, um in ihrem Teig zu rühren.

Katharina hatte Sophia bis hierhin in Ruhe erzählen lassen, ohne sie zu unterbrechen, doch plötzlich horchte sie auf.

»Was heißt hier enterbt?«, unterbrach sie Sophia mit lauter Stimme. »Ich habe gehört, Georgios würde das gesamte Grundstück erben? Stimmt das etwa nicht?«

Sophia erschrak von Katharinas plötzlichem Einwurf, nahm einen großen Schluck Kaffee und sagte: »Doch, jetzt stimmt es ja auch wieder, aber zunächst war Georgios in Maroulas Testament nicht vorgesehen. Erst durch den plötzlichen Tod seines Halbbruders tritt er nun die Erbfolge an.«

Katharina war sprachlos, so belanglos Sophia den letzten Satz gesprochen hatte, so heftig ratterten ihre Gedanken durch ihren immer noch brummenden Schädel.

»Das bedeutet ja, dass Georgios ganz klar von Jannis Tod profitiert«, sprach sie leise vor sich hin, und wie aus der Pistole geschossen fragte sie: »Wie war Georgios Verhältnis zu Jannis?«

»Soweit ich weiß, wusste Georgios bis zur Testamentseröffnung nichts von seinem Halbbruder, genauso wie ich nichts davon wusste«, antwortete die Haushälterin und begann eine Kuchenform auszufetten. »Von diesem Geheimnis haben wir erst beim Notar erfahren. Nur Anna scheint davon gewusst zu haben«, sagte sie und fragte noch mit einem traurigen Blick: »Ich weiß gar nicht, wie Maroula das so lange geheim halten konnte, wie die das ausgehalten hat? Der war ja im Sommer immer da.«

Katharinas Gedanken überschlugen sich, und sie holte tief Luft, um souverän zu bleiben. Das war ein Glücksgriff, Sophia noch mal zu besuchen. Das hätte sie schon früher in Angriff nehmen sollen.

»Und Sie sind sich ganz sicher, dass Georgios nichts von Jannis gewusst hat?«, stellte sie noch einmal die Frage.

»Ich denke schon, so hat es uns Manolis auf jeden Fall geschildert. Und Anna hat das wohl auch erst kürzlich erfahren. Die hatte einen guten Draht zu Maroula, so oft wie die hier war. Und es scheint ihr ja genutzt zu haben, denn Georgios wird sich ja jetzt das Erbe mit Anna teilen müssen, und da hoffe ich nur, dass das gut geht«, stöhnte sie tief und ergänzte noch: »Aber mein Eindruck ist, dass Georgios sich mittlerweile damit abgefunden hat, was ich noch gar nicht so recht glauben kann. Denn die beiden haben weiß Gott nicht das beste Verhältnis.«

Katharina stutzte wieder und rückte nervös ihre Brille zurecht. Was meinte Sophia damit, hörte sie da gewisse Zweifel?

»Was veranlasst Sie denn zu glauben, dass er sich damit abgefunden hat?«

Sophia berichtete von dem Vorhaben, Annas Umweltorganisation auf dem Grundstück unterzubringen, und von dem Brief, den Anna erhalten hatte: »Er hat ihr ein Friedensangebot gemacht, und die beiden werden sich zu einem Versöhnungsgespräch treffen.«

Katharina dachte nach, blitzschnell ging sie alle Aussagen Sophias noch einmal durch. An einem wesentlichen Punkt blieb sie immer wieder hängen. Wusste Georgios tatsächlich nicht von Jannis oder hatte er einfach nur allen etwas vorgespielt? Dann hätte Georgios durchaus ein Motiv gehabt. Dass er nichts davon wusste, war die Annahme einer Haushälterin, das besagte zunächst einmal gar nichts. Aber hier lag der Schlüssel zu dem Mord, das wurde ihr zunehmend klar. Die Person Georgios rückte immer weiter in den Fokus von Katharinas Ermittlungen, und sie hatte sich jetzt so richtig festgebissen.

Noch heute würde sie ein Zeitprofil von der Mordnacht erstellen, dazu brauchte sie den genauen Todeszeitpunkt und die Fahrzeit vom Lageri nach Lefkes. Sobald Filippos von Mykonos zurückkäme, würden sie gemeinsam die Strecke abfahren. Der Wirt vom Alekos hatte ausgesagt, dass erst weit nach Mitternacht getanzt wurde, und er nicht sagen konnte, wann Georgios das Lokal betreten hatte. Sie brauchte unbedingt weitere Zeugen aus dem Alekos. Es wäre nicht das erste Mal, dass Katharina ein zunächst als todsicher geltendes Alibi gekippt hätte. Ihr Bauchgefühl sagte ihr, das hier irgendetwas nicht stimmte, und in den meisten Fällen konnte sie sich darauf verlassen.

STEPHAN
NAOUSSA, PAROS

Stephan schlummerte noch selig im Halbschaf, als er am nächsten Morgen von der Prosession und ihrem Psalm-Gesängen geweckt wurde. Zunächst glaubte er noch, er träume, doch dann erinnerte er sich an den Auftritt von Wojtyla am gestrigen Abend und dachte nur, der hat es tatsächlich ernst gemeint. Sein Apartment lag nicht weit von der Straße zum Lageri, und der Trauerzug zog gerade an ihm vorbei. Er wusste ja, dass Pia sich die Messe im Olivenhain nicht entgehen lassen wollte, und nach anfänglichen Bedenken entschied Stephan auch, recht früh zum Strand zu fahren, um sich das Spektakel anzuschauen. Die Sache war so schräg, das musste er einfach erleben.

Er rief kurz bei Pia an, damit sie ihn mit zum Strand nahm. Sie schafften es so gerade, vor den Pilgern dort zu sein, und wollten sich schnell zum Strand durchschlagen, als Onkel Grete ihnen mit winkendem Krückstock entgegen humpelte.

»Na, da schau an, die ersten Zaungäste sind da. Ich hätte ja schon gedacht, dass ihr mitgeht, wo ihr so oft mit Jannis zusammengesessen habt.«

Pia schaute Stephan nur an und verdrehte die Augen, dann konterte sie gekonnt: »Ja, leider kriege ich meine neue Hüfte erst im September, ansonsten wäre das auch kein Thema gewesen.«

Dann gingen sie ohne ein weiteres Wort schnell zum Wasser herunter.

Kurz darauf bog mit lautem Gesang die Gruppe um die Ecke und ging bedächtig das letzte Stück bis an den Olivenhain. Es waren circa fünfzehn Personen, und sie kannten sie alle. An der Spitze das Hausfriedensbruch-Trio, mit Silberrücken an vorderster Front. Der Schweiß lief ihm nur so über das Gesicht, und er sah mit der Nasenmaske zum Fürchten aus. Dicht daneben Paul, wie immer mit feuerrotem Kopf, so dass man glaubte, er kippe jeden Moment um. Matt und Patsy hatten Hannah im Arm, die immer noch stark mitgenommen wirkte und gerade von Matt einen Ouzo zur innerlichen Stärkung bekam. Frank und Carmen erkannten sie als nächste zusammen mit Gitta, der Freundin Wojtylas. Zum Glück war der Strand um diese Zeit noch wenig besucht, ansonsten hätte es bestimmt einen riesigen Auflauf gegeben. Doch es gab nur ein paar Frühaufsteher, die die morgendliche Ruhe genossen und schon zum Schwimmen unterwegs waren. Dazu gehörte die ewig sportliche Browni. Neugierig, von den sonderbaren Klängen angelockt, eilte sie splitterfasernackt der Truppe entgegen. Es war ein Bild für die Götter, wie da zwei Welten aufeinander prallten. Dabei wäre Browni, mit ihrer fast schwarzen Körperbräune in dem meist dunkel gekleidetem Publikum gar nicht aufgefallen. Doch da hatte sie Seelchen unterschätzt. Wutentbrannt scherte die plötzlich aus dem Trauerzug aus und rannte mit ihren über 70 Jahren auf Browni zu.

»Es reicht schon, wenn du hier am Strand mit deinem Macker rummachst«, schrie sie wie eine Furie und riss sich ihre Jacke von den Schultern. »Hast du denn gar keine Achtung vor einer Trauergemeinde?« Sie warf ihr die Jacke direkt vor die Füße mit den Worten: »Zieh das über oder verschwinde!«

Browni, sonst nie um eine Antwort verlegen, stand wie angewurzelt da und wusste gar nicht, wie ihr geschah. Sie verstand nur ein paar Brocken Deutsch, merkte aber sofort, dass es wohl besser wäre, den Rückzug anzutreten, was sie dann auch ohne einen weiteren Kommentar tat.

Stephan und Pia hatten sich den Auftritt von weitem angesehen, und Stephan bemerkte erst jetzt, dass Pia die ganze Szenerie mit ihrem Handy aufnahm. Sie freuten sich schon auf heute Abend, wo sie in ausgesuchtem Kreis das Video präsentieren würden.

Pia hörte sich die Messe im Olivenhain noch mit an, Stephan zog es vor, ein paar Bahnen im Meer zu schwimmen.

FILIPPOS PANOS
MYKONOS

Filippos betrachtete den Zettel mit der Telefonnummer in seiner Hand. Das war also ihre heiße Spur, und er hoffte nur, dass er hier heute ein Stück weiterkommen konnte. Er brauchte dringend einen Erfolg, und der Anfang war nicht schlecht. Nie hätte er daran geglaubt, so schnell an die vermeintlich gesuchte Person zu kommen. Er musste seine Euphorie teilen und rief Katharina an, um ihr in kurzen Worten den Zwischenstand durchzugeben. Seine Chefin wirkte aufgekratzt, fast hektisch, als sie den Anruf entgegennahm. Nachdem sie ihm von dem Gespräch mit Sophia erzählt hatte, war ihm klar warum. Er sollte so schnell wie möglich zurückkommen, damit sie gemeinsam ein Zeitprofil aufnehmen konnten. Filippos schaute auf die Uhr, es war jetzt kurz nach drei, und er wusste, dass gegen sechzehn Uhr dreißig noch eine Fähre zurückging. Wenn er Glück hatte und die unbekannte Apothekerin jetzt gleich treffen konnte, hatte er vielleicht eine Chance, die Fähre noch zu bekommen. So zögerte er nicht lange und wählte die Nummer der unbekannten Dealerin. Ein kühles Hallo auf der anderen Seite signalisierte ihm eine gewisse Wachsamkeit. Erst als Filippos Louis Namen erwähnte, entspannte sich die fremde Frau und nahm einen forscheren Ton an.

»Wie kann ich dir denn helfen?«, fragte sie und fügte ganz unverblümt hinzu: »Ich hoffe, du hast genug Kleingeld dabei, bei mir wird Cash bezahlt.«

Filippos schilderte ihr seinen Zustand, dass er dringend ein paar Muntermacher brauchte, worauf sie ihm verschiedene Aufputschmittel nannte. Sie schien ein umfangreiches Sortiment zu haben, aber bei dem internationalem Publikum auf Mykonos musste man das wohl auch, dachte der Polizeibeamte. Nachdem er sich für ein Präparat entschieden hatte, verabredeten sie sich 15 Minuten später an den drei Windmühlen. Na, das klappt ja wie am Schnürchen, ging es Filippos durch den Kopf, jetzt muss sie nur noch einen von den beiden Verdächtigen identifizieren.

Von Klein-Venedig war es nicht weit bis zu den drei Windmühlen, er machte sich sofort auf den Weg dorthin. Es war einer der markantesten Punkte auf Mykonos, und die vielen Touristen machten unentwegt Fotos von dieser Stelle. Im Gegensatz zu Paros war Mykonos auch schon im Mai gut besucht, und Filippos wollte sich gar nicht vorstellen, was hier wohl im Sommer abging. Er setzte sich an die verabredete Stelle und genoss die Sonne, dabei wäre er fast eingeschlafen. Erst als eine Frau mittleren Alters ihn ansprach und fragte, ob er auch auf Louis warte, war er von der einen auf die andere Sekunde hellwach. Das war das Stichwort, und er bejahte ihre Frage.

Die Unbekannte schlug ihm vor, in eine kühlere Gasse um die Ecke zu gehen, um dort weiter auf Louis zu warten, was sie dann auch taten. Dort kam die Lady sogleich zum Geschäft und fragte, ob er das Geld dabei hätte. Aus ihrer Tasche holte sie ein Päckchen mit den bestellten Drogen. Nun war es an der Zeit zu handeln und Filippos tat so, als hole er Geld aus seiner Hosentasche. Doch anstatt des Geldes hielt er der überraschten Dame seinen Dienstausweis direkt unter die Nase.

»Kripo Athen, aber keine Sorge, ich bin nicht vom Drogendezernat«, stellte sich Filippos vor. »Ihre illegalen Drogengeschäfte interessieren mich weniger, die überlasse ich lieber meinen Kollegen. Ich ermittle in einem Mordfall. Wenn Sie mir dabei behilflich sind, vergesse ich unseren Deal mit den Drogen. Daher schlage ich vor, das wir kurz einen Kaffee trinken gehen und Sie sich anhören, worum es geht.«

Die unbekannte Apothekerin hatte die Farbe in ihrem Gesicht gewechselt und wirkte plötzlich ganz bleich. Ihre anfängliche Kühle war gänzliche verschwunden, und sie trottete brav hinter dem Polizeibeamten her. Er betrat das nächstgelegene Café, und bestellte ohne groß zu fragen zwei Mineralwasser.

»Wie schon gesagt, ermittle ich in einem Mordfall auf Paros. Ich zeige Ihnen jetzt zwei Fotos. Bitte schauen Sie sich die beiden Fotos ganz genau an und sagen mir, ob Sie einen davon kennen. Falls Sie mit mir nicht kooperieren, lasse ich Sie unverzüglich auf die Wache bringen, und in einer Stunde ist die Drogenfahndung hier.«

Filippos Ton war hart und bestimmend, so dass die überrumpelte Frau ihm keinen Widerstand entgegen setzte. Er nutzte sofort den Überraschungseffekt und hielt ihr die beiden Aufnahmen unter die Nase.

»Wie kann ich mir sicher sein, dass Sie ihr Versprechen auch halten?«, fragte die Apothekerin und schaute trotzig auf die beiden Fotos von Georgios und Erasmus.

»Das müssen Sie mir ganz einfach glauben, eine andere Chance haben Sie nicht. Aber wir können auch sofort zur Wache gehen. Was ist Ihnen lieber?« Vollkommen cool blickte Filippos auf die Apothekerin.

Das wirkte, und sofort war ihr aufkeimender Widerstand gebrochen.

»Der da ist ein Stammkunde ...«, sie deutete mit dem Finger auf Georgios, »braucht aber meistens Beruhigungsmittel und keine Muntermacher. Ich weiß nicht, was der mit dem ganzen Zeug macht. Scheint ein unglücklicher Teufel zu sein. Den anderen kenne ich nicht.«, sprach sie mit resignierter Stimme und schnippte die beiden Fotos zur Seite.

»Und Sie sind sich ganz sicher? Sie werden das vor Gericht bezeugen müssen«, hakte Filippos direkt nach.

»Absolut sicher. Wie oft der schon bei mir was bestellt hat!«

»Dann hätte ich noch eine letzte Frage: Hat dieser Mann in der letzten Zeit bei Ihnen Rohypnol gekauft? Wir wissen, dass man das Zeug bei Ihnen bekommt, also sagen Sie mir die Wahrheit.«

Die Apothekerin wurde ungeduldig und ihre Stimme klang jetzt zunehmend aggressiv.

»Ich sagte doch bereits, er hat fast immer Beruhigungsmittel bestellt, und Rohypnol gehört zu den Klassikern. Da gibt es viele Interessenten. Kann ich jetzt gehen?«

»Das können Sie, wenn Sie mir Ihre Adresse gegeben haben. Und dann noch eins: Sie kommen morgen um zehn nach Parikia, um Ihre Aussage zu unterschreiben. Und seien Sie pünktlich, ansonsten muss ich doch noch die Drogenfahndung auf Sie ansetzen.«

Filippos grinste sie überheblich an, als sie ihre Adresse auf einen Zettel schrieb. Danach war sie genauso schnell verschwunden, wie sie gekommen war.

Der junge Beamte jubelte innerlich und konnte vor lauter Aufregung kaum die Nummer von Katharina wählen. Als sie schließlich abhob, sprudelte es nur so aus ihm heraus.

»Endlich können wir uns den Vogel nochmal genauer unter die Lupe nehmen. Der hat uns jetzt einiges zu erklären. Ich versuche noch, die Fähre um halb fünf zu kriegen, bitte lasse mich gegen fünf am Hafen abholen.«

Während er noch mit Katharina sprach, war er schon in Richtung des Hotels aufgebrochen. Das brauchte er ja jetzt nicht mehr, und er wollte jetzt nur noch die Fähre zurück nach Paros erreichen.

GEORGIOS APOSTOLOPOULOS
LEFKES, PAROS

Georgios kleiner Wohnraum wirkte aufgeräumt, und der alte Esstisch war zu einer Kaffeetafel hergerichtet. Sogar einen kleinen Strauß Wildblumen hatte er sich aus seinem Garten zusammengestellt. Es sollte einladend und vertraut aussehen, so dass Anna erst gar nicht auf sonderliche Gedanken kommen konnte. Er hatte jetzt schon drei Mal umdekoriert, um wirklich dieses Gefühl der Vertrautheit zu vermitteln. Da fiel ihm noch der angebliche Abschiedsbrief ein, den Anna unbedingt sehen wollte. Er holte einen leeren Briefumschlag aus seiner Kommode und legte ihn auf den Tisch. Schnell verfasste er noch einen Brief, der in etwa dem Wortlaut entsprach, was er Anna während des Telefonats gesagt hatte. Er hoffte nur, dass sie nicht die Handschrift seiner Mutter kannte, dann wäre der Nachmittag gelaufen. So fieberte er der Ankunft Annas entgegen, und obwohl er bereits gegen Mittag eine Beruhigungspille genommen hatte, war er gespannt wie eine Feder.

Kurz nach fünf war es endlich soweit, schon von weitem hörte er den klapprigen Golf von Anna, wie er sich seinem Haus näherte. Sie stieg aus und machte wie immer einen resoluten Eindruck, so wie Georgios sie eben kannte. Er holte noch einmal kurz Luft, dann ging er zur Tür und öffnete ihr.

»Hallo, Anna«, sagte er, ohne ihr in die Augen zu schauen, »schön, dass du meine Einladung angenommen hast, ich habe bis vorhin nicht wirklich daran geglaubt.«

Er sprach bewusst leise und langsam, um bei Anna einen niedergeschlagenen Eindruck zu erwecken.

Annas Augen fixierten Georgios ganz genau, so als wollte sie durch ihn hindurchdringen. Sie traute dem Frieden nicht, und ihre Bewegungen glichen einer nach Beute suchenden Großkatze. Hätte Georgios ihr ins Gesicht geschaut, wären ihm sofort ihre eiskalten Augen aufgefallen.

»Hallo, Georgios.« Mit stierem Blick, der an eine Besessenen erinnerte, antwortete sie kühl: »Du kennst mich doch lange genug und weißt, dass ich zu meinem Wort stehe. Aber ich gebe zu, es ist mir schwer gefallen, hierher zu kommen. Dennoch hoffe ich, dass wir einen Weg finden, wie wir in Zukunft miteinander umgehen. Das will ich mit dir heute besprechen.«

Georgios ging in seine kleine Küche, wies ihr mit der Hand einen Stuhl zu und fragte sie, ob sie etwas Kaltes trinken wolle. Dann bot er ihr ein Glas frischen Orangensaft an, den hatte Maroula immer angeboten, wenn sie Gäste zu Besuch hatte.

Anna war höchst wachsam und beobachtete jede Geste Georgios ganz genau, einem frischen Glas Orangensaft hatte sie aber nichts entgegenzusetzen. Das war doch gar nicht so schlecht, dachte sie, Georgios spielte ihr sogar den Ball zu.

Georgios Blick war immer noch demütig zu Boden gesenkt, er traute sich anscheinend nicht, ihr ins Gesicht zu schauen. Das machte es nur einfacher, ging es Anna durch den Kopf, und sie spürte förmlich ihre Überlegenheit. Ihr Selbstbewusstsein schwoll weiter an. Ja, sie war es, die hier die Regeln setzte, und sonst keiner. Und erst recht nicht Georgios, das würde sie ihm jetzt zeigen.

Dann überschlugen sich die Ereignisse. Ganz langsam glitt ihre Hand in die Tasche auf ihrem Schoß und holte eine kleine Tropfflasche hervor. Georgios drehte ihr gerade den Rücken zu, um den Orangensaft zurück in den Kühlschrank zu stellen, als sie die Situation nutzte und ihm eine ausreichende Menge Rohypnol ins Glas tropfte. Blitzschnell ließ sie danach die Flasche wieder verschwinden.

Nachdem Georgios sich mit an den Tisch gesetzt hatte, nahm sie einen großen Schluck aus dem Glas und prostete Georgios zu in der Hoffnung, dass auch er von dem Saft trinken würde. Ihr Wunsch wurde auch sofort erfüllt, als Georgios sein Glas ansetzte und die unheilvolle Mischung in einem Zug austrank. Besser konnte es nicht laufen, dachte Anna nur, jetzt musste sie nur noch abwarten, bis das Zeug seine Wirkung zeigte.

Georgios bemerkte erst im Nachhinein den leicht bitteren Nachgeschmack, den das Rohypnol verursachte. Doch zu diesem Zeitpunkt dachte er sich noch nichts dabei. Erst als er gerade allen Mut zusammenfasste und nach dem Ordner mit den Grundstücksangeboten greifen wollte, verspürte er ein leichtes Schwindelgefühl. Zu diesem Zeitpunkt noch fest entschlossen, Anna umzustimmen, sah er, wie sie ihn mit ihren kalten Augen musterte. Ihre Gesichtszüge hatten sich in eine starre Maske verwandelt, und Georgios lief ein kalter Schauer über den Rücken.

Der Griff nach dem Ordner lief ins Leere, und er erschrak über seine Ungeschicklichkeit. Immer noch nichts ahnend, schob er sein flattriges Verhalten auf den vielen Alkohol der letzten Tage. Doch als er dann zu sprechen ansetzen wollte, lag seine Zunge plötzlich wie Blei in seinem Mund. Er rutschte hilflos auf seinem Stuhl hin und her, und langsam machte sich Panik in ihm breit. Er begann zu schwitzen und versuchte aufzustehen, er wollte raus laufen, um Hilfe schreien, doch dazu war es bereits zu spät. Langsam bemerkte er, dass er keine Kontrolle mehr über seinen Körper hatte, und brauchte alle Kraft, nicht von seinem Stuhl zu rutschen. Da kam ihm ein letzter Gedanke, in seinem immer langsamer arbeitenden Gehirn: Das Handy, schnell die Nummer von Kiriakos wählen, vielleicht konnte er ihn ja hören.

Er versuchte mit letzter Anstrengung, an sein auf dem Tisch liegendes Handy zu gelangen, aber da stand Anna schon vor ihm. Er sah ihre Grimasse, wie sie nur darauf wartete, dass er in sich zusammensackte. Geistesgegenwärtig, mit einem eisigen Lächeln, zog sie ihm das Handy weg und steckte es in ihre Jackentasche. Dann versagten seine Kräfte, er kippte wie ein nasser Sack vom Stuhl und blieb auf dem kalten Steinboden liegen.

Anna sprang auf, wartete aber noch einen Moment, bevor sie sicher sein konnte, keine Reaktion mehr befürchten zu müssen. Jetzt musste alles schnell gehen, sie hatte circa eine Stunde Zeit, um ihren Plan zu Ende zu bringen. Jeder Handgriff musste sitzen. Sie zog sich Handschuhe an, nahm Georgios Autoschlüssel an sich und lief nach draußen. Anschließend parkte sie Georgios Peugeot rückwärts direkt vor seiner Haustür und öffnete die Heckklappe.

Georgios lag reglos am Boden, er atmete flach, aber auch das würde bald vorbei sein. Anna drehte ihn auf den Rücken und warf eine groß

Decke über ihn. Zum Glück war Georgios eine schlanke Person, und in Sekundenschnelle hatte sie ihn komplett darin eingehüllt. Mit Klebeband fixierte sie die Decke, so dass die nicht verrutschen konnte, achtet aber akribisch darauf, dass er auch genügend Luft bekam. Noch sollte er leben, ansonsten würde man bei der Autopsie zu einem falschen Ergebnis kommen. Dann packte sie ihn und schleppte ihn in den Kofferraum des bereitgestellten Peugeots. Das verlangte von ihr eine große Portion Kraft, aber sie konnte anpacken, und ihre Besessenheit half ihr dabei. Schnell holte sie noch die Badetasche aus ihrem Wagen, warf sie auf den Rücksitz des alten Autos und startete in Richtung Ambelas.

Als sie gerade den Ortsausgang erreicht hatte, erschrak sie fürchterlich, als Georgios Handy zu klingeln begann, aber sie ließ es klingeln und setzte ihre Fahrt unbeirrt fort. Um diese Zeit waren wenige Fahrzeuge unterwegs, aber Anna hatte sich vorsichtshalber einen großen Hut tief ins Gesicht gezogen, um möglichst nicht erkannt zu werden. In ein paar Minuten hatte sie den Abzweig nach Ambelas erreicht. Sie bog ein, und nach circa einem Kilometer, kurz vor dem Ortseingang, fuhr sie rechts ab in einen kleinen Feldweg. Für den letzten Akt ihres perfiden Plans hatte sie sich eine einsame Küstenstelle ausgesucht, die ganz selten von Badegästen besucht wurde. Sie lag geschützt zwischen großen Tamarisken und war vom Weg aus nicht einsehbar. Sie parkte den Wagen unter einem großen Baum und kletterte einen kleinen Felsweg hinunter, um zu sehen, ob jemand da war. Sie war allein, weit und breit war außer ihr und dem betäubten Georgios keine Menschenseele zu sehen.

Anna agierte jetzt wie ein Roboter. In Windeseile hatte sie den eingehüllten, leblosen Georgios gepackt und schleifte ihn, so schnell es ihre Kraft zuließ, den felsigen Weg zum Strand hinunter. Sie musste höllisch aufpassen, dass sie bei dem Gewicht keinen falschen Schritt machte und das Gleichgewicht verlor. Es gelang ihr aber, Georgios bis ans Wasser zu tragen, ohne dass sie ausrutschte, und dort legte sie ihn zunächst unter einer Tamariske ab. Dann lief sie noch einmal zum Auto, holte die gepackte Badetasche und schloss den Wagen ordnungsgemäß ab. Ganz in der Nähe hatte sie ihren kleinen Skooter abgestellt, mit dem sie, wenn alles erledigt war, sofort nach Lefkes fahren würde, um ihren eigenen

Wagen abzuholen. Während Georgios noch leblos im Wasser trieb, würde sie schon im Hafen zu Abend essen.

Aber zunächst wartete noch eine große Herausforderung auf sie, vor der sie mächtigen Respekt hatte. Sie musste Georgios eine Badehose anziehen, damit es später auch realistisch nach einem Badeunfall aussah. Der Gedanke, Georgios zu entkleiden und ihm eine Badehose anzuziehen, hatte ihr schon länger Unbehagen bereitet. Aber schlimmer als den leblosen Jannis an den Strick zu hängen, konnte das auch nicht sein, redete sie sich ein. Jetzt war es soweit, sie musste es tun und fing an, ihn auszuziehen. In wenigen Minuten würde sie ihn ins Wasser ziehen und warten, bis er untergegangen wäre.

KATHARINA WALDMANN
LEFKES, PAROS

Filippos hatte sich so sehr beeilt, dass er sich am Hafen sogar noch ein Bier gönnte. Das Ticket für das Speed Boat hatte er schon in der Tasche, und in einer viertel Stunde würde er zurück nach Parikia fahren, wo ihn ein Kollege von Adonis abholen sollte. Seine Chefin saß währenddessen im Aliportas und wartete ungeduldig auf ihn. Sie hatte vor, Georgios noch heute Abend einen Besuch abzustatten und ihn zur Rede zu stellen. Sie war gespannt, welche Erklärungen er für sie bereit hatte. Sie winkte gerade Angelos zu, um sich einen Kaffee zu bestellen, als ihr Handy klingelte. Es war Sophia.

»Frau Waldmann, gut, dass ich Sie erreiche...«, stotterte sie spürbar aufgeregt, »ich habe so ein komisches Gefühl, und Sie sollten davon wissen. Ich habe schon mehrfach versucht, Anna telefonisch zu erreichen, aber sie meldet sich einfach nicht. Ich hoffe, da ist nichts passiert!«

»Vielleicht möchte sie gerade nicht telefonieren«, versuchte Katharina sie zu beruhigen, »das habe ich auch schon mal. Warum soll da direkt was passiert sein?«

»Ja, vielleicht haben Sie Recht. Aber ich habe Ihnen doch von dem Treffen mit Georgios berichtet. Mich hat schon gewundert, dass sie überhaupt dem Treffen zugestimmt hat. Sie war sogar sofort einverstanden und gar nicht davon abzubringen. Und jetzt kann ich sie nicht erreichen.«

Katharina zuckte, ihr wäre fast der Hörer aus der Hand gefallen. Klar erinnerte sie sich, Sophia hatte ihr von der geplanten Aussprache berichtet, und dass ihr das komisch vorgekommen war. Sie klappte ihr Notebook zu, und die Gedanken in ihrem Kopf wirbelten nur so durcheinander. Wenn Georgios wirklich was mit der Sache zu tun hatte, dann war er gefährlich. Dann wäre er wahrscheinlich noch zu anderen Taten fähig. Sie sollte Sophia unbedingt ernst nehmen.

»Sophia, wo und wann sollte das Treffen stattfinden?«, fragte sie zurück.

»Er hat ihr einen Brief geschrieben, ich habe ihn gesehen, und da war von heute 16:00 Uhr die Rede. Sie wollten sich bei Georgios treffen«, überschlug sich fast ihre Stimme.

Katharina schaute auf ihre Uhr, und ihr wurde plötzlich klar, dass sie dringend nach Lefkes musste. Verdammt, dachte sie, Filippos würde erst gegen fünf in Parikia eintreffen, aber darauf konnte sie jetzt nicht warten. Sie versprach Sophia, sofort in das kleine Dorf zu fahren, um sich dort umzuschauen, und legte auf.

Wenige Minuten später saß sie schon in einem Polizeifahrzeug auf dem Weg nach Lefkes und wählte Filippos Nummer.

»Hier überschlagen sich die Ereignisse«, brach es aus ihr heraus, und sie berichtete von den neuesten Entwicklungen. »Bitte komme sofort nach Lefkes, falls ich Unterstützung brauche. Ich hoffe, wir kommen nicht zu spät.«

Der Kollege, den Adonis ihr als Fahrer zur Seite gestellt hatte, kam nun endlich einmal richtig zum Einsatz. Er holte aus dem Ford Mondeo alles raus und gab Gas. Katharina hatte ihm den Ernst der Lage erklärt, und als hätte er nur darauf gewartet, konnte er endlich zeigen, was seine Fahrkünste hergaben. Es gab selten Polizeifahrzeuge, die mit Martinshorn über die Insel fuhren, aber diesmal ging es nicht anders. Es war Gefahr im Verzug. Jetzt zählte jede Minute. Mit quietschenden Reifen schoss er in die Einfahrt vor Georgios Haus, und Katharina sprang aus dem Fahrzeug.

Zusammen mit dem Kollegen ging sie zur Haustür, klingelte und forderte Georgios mehrfach auf, zu öffnen, aber es war kein Laut von innen zu hören. Dann gingen sie gemeinsam ums Haus, um eventuell durch die Fenster etwas erkennen zu können. Doch auch das brachte sie nicht weiter.

»Wir gehen jetzt rein, bitte sichern Sie mich«, gab Katharina klare Anweisungen an den jungen Kollegen.

Dann schlug sie die Scheibe der hinteren Gartentür ein und betrat vorsichtig das Haus. Doch weit und breit war keine Spur von Georgios und Anna.

»Sie müssen hier gewesen sein, der Tisch ist für zwei Personen gedeckt«, bemerkte Anna forsch und ging weiter in den kleinen Verkaufsraum. Nachdem sie dann aber alle Räume überprüft hatten, mussten sie einsehen, dass hier keiner von den beiden zu finden war. Ratlos standen sie da und überlegten, was sie als nächstes tun konnten, als Filippos endlich mit einem weiteren Kollegen eintraf.

Katharina atmete erleichtert auf, jetzt konnte sie wenigstens mit Filippos über ihre weitere Vorgehensweise beraten. Die Zeit lief ihnen davon, und sie mussten schnell handeln. Irgendetwas stimmte hier nicht, und sie wollte unbedingt wissen, wo sich Anna befand. Doch wo sollten sie suchen, sie hatten keinerlei Anhaltspunkte, wo die beiden sich aufhalten könnten.

»Ich könnte über mein Ortungsprogramm das Handy von Georgios orten, wenn es denn eingeschaltet ist«, hatte Filippos plötzlich eine geniale Idee. »Dann brauchen wir nur noch dazu seine Handynummer.«

Katharinas Miene erhellte sich sofort, das war für sie kein Problem

»Da kommen wir ran, da genügt ein Anruf in der Hauptstelle.«

Katharina hatte ihr Netzwerk in Athen, und es brauchte nur ein paar Anrufe, bis sie die entsprechende Kollegin an der Stippe hatte. Innerhalb weniger Minuten hatten sie die Handynummer von Georgios ermittelt.

»So, das wäre dann schon mal geschafft, jetzt bist du an der Reihe. Dann zeig mir mal, ob dein Wunderprogramm uns wirklich helfen kann.«

Filippos hatte in der Zwischenzeit sein Notebook hochgefahren und das Ortungsprogramm gestartet. Jetzt musste er nur die Handynummer eingeben, und es konnte losgehen. Beide starrten wie gebannt auf das Display, und Katharina wippte vor Unruhe von einem Fuß auf den anderen. Filippos Aufschrei signalisierte Katharina, dass Georgios sein Handy eingeschaltet hatte und sie sofort mit der Suche starten konnten. Ein roter blinkender Punkt auf einer sich langsam aufbauenden Landkarte zeigte ihnen den aktuellen Standort an. Katharina jubelte sie klatschte in die Hände, als sie langsam auf der Karte etwas erkennen konnten.

»So wie es aussieht, ist er nicht weit weg von hier. Es muss Richtung Ambelas sein. Und er scheint sich auch nicht fortzubewegen«, sagte Filippos und packte das Notebook.

Sie sprangen in den wartenden Mondeo, und der Fahrer gab erneut Gas. Als wäre der Teufel hinter ihnen her, rasten sie Richtung Ambelas, Filippos mit dem Notebook auf dem Schoß immer bedacht, das Signal nicht zu verlieren. Als sie zu schnell an der Abzweigung vor Ambelas vorbeifuhren, wurde das Signal schwächer, und der Fahrer musste umkehren. Sie fanden den kleinen Schotterweg und fuhren nun langsamer Richtung Küste weiter.

»Er muss hier ganz in der Nähe sein. Was macht der bloß in einer so abgelegenen Ecke? Hier gibt es doch nur Wasser und ein paar verlassene Ferienhäuser«, sagte der Fahrer.

Katharina hatte den Fahrer angewiesen, sich langsam der Küste zu nähern.

»Da steht ein Wagen!« Sie zeigte auf ein stehendes Auto. »Soweit ich weiß, fährt Georgios einen alten Peugeot. Das bedeutet, dass er unten am Wasser sein muss.«

»Bestimmt ist Anna längst woanders, und Georgios macht eine kleine Badepause«, sagte Filippos lässig, den roten Punkt immer im Blick.

Sie parkten den Mondeo neben dem Peugeot, stiegen aus und gingen, soweit es möglich war, an die Felswand. Von hier aus konnte man den tiefer liegenden Strand einsehen. Doch sie hatten keine Chance, von hier etwas zu erkennen, zu viele Tamarisken versperrten ihnen den Blick.

»Er muss da unten sein, und er scheint sich jetzt vom Strand weg zu bewegen.« Filippos hielt immer noch das Notebook in der Hand. »Schnell, wir müssen runter, bevor er uns entwischt. Da vorne scheint es einen Zugang zu geben.«

Er deutete auf den schmalen Durchgang, der zwischen der Felswand nach unten führte. Vorsichtig stieg er den Pfad hinunter, immer das Signal vor Augen, und Katharina folgte ihm. Nach ein paar Metern hatten sie endlich freie Sicht aufs Meer, und was sie da sahen, ließ ihnen den Atem stocken.

GEORGIOS APOSTOLOPOULOS
AMBELAS, PAROS

Georgios lag bereits halbnackt am Strand, und sein Atem war kaum mehr zu spüren. Anna musste sich beeilen, sie wusste nicht, wie lange die Betäubung anhielt. Bevor der Bewusstlose wieder zu sich kam, sollten sich seine Lungen voll Wasser gesogen haben und er für immer aus dieser Welt verschwunden sein. Das Rohypnol würde sich innerhalb kürzester Zeit abbauen, so dass ein Tod durch Ertrinken als Todesursache festgestellt werden würde. Badeunfälle passierten hier immer wieder einmal, wenn sich die Leute überschätzten oder angetrunken ins Wasser gingen, aus dem sie dann nur noch Tod geborgen werden konnten. Sie war schweißnass, und während sie ihm weitere Kleidungsstücke auszog, begann sie auch noch zu zittern. Sein Körper lag schlaff auf dem Sand, ab und zu gab er ein gurgelndes Geräusch von sich. Als er vollkommen nackt und hilflos dalag, bekam Anna plötzlich eine Panikattacke, und sie musste alle Kraft zusammen nehmen, um ihr Vorhaben zu beenden. Sie steckte seine lose am Körper baumelnden Beine durch die Öffnungen der Badehose und zog sie zitternd nach oben. Erst als sein Unterkörper wieder bekleidet war, beruhigte sie sich langsam. Blitzschnell zog sie sich selbst ihre Bluse und die Hose aus und schleifte Georgios Körper ins Wasser. Sie musste ein Stück mit ihm im Schleppgriff rausschwimmen, damit er nicht direkt wieder an den Strand gespült wurde. Das kostete sie unendlich viel Kraft. Doch sie durfte auch nicht zu weit nach draußen, damit man sie von oben nicht sah. Zum Glück war ruhige See, so dass sie wenigstens nicht gegen eine starke Brandung ankämpfen musste.

Als sie weit genug vom Strand entfernt war, ließ sie ihn einfach los und schwamm so schnell sie konnte zurück zum Strand. Jetzt würde es nur noch ein paar Minuten dauern, bis Georgios den Weg ins Jenseits angetreten hätte. Sie streifte sich schnell wieder ihre Kleider über und wollte gerade den Pfad nach oben zu ihrem Auto klettern, als sie ein Geräusch hörte. Schlagartig änderte sie ihre Richtung und schlug sich zwischen die schützenden Tamarisken. Es gab leider nur diesen einen Zugang zu der Bucht, und so blieb ihr nichts anderes übrig, als sich zunächst hinter einem Baum zu verstecken. Sie wartete still und hoffte, dass die Besucher nicht zum Strand herunter kamen. Das konnten nur ein paar Touristen sein, immer auf der Suche nach abgelegenen Buchten. Und sie hoffte, dass die Zeit im Wasser bereits ausreichte, um Georgios sterben zu lassen.

Sie saß in der Falle, kam es ihr plötzlich in den Sinn, aber wenn sie sich ruhig verhielte, konnte man sie so schnell nicht entdecken. Das Schlimmste, was ihr passieren konnte, war, dass sie hier in ihrem Versteck eine ganze Zeit verbleiben musste, solange bis die Aufregung sich gelegt hatte.

KATHARINA WALDMANN
AMBELAS, PAROS

Filippos blieb einen Moment wie angewurzelt stehen, realisierte aber sofort, dass er jetzt schnell handeln musste.

»Da unten treibt eine Person leblos im Wasser«, schrie er und drückte Katharina das Notebook in die Hand. Dann sprang er, so schnell er konnte, den felsigen Weg zum Strand herunter. Schon im Laufen zog er sich sein Hemd aus und schleuderte seine Schuhe von den Füssen. Katharina, die jetzt auch den Strand einsehen konnte, bemühte sich, ihm mit dem Notebook in der Hand zu folgen. Mit einem Satz stürzte sich Filippos ins Wasser und schwamm mit langen, kraftvollen Kraulschlägen dem leblos treibenden Georgios hinterher. Als er ihn nach wenigen Zügen erreicht hatte, griff er ihn unter seinen Armen und schleppte ihn rückwärts schwimmend zum Strand.

Seine Chefin war ihm knietief ins Wasser entgegengelaufen, um Filippos bei der Bergung behilflich zu sein. Sie packte kräftig mit an, als sie den leblosen Körper in den Sand legten. Das Notebook mit dem blinkenden roten Punkt hatte sie in sicherer Entfernung zum Wasser abgelegt. Unverzüglich drehte Filippos Georgios auf den Rücken und versuchte, seinen Atem zu spüren.

»Er atmet nicht mehr! Wer weiß, wie lange der schon im Wasser liegt«, sagte er, selber nach Luft ringend. Doch Filippos, der mehrere Jahre als Rettungssanitäter gearbeitet hatte, wusste genau, was als nächstes zu tun war. Er streckte Georgios Kopf nach hinten, hielt ihm den Mund zu und gab ihm über die Nase eine Atemspende. Danach startete er mit der Herzmassage. Dabei zählte er jeden Schritt laut mit und flehte Georgios an: »Nun komm endlich wieder zu dir, du schaffst es.«

Katharina stand derweil neben dem schlaffen Körper und sprach Filippos Mut zu. Die beiden Widerbelebungsmaßnahmen machte er mehrfach im Wechsel, in der Hoffnung, dass Georgios endlich wieder zu sich käme.

Aber es tat sich nichts, und Filippos tropfte mittlerweile der Schweiß aus seinem Gesicht. Doch er gab nicht und kämpfte unermüdlich um dieses Leben.

Er begann erneut mit einem Zyklus Beatmung, Herzmassage, Beatmung, Herzmassage, als plötzlich ein ganzer zarter Hauch aus Georgios Mund zu verspüren war.

»Er schafft es, er schafft es! Ich glaube, wir haben ihn gleich wieder bei uns«, schrie Filippos und tastete nach Georgios Puls. Ganz leicht setzte zunächst noch zögerlich sein Herzschlag ein, und gerade als Filippos ihn etwas zur Seite drehen wollte, schoss ein großer Schwall Wasser aus seinem Mund. Dann begann er zunehmend kräftiger zu atmen, und Filippos klatschte laut in die Hände vor Freude.

In der ganzen Aufregung hatten er und Katharina kaum miteinander gesprochen, und jetzt wurde ihnen erst klar, dass sie den eigentlichen Verdächtigen hier liegen hatten.

»Komisch, mit dem hätte ich jetzt nicht gerechnet. Ob er sich wohl selber umbringen wollte?«, unterbrach Katharina das Schweigen.

Sie legten Georgios in eine stabile Seitenlage und schlugen ihm auf die Wange, damit er vollständig zu sich kam, ganz gespannt, was er Ihnen wohl sagen würde. Georgios kam langsam wieder zu Bewusstsein und öffnete benommen seine Augen. Sein panischer Blick verriet den beiden, dass er fürchterliche Angst hatte.

»Beruhigen Sie sich, Sie sind in Sicherheit, wir sind bei Ihnen. Was ist passiert?«, ergriff Katharina sofort das Wort, um ihm seine Angst zu nehmen.

Doch Georgios sackte immer wieder in sich zusammen, zu sehr benommen war er noch von dem restlichen Rohynol. Immer wieder versuchte er, etwas zu sagen, doch ihm fehlte noch die Kraft dafür. Schließlich stammelte er plötzlich: »Anna, Anna, wo ist diese verdammte Frau? Sie hat versucht, mich zu töten.«

Die beiden schauten sich kurz an, und plötzlich fiel ihnen wieder das Notebook und der eigentliche Anlass ihrer Tour ein. Filippos Rettungsaktion hatte sie zu sehr aus dem Konzept gebracht. Er griff sich das Notebook und sah auf das blinkende Signal.

»Sie muss sich das Handy von Georgios eingesteckt haben, und sie ist hier in unmittelbarer Umgebung«, flüsterte er Katharina zu und griff nach seiner Dienstwaffe, die er am Strand abgelegt hatte. Er drehte langsam den Computer, um den Aufenthaltsort noch besser eingrenzen zu können, dann sprang er auf und lief auf einen kleinen Felsvorsprung zu.

»Anna, kommen Sie aus Ihrem Versteck mit erhobenen Händen. Wir wissen, dass Sie da sind. Sie haben keine Chance mehr zu entkommen«, rief er und hielt seine Waffe in der Hand.

Anna, die immer noch glaubte, nicht gefunden zu werden, war zu Eis erstarrt. Wie hatten sie sie hier gefunden? Sie saß hinter dem Baum und war zu keiner Regung imstande, als Filippos sie mit einem Sprung in Richtung des Baumes überraschte. So zeigte sie auch keinerlei Gegenwehr, als Filippos ihr die Handschellen anlegte, zu sehr hatte sie sich verausgabt.

»Ich nehme Sie fest wegen des versuchten Mordes an Georgios Apostolopoulou. Und wegen dem Mord an Jannis Kostatidis werden wir auch noch einiges zu besprechen haben«, sagte Filippos zu ihr und schubste sie in Richtung des Felspfades. Dort übergab er die völlig zusammengebrochene Frau ihrem Fahrer, der entsetzt das ganze Schauspiel aus der Ferne verfolgt hatte.

Katharina lotste derweil einen Krankenwagen an die Bucht, und wenige Minuten später traf dieser auch bei ihnen ein. Georgios war mittlerweile bei vollem Bewusstsein und erzählte aufgewühlt von dem Treffen mit Anna. Die hatten sie auf den Rücksitz des wartenden Mondeos verfrachtet, um sie direkt in die Zelle nach Parikia zu fahren. Sie würde so schnell wie möglich einem Haftrichter vorgeführt werden.

Als die beiden Sanitäter mühsam die Trage mit Georgios im Krankenwagen verstaut hatten, drehte sich Katharina zu Filippos um und sagte nur:

»So schnell wird ein Hauptverdächtiger zum Opfer, wer hätte das gedacht. Jetzt müssen wir nur noch die Sache mit Jannis klären. Das hast du übrigens großartig gemacht gerade. Deinem schnellen Einsatz verdankt Georgios sein Leben. Ich wusste gar nicht, dass du so sportlich bist? Was mache ich nur in Zukunft ohne solch einen engagierten Assistenten hier auf Paros, der mir die Kohlen aus dem Feuer holt?«

»Ja, meine Liebe, was gibt es da zu überlegen? Das lässt sich wohl nur so lösen, indem du mich auch nach Paros holst. Ich könnte es hier schon aushalten«, erwiderte Filippos und schmunzelte dabei.

»Das Thema hatten wir doch schon, lasse mir nur ein wenig Zeit, dann kriege ich das schon hin«, antwortete Katharina. »Für heute Abend bist du auf jeden Fall eingeladen. Wir müssen unseren Erfolg gebührend feiern.«

Dann gingen sie erschöpft, aber zufrieden zu dem wartenden Dienstwagen und fuhren nach Parikia.

Anna wurde noch am gleichen Tag eindringlich verhört und legte schließlich am späten Abend ein vollständiges Geständnis ab. Aus Athen wurde ein Kriminalpsychologe angefordert, der weitere Gespräche mit der Täterin führen sollte, um sie auf ihre Schuldfähigkeit zu untersuchen. Die beiden Anklagepunkte lauteten Mord an Jannis Kostatidis sowie versuchter Mord an Georgios Apostolopoulou.

Erasmos indessen wurde noch am gleichen Abend aus der Untersuchungshaft entlassen, obwohl er beharrlich den Namen seiner Geliebten verschwiegen hatte. Er kündigte weitgehende Entschädigungsforderungen an, die von den Polizeibeamten aber gelassen ignoriert wurden.

STEPHAN
ALIPORTAS, NAOUSSA

Die Nachricht, dass man Jannis Mörder gefasst hatte, verbreitete sich wie ein Lauffeuer, und es war das Gesprächsthema Nummer eins am Abend im Aliportas. Obwohl Anna nur ganz selten in ihrem Familiennest aufgetaucht war, glaubte auf einmal jeder, sich an sie zu erinnern. Seelchen machte fast einen betrübten Eindruck, denn mit der Festnahme von Anna hatte sie nun auch keinen Grund mehr für eigene kriminalistische Aktivitäten. Ihr Gatte Paul hingegen war heilfroh, nun endlich einen ruhigen Urlaub verbringen zu können. Hannah, die immer noch stark unter dem Verlust von Jannis litt, hatte einen neuen Grund, mit viel Wein die erfolgreiche Festnahme der Mörderin zu feiern. Wojtyla, noch ganz entrückt von seiner Messe im Olivenhain, kündigte an, dass er weitere Messen für fromme Urlauber plane. So kam die ganze Familie an diesem Abend zusammen, und irgendwie wirkten alle gelöster, so als hätten sie aktiv an der Aufklärung mitgewirkt.

Als dann noch Katharina mit Filippos auftauchte und gutgelaunt offiziell die Festnahme bekanntgab, wurde das Aliportas zum Tollhaus. Angelos sorgte für Musik im Außenbereich, und es dauerte nicht lange, bis die ersten Gäste anfingen, einen Sirtaki zu tanzen. Nach und nach reihte sich die ganze Runde in den tanzenden Kreis ein, bis die gesamte Familie auf den Beinen war. Es wurde eine lange feuchtfröhliche Nacht, und die Anspannung, die durch den Tod von Jannis entstanden war, löste sich langsam auf. So fand die Familie endlich wieder zu ihren normalen Rhythmus zurück, und Stephan verbrachte noch zwei wunderbare Wochen auf Paros.

Georgios erlitt nach der für ihn fast tödlich verlaufenden Attacke einen totalen Zusammenbruch und musste sich zur Behandlung in eine Athener Klinik begeben. Dort riet man ihm dringend, eine Entziehungskur vorzunehmen, was er auch tatsächlich in Erwägung zog.

Katharina hatte ihren Paros-Aufenthalt um zwei Tage verlängert, um den bevorstehenden Umzug vorzubereiten. Das tat sie mit sehr viel Freude, aber auch mit einem Funken Wehmut. Musste sie sich doch in Kürze von ihrem jungen Kollegen Filippos verabschieden. Die enge Zusammenarbeit in den wenigen Tagen auf Paros hatte die beiden noch stärker zusammen geschweißt, und Katharina zermarterte sich schon den Kopf, wie sie den so lieb gewonnenen Polizisten auch auf die Insel holen konnte.

Am letzten gemeinsamen Abend hatte Adonis das gesamte Team zum Essen ins Melina geladen.

Obwohl er seine Mannschaft bereits über ihre neue Chefin informiert hatte, wollte er es an diesem Abend noch einmal ganz offiziell bekanntgeben. Er nutzte zugleich die Gelegenheit, sich bei Katharina und ihrem Team offiziell für die schnelle Amtshilfe zu bedanken. Er stand auf mit einem Glas Wein in der Hand und prostete in die Runde:

»Liebe Anwesenden, liebe Katharina. Wir haben ein paar aufregende Tage hinter uns«, begann er mit dem Blick auf die Kommissarin gerichtet, »und ich hoffe, dass jetzt wieder ruhigere Zeiten anbrechen.«

Er hatte den Satz noch nicht ganz zu Ende gesprochen, als ein leichtes Raunen durch die gesamte Runde ging und man Adonis eifrig zustimmte. Waren sie doch alle froh, wieder ihre Alltagsarbeit aufnehmen zu können. Adonis besänftige seine Gäste, nahm einen Schluck Wein und sprach weiter.

»Ich möchte die Gelegenheit an dieser Stelle nutzen, dir noch einmal meinen ganz großen Dank und Respekt auszusprechen. Deinem schnellen und beherzten Einsatz haben wir es zu verdanken, dass wir in so kurzer Zeit der Mörderin auf die Spur gekommen sind. Das gilt natürlich auch für deine engagierten Mitarbeiter, insbesondere Filippos, dank dessen mutigen Einsatzes ein zweiter Mord verhindert werden konnte.«

Adonis winkte Filippos zu und bat ihn aufzustehen, und sofort brauste ein starker Applaus auf. Spontan sprangen die geladenen Gäste von ihren Stühlen, und noch weit außerhalb des Melinas hörte man die lauten Bravo-Rufe. Der junge Beamte, ganz überwältigt von so viel Lob, genoss den Zuspruch und ließ sich einen Moment so richtig feiern. Adonis musste die Menge besänftigen, um sich erneut noch einmal Gehör zu verschaffen.

»Und zu guter Letzt noch ein kleiner Appell an meine alte Mannschaft: Ich möchte euch alle bitten, Katharina bei ihren neuen Aufgaben zu unterstützen und ihr den Start hier auf Paros zu erleichtern. Wobei ich mir eine Sorge nicht verkneifen kann« Er machte eine kurze Pause und schmunzelte verschmitzt, bevor er nochmals direkt an Katharina gerichtet sagte: »Ich hoffe nur, dass hier für dich keine Langeweile aufkommt, wirst du dich doch in Zukunft eher mit ein paar Eigentumsdelikten und Nachbarschaftsstreitigkeiten herumschlagen müssen.«

Wenn er sich da mal nur nicht täuschte …

PERSONEN & LOKALES

Adilette
Mitglied der Touristenfamilie, aus Berlin, der Tag und Nacht nur Adidas trägt.
Aliporta, Maria
Sie, Ende dreißig, und ihr Mann Angelos, sind die Besitzer des Café Aliportas in Naoussa-Paros. Das Ehepaar hat das Geschäft vor vielen Jahren von Angelos Eltern übernommen. Maria steht gerne an der Front und kümmert sich um das Personal und die Organisation.
Aliportas, Angelos
Er, Anfang vierzig und seine Frau Maria, sind die Besitzer des Café Aliportas in Naoussa-Paros. Das Ehepaar hat das Geschäft vor vielen Jahren von Angelos Eltern übernommen. Angelos, mehr der Mann im Hintergrund, steht gerne hinter dem Tresen und in der Küche.
Angeliki
Pathologin aus der Gerichtsmedizin in Athen.
Apostolopoulos, Georgios
36 Jahre, Maroulas Sohn, der von ihr verstoßen wurde, weil er schwul ist. Er wartet, dass seine Mutter stirbt, um endlich sein Erbe anzutreten.
Apostolopoulou, Maroula
71 Jahre alt, Großgrundbesitzerin in Naoussa-Paros. Ihr LAGERI-AREAL ist von Umweltsünden bisher verschont worden. Sie kämpft um den Erhalt ihres Paradieses.
Brenner, Wojtyla-Holger
Mitglied der Touristenfamilie, 38 Jahre, ehemaliger katholischer Priester, der sich nach Austritt aus dem Orden nun bei einer Versicherungsgesellschaft durchschlägt. Ist mit seiner Freundin Gitta in Naoussa-Paros.
Braun, Hannah
Mitglied der Touristenfamilie, 63 Jahre alt aus Köln und langjährige Paros Vertraute, die gerne ein Glas Wein zu viel trinkt.
Browni
Mitglied der Touristenfamilie, Schwedin aus Malmö, die ihren Kosenamen wegen der fast schwarzen Körperbräune erhalten hat.
Café Aliportas
Hier trifft sich die Touristenfamilie beim Wein und Bier. Hier werden alle Neuigkeiten ausgetauscht und der besondere Schnaps Souma ausgeschenkt.
Carmen
Mitglied der Touristenfamilie, meist zu bunt gekleidete Touristin aus Wien, Ehefrau von Frank.
Georgidi, Nektaria
63 Jahre, Ehefrau von Adonis und eine begnadete Köchin. Beide sind seit langem mit Katharina Waldmann befreundet.

Georgidis, Adonis

65 Jahre, er ist Chef der Polizeistelle in Parikia-Paros. Er und seine Ehefrau Nektaria sind seit langem mit Katharina Waldmann befreundet.

Gorgoulis, Alekos

Angang vierzig, Wirt einer angesagten griechischen Taverne in Naoussa, in der regelmäßig Livebands auftreten.

Felten, Frank

Mitte vierzig, Mitarbeiter der ›Dreamroom GmbH‹, einer großen Immobilienfirma mit Hauptsitz in Frankfurt am Main und einem Büro auf Paros.

Frank

Mitglied der Touristenfamilie, Ehemann von Carmen, der gerne stundenlang zum Blumenpflücken unterwegs ist.

Jung, Heiner

Mitglied der Touristenfamilie, 47 Jahre, liiert mit Robert Lamberts. Das Männerpaar mit seine beste Freundin Pia Schneider kennt sich schon aus der Schulzeit und machen regelmäßig zusammen Urlaub auf Paros. Das quirlige Trio, auch ›Die Moselschleifen‹ genannt, versteht sich blendend mit Stephan Reuter.

Karapantios, Karis

47 Jahre, Katharinas Waldmann Kollege von der Spurensicherung.

Kostatidis, Jannis

38 Jahre, lebensbejahender Kellner im Café Aliportas und Freund des Hauses. Gutaussehend und charmant hat er in den Sommermonaten zahlreiche Affären mit Touristinnen aus aller Welt.

Koutzari, Stella

Freundin von Adonis und Nektaria, die ihre Apotheke und ihr Haus verkaufen möchte.

Lamberts, Robert

Mitglied der Touristenfamilie, 49 Jahre, liiert mit Heiner Jung. Das Männerpaar mit seine beste Freundin Pia Schneider kennt sich schon aus der Schulzeit und machen regelmäßig zusammen Urlaub auf Paros. Das quirlige Trio, auch ›Die Moselschleifen‹ genannt, versteht sich blendend mit Stephan Reuter.

Lou Lou

Ein kleines, mit viel Liebe eingerichtetes Restaurant mitten in den quirligen Gassen von Naoussa. Hier kocht Thomek, der ehemaliger Kellner vom Aliportas, mit seiner Lebensgefährtin Kleri, griechisch-mediterran.

Matt

Mitglied der Touristenfamilie aus London, Ehemann von Patsy.

Melina

Direkt an der Marina gelegenes Lokal mit traditioneller kretischer Küche.

Moselschleifen

Mitglieder der Touristenfamilie, Bestehend aus Pia Schreiner, 51 Jahre, Robert Lamberts, 49 Jahre, und Heiner Jung, 47 Jahre. Ein Männerpaar mit bester Freundin, die sich schon aus der Schulzeit kennen und regelmäßig zusammen auf Paros Urlaub machen. Das quirlige Trio versteht sich blendend mit Stephan Reuter.

Nico

Freundlicher Besitzer eines Moped-Verleihs in Naoussa mit Deutschlanderfahrung.

Onkel Grete

Mitglied der Touristenfamilie, Aussteiger aus Frankfurt, der auch im Winter auf Paros verweilt.

Panos, Filippos

32 Jahre, Kommissar-Anwärter und neu in Katharinas Abteilung. Engagiert und sportlich gebaut.

Papadakis, Kiriakos

37 Jahre, Ehemann und Familienvater, der eine heimliche Beziehung zu Georgios pflegt.

Parakoudi, Nora

41 Jahre, Holländerin, die auf Paros mit Erasmos verheiratet ist, zwei Kinder.

Parakoudis, Erasmos

42 Jahre, jähzorniger Ehemann von Nora, der geschäftlich viel unterwegs ist.

Patsy

Mitglied der Touristenfamilie, Ehefrau von Matt.

Paul

Mitglied der Touristenfamilie, Ehemann von Seelchen.

Reuter, Stephan

Mitglied der Touristenfamilie, 52 Jahre alt aus Köln, der schon seit 30 Jahren auf Paros Urlaub macht und die Insel als seine zweite Heimat bezeichnet. Wohnt immer bei Dimitra und Ilias Sorakis und gehört schon zur deren Familie.

Schreiner, Pia

Mitglied der Touristenfamilie, 51 Jahre, ist die beste Freundin des Männerpaars Robert Lamberts und Heiner Jung. Sie kennen sich schon aus der Schulzeit und machen regelmäßig zusammen Urlaub auf Paros. Das quirlige Trio, auch ›Die Moselschleifen‹ genannt, versteht sich blendend mit Stephan Reuter.

Seelchen

Mitglied der Touristenfamilie, die rüstige Rentnerin aus Zürich, Anfang siebzig, die mit richtigem Namen Maren Stampfli heißt und mit ihrem Gatten Paul schon halb Griechenland durchwandert hat. Ihre Augen erinnern an Maria Schell, daher hat sie diesen Kosenamen.

Silberrücken

Mitglied der Touristenfamilie, der Ruhepol der ganzen Touristen Familie, ca. 55 Jahre alt, aus Hannover. Kümmert sich besonders um die angeschlagenen Familienmitglieder wie z.B. Hannah. Hat seinen Kosenamen wegen der komplett grauen Körperbehaarung erhalten.

Soraki, Dimitra
58 Jahre, Ehefrau von Ilias und die gute Seele des Sorakis-Clans.
Sorakis, Alexandros
31 Jahre, ältester Sohn von Ilias und Dimitra.
Sorakis, Ilias
63 Jahre, Vermieter von Stephan Reuters Apartment, immer bereit, einen Souma mit seinen Gästen zu trinken.
Spadaris, Manolis
69 Jahre, Freund und Anwalt der Familie Apostolopoulos.
Spanopoulos, Dr.
61 Jahre, der Arzt für alle Fälle, auf ganz Paros im Einsatz.
Sophia
Mitte sechzig, kam mit ihrem Mann in jungen Jahren als Flüchtling auf das Anwesen der Maroula Apostolopoulou. Übernahm nach dem Tod ihres Mannes den Haushalt der Familie.
Volitati, Anna
Leiterin von P.E.A., der Umweltorganisation auf Paros. Sie ist eine enge Vertraute von Maroula Apostolopoulou.
Waldmann, Katharina
54 Jahre, geschieden. Mutter Griechin, Vater Deutscher. Spricht fließend Deutsch und Griechisch. Chefin der Athener Mordkommission. Sie liebt das Leben und gutes Essen, nur die Pfunde bereiten ihr Sorgen.

PAROS LANDKARTE

Landkarte
der Insel Paros
im Ägäischen Meer
Griechenland

Grafik:
Marti O´Sigma

Größenwahn Verlag
Frankfurt am Main

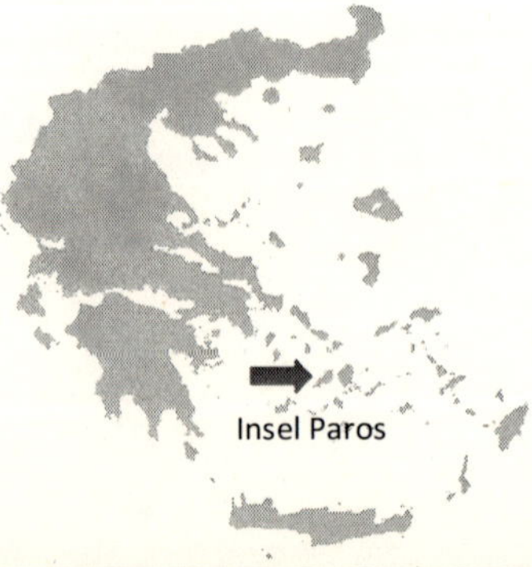

REZEPTE

Alle Rezepte sind für 4 Personen.

›NEKTARIAS DOLMADAKIA‹

Der Kommissarin liebstes Gericht, das ihr beim bloßen Gedanken daran das Wasser im Mund zusammen laufen lässt.

Zutaten

500 g Weinblätter, 250 g Hackfleisch vom Rind oder Kalb, 200 g Reis, 2 geriebene Zwiebeln, ½ Bund kleingeschnittene Frühlingszwiebel, ½ Bund gehackte Petersilie, ½ Bund gehackter Dill, Saft von einer Zitrone, 2 gewürfelte Tomaten, ½ Tasse Olivenöl, ½ L Gemüsebrühe, Salz, Pfeffer.

Zubereitung

Eingelegte Weinblätter in heißes Wasser legen, um das Salz auszuwaschen, danach gut abtropfen lassen.

Die Füllung wie folgt zubereiten: In einer Schüssel Hackfleisch, Reis, Zwiebel, Frühlingszwiebel, die Hälfte der gewürfelten Tomaten, die Hälfte der Kräuter, Salz, Pfeffer und die Hälfte des Olivenöls und des Zitronensafts zufügen und gut miteinander vermischen. Ein Weinblatt mit der glatten Seite nach unten auf die Arbeitsfläche legen und einen Teelöffel Füllung darauf geben. Zuerst die breite Seite des Blattes, danach die Seiten über die Füllung klappen und zusammenrollen. Den Vorgang wiederholen, bis die Füllung aufgebraucht ist. Eine flache Kasserolle mit Weinblättern auslegen, und die gefüllten Weinblätter dicht nebeneinander – auch in mehreren Schichten übereinander – legen. Das restliche Olivenöl und den Zitronensaft einfüllen und einen Teller zum Beschweren auflegen, damit die Dolmadakia ihre Form behalten beim Kochen. Dann die Brühe sowie den Rest der gewürfelten Tomaten und die Kräuter zugeben und bei 200°C ca. 30 Minuten im Backofen garen lassen.

Entfernen Sie den Teller aus der Kasserolle – Vorsicht, heiß! – servieren Sie pro Person 4-5 Dolmadakia, geben Sie einige Esslöffel Brühe auf den Tellern und garnieren sie mit Zitronenscheiben und Dillspitzen. Dazu passt hervorragend Tsatsiki, Bauernsalat, Weißbrot und ein schöner gekühlter Weißwein. Sollten Dolmadakia übrig bleiben, können diese auch lauwarm oder sogar in heißen Tagen kalt gegessen werden.

›SOPHIAS FRÜHSTÜCKSFETA‹

Der Brotaufstrich, den Maroula lange Jahre so gerne zum Start in den Tag gegessen hat.

Zutaten

200 g weicher zerbröckelter Feta, 1 EL gehackter frischer Thymian, 1 EL fein gehackter frischer Dill, 1 EL fein gehackte frische Petersilie, 1 gewürfelte Fleischtomate, 1 klein gehackte Zwiebel, 2 EL Olivenöl, Salz, Pfeffer.

Zubereitung

Alles zusammen in eine große Schüssel geben und mit dem Olivenöl gut vermischen. Mit Salz und Pfeffer abschmecken. Servieren Sie diese Fetamischung mit Weißbrot, Oliven und Peperoni, so zaubern Sie einen Mesé zu für unerwartete Gäste. Ein Glas Ouzo oder Souma, Eiswürfel, Wasser – und der Tisch ist im Nu gedeckt.

›AUBERGINENTÜRMCHEN DRIOS MIT FETA UND HONIG‹
Der leckere Snack beim Wiedersehensmenü in Drios.

Zutaten
2 Auberginen, 4 Tomaten in Scheiben geschnitten, 200 g Feta, 2 TL Olivenöl, 2 TL Honig, 2 EL Gemüsebrühe, ½ TL Thymian, Salz, Pfeffer, Holzspieße/Holzzahnstocher, Rucolablätter.

Zubereitung
Die Auberginen in dicke Scheiben schneiden und salzen. Nach ca. 15 Minuten abspülen und trocken tupfen. Dann auf ein Backblech legen, mit Olivenöl beträufeln und im Ofen grillen, bis sie goldbraun und weich sind (ca. 10 Min.). Auf Holzspieße abwechselnd Auberginenscheiben, Feta und Tomaten zu Türmchen anrichten. In einer ofenfesten Form Olivenöl, Honig, Brühe und Thymian vermischen, die Türmchen in den Sud legen, salzen, pfeffern und die Oberfläche der Türmchen mit dem Sud einpinseln. Die Form bei 200°C ca. 25 Minuten im Backofen backen.
Garnieren Sie mit einigen Rucolablätter die Auberginentürmchen und präsentieren Sie die Form auf dem Tisch. Es ist ein Augenschmaus, Ihre Gäste werden begeistert sein. Dazu passt ein gekühlter Roséwein und natürlich Weißbrot.

›THOMEKS ZUCCHINISALAT‹

Die frische köstliche Vorspeise aus dem Lou Lou.

Zutaten

6 kleine junge Zucchini, 1 Bund Dill, 2 EL Kapern, 1 klein gewürfelte rote Paprika.

Für die Vinaigrette:

1 Knoblauchzehe, Saft von 1 Zitrone, 1 TL Senf, 2 EL Olivenöl, 1 EL Ouzo, 2 Anchovis, Salz, 1 Prise Zucker.

Zubereitung

In eine Schüssel Olivenöl, Zitronensaft, Senf, Knoblauch, Anchovis, Ouzo, Salz, und Zucker geben und alles mit einem Mixer oder Zauberstab zerkleinern, bis eine homogene Vinaigrette entsteht. Diese kühl stellen. Zucchini mit einem Gurkenschneider in dünne feine Scheiben schneiden. Mit Salz bestreuen, einige Minuten stehen lassen, bis sich Flüssigkeit bildet. Die Zucchinischeiben zwischen den Händen gut auspressen und mit der Vinaigrette vermischen. Anschließend den fein gehackten Paprika und die Kapern zugeben und das Ganze gut durchmischen. Vor dem Servieren 1 Stunde ruhen lassen. Zuletzt den Bund Dill feingehakt zu dem Salat geben und mischen.

Servieren Sie den Salat mit gerösteten Weißbrotscheiben. Dazu passt ein Glas gekühlter Rezina.

›IRINIS SPANAKOPITA‹
Stephans Zwischenmahlzeit auf der Terrasse mit freiem Blick aufs Meer, dazu ein kühles Fix.

Zutaten
1Kg Blattspinat, 300 g Blätterteig, 3 Frühlingszwiebeln, 300 g zerbröselter Feta, 4 EL gehackter Dill, 4 EL gehackte Petersilie, 1 Eigelb, 1 Esslöffel Sesam, 2 EL Butter.

Zubereitung
Spinat kochen und abtropfen lassen. Zwiebeln kurz andünsten, Topf von der Kochstelle nehmen, den Spinat dazugeben und mischen. Feta, Dill und Petersilie zufügen, mit Salz und Pfeffer abschmecken.
Eine Auflaufform mit Butter bepinseln und mit dem Blätterteig auslegen. Die Spinatmischung auf dem Teig verteilen und mit Blätterteigplatten bedecken. Dann die oben liegenden Blätterteigplatten mit Eigelb bestreichen und mit Sesam bestreuen. Anschließend im vorgeheizten Backofen bei 200°C ca. 45 Min. backen.

›BRIAM LAGERI‹

Wurde Katharina serviert, als sie erstmals im Olivenhain war.

Zutaten

300 g Zucchini, 200 g Auberginen, 200 g rote Paprika, 100 g Zwiebel, 200 g Fleischtomaten, 4 große, festkochende Kartoffeln, 2 Knoblauchzehen, Salz, Pfeffer, Oregano, Thymian, Olivenöl, zerbröckelter Feta.

Zubereitung

Zucchini, Auberginen, Paprikaschoten und Zwiebel in 2cm breite Streifen schneiden, die Kartoffel in Scheiben schneiden. Das Gemüse in eine feuerfeste Auflaufform geben, mit Salz und Pfeffer würzen und mit Olivenöl, Thymian und Knoblauchzehen vermischen. Die Fleischtomaten in Scheiben schneiden und ziegelförmig auf der Oberfläche der Gemüse verteilen. Die Form bei 180°C für etwa 45 Minuten im Backofen goldbraun backen. Mit Feta bestreuen und etwas Oregano und Olivenöl dazugeben. Briam kann als Beilage zu Fleischgerichten, aber auch als Hauptgericht serviert werden.

›STIFADO ADONIS‹

Zur Feier des Tages mit Katharina, Adonis, Nektaria und Stella.

Zutaten

1 kg Gulasch vom Rind, 20 kleine Zwiebeln, 4 Knoblauchzehen, 2 große Fleischtomaten, Rotwein, Fleischbrühe, Olivenöl, ½ TL Zimt, 4 Nelken, 4 Wacholderbeeren, 4 Pimentkörner, 6 Pfefferkörner, 2 Lorbeerblätter, ½ TL Zucker.

Zubereitung

Das Fleisch wird 12 h vorher mariniert mit 2 Teilen Rotwein, 1 Teil Brühe, ¼ Teelöffel Zimt, Nelken, Wacholder, Piment, Pfefferkörnern und Lorbeerblättern. Wichtig ist, dass das Fleisch mit Flüssigkeit bedeckt ist. Danach den Sud abgießen, auffangen und die Gewürze in ein Säckchen geben. Das Fleisch abtupfen und portionsweise scharf anbraten, salzen und pfeffern und aus dem Topf entfernen. In dem Bratensatz die Zwiebel und den Knoblauch andünsten, das Fleisch hinzufügen und mit dem Sud ablöschen. Zimt, Gewürzsäckchen und die enthäuteten, fein gewürfelten Tomaten dazugeben. Das ganze ca. 2h bei kleiner Hitze schmoren, das Gewürzsäckchen nach 45 Minuten entfernen.

Servieren Sie Stifado in tiefen Tellern, bestreuen Sie es mit gehackter Petersilie und reichen Sie dunkles Krusten-Bauernbrot dazu. Ein schwerer Rotwein passt hervorragend.

›NEKTARIAS LAMM-FRIKASSEE IN EI–ZITRONENSAUCE MIT SPINAT‹

Zur Einstimmung auf Adonis Neuigkeiten.

Zutaten

1 Kg Lammfleisch, klein gewürfelt, 1 Kg Blattspinat, 1 Bund Dill, grob gehackt, 3 Lauchzwiebeln in 1 cm lange Stücke geschnitten, 2 Knoblauchzehen ungeschält, 2 Eier, Saft von 2 Zitronen, Salz und Pfeffer.

Zubereitung

Lammfleisch mit dem Knoblauch portionsweise in Olivenöl scharf anbraten, mit Salz und Pfeffer abschmecken, mit 1 Tasse Wasser löschen, Topf zudecken, und bei schwache Hitze ca. 1 Stunde das Fleisch weich werden lassen. Lauchzwiebeln, Dill und Blattspinat zu dem Fleisch geben und ca. 15 Minuten mit geschlossenem Deckel bei niedriger Temperatur köcheln lassen, bis das Gemüse gar ist. In einer tiefen Schüssel Eier und Zitronensaft verquirlen, eine Kelle Lammsud dazugeben, gut verrühren und die Eier-Zitronen-Masse zu dem Fleischtopf geben. Den Topfinhalt hin und her bewegen, damit die Zitronensauce überall verteilt wird, und ruhen lassen bis zum Servieren – Vorsicht, nicht mehr kochen, sonst flocken die Eier und das Essen sieht nicht appetitlich aus.
Servieren Sie das Lamm-Frikassee in tiefen Tellern mit frisch gemahlenem schwarzen Pfeffer und stellen Sie auf den Tisch ein Schlüsselchen getrocknete Chilischoten, für diejenige, die es scharf mögen. Dazu passt ein leichter Rotwein.

›ORANGENKUCHEN AUS NEKTARIAS HEIMAT KRETA‹
Ein stolzer Abschluss auf Adonis Terrasse.

Zutaten
2 ganze Bio-Orangen, 1 Tasse Milch, 3 Eier, 4 EL Gries, 1 Tasse Zucker, 320 g Mandeln, 1 Teelöffel Backpulver.
Für den Sirup:
1 Tasse Zucker, 1 Tasse Wasser, Orangenabrieb.

Zubereitung
Im Mixer die beiden Orangen mit Schale fein zerkleinern. Danach den Zucker, die Eier, die Milch den Gries, die Mandeln und das Backpulver zu dem Orangenbrei geben und alles gut vermengen. Den Teig in eine gefettete Kuchenform geben und bei mittlerer Hitze 1h und 15 Min. backen.
In der Zwischenzeit in einem Topf Zucker, Wasser und Orangenabrieb kochen bis die Konsistenz der Flüssigkeit sich in Sirup verwandelt (ca. 15 Min.).
Sobald der Kuchen aus dem Backofen kommt mit dem lauwarmen Sirup übergießen und stehen lassen. Den abkühlten Orangenkuchen in Rauten schneiden und auf Tellern servieren – eventuell mit Puderzucker bestreuen oder mit einer Kugel Vanilleeis servieren.

BIOGRAPHISCHES

Peter Pachel ist 1957 in Siegburg geboren und im Rheinland aufgewachsen. Nach der Lehre zum Chemielaboranten hat er an der Fachhochschule Köln Umwelttechnik studiert. Seit 25 Jahren arbeitet er in einem internationalen Unternehmen und ist im Sales Support & Sales Development tätig. Durch seinen Beruf ist er viel in Europa unterwegs und seine kommunikative Art setzt er bei Vertriebstrainings und Produktschulungen ein.

Der Autor reiste 1981 zum ersten Mal auf die griechischen Inseln, und war von Anfang an begeistert von dem faszinierenden Land und seinen Menschen. Besonders die Kykladen mit ihrem unvergleichbaren Licht haben es ihm angetan.

In Naoussa auf Paros fand er schnell Freunde und Familienanschluss bei Flora & Dimitri, die er bis heute mindestens einmal im Jahr besucht. Dort hat er über die Jahre viele Menschen aus aller Welt kennengelernt, die ähnlich wie er alle dem idyllischen Ort erlegen sind – »Infected by the Paroan Virus« nennen sie das Verlangen, immer wieder auf diese ägäische Insel zu kommen. Somit ist es nicht verwunderlich das sein Debütroman auf Paros spielt und viele unterschiedliche Charaktere der Langzeit Griechenland Begeisterten er in der Handlung eingefangen hat.

Peter Pachel lebt und liebt seit 28 Jahren mit seinem Partner in Köln – die Stadt, die weitaus mehr als Karneval und Kölsch zu bieten hat – und ist ein begnadeter Koch, inspiriert von der ägäischen Küche und die verführerischen Rezepte die er aus Paros mit nach Deutschland bringt.

Mein Dank gilt meinem Verleger für die vielen guten Ratschläge,
meinem Partner, der oft auf mich verzichten musste,
und meiner Therapeutin, die mir Mut gemacht hat, diese Geschichte zu schreiben.

Ein ganz besonderer Dank gilt weiter Flora, Dimitri sowie Nico und Adonis
für die jahrzehntelange Gastfreundschaft
und die vielen hilfreichen Informationen und Anregungen.

Peter Pachel

GRÖSSEN
WAHN
VERLAG

Lenaustraße 97
60318 Frankfurt
Tel.: +49 (0)69 48 00 29 92
Mobil: +49 (0)171 28 67 549
www.groessenwahn-verlag.de